한국교회의
잊혀진이야기

한국교회의 잊혀진이야기

초기한국 개신교 선교와 교회 성장에서의 전도부인에 관한 연구, 1892~1945

A Forgotten story of Korean Churches:

The Research of Korean Bible Women in the Early
Protestant Mission and Church Growth of Korea, 1892~1945

장성진 著

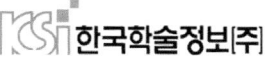
한국학술정보[주]

|머리말|

이 책은 필자의 박사논문, [Korean Bible Women; Their Vital Contribution to Korean Protestantism, 1895~1945]을 한국 독자들에게 맞게 번역하여 편집한 것이다. 특히, 한국교회에 관한 부분을 강조하여 수정 편집하였으며, 본 논문의 1/3 정도의 내용은 흐름상 넣지 않았다. 이 책을 기획하고 준비하면서 가장 힘들었던 점은 영어 사용 독자를 대상으로 한 논문을 한글 사용 독자를 대상으로 번역, 편집하는 것이었다.

이 책을 한글로 내기로 결심한 것은 다분히 개인적인 이유가 있다. 어렸을 때부터 한국기독교문화 속에서 살아온 필자는 여성으로서 늘, 매주, 어떤 때는 매일 나가는 교회가 낯설게 느껴졌던 적이 있었다. 심지어 목회현장에 있어서도, 마치 교회에는 자신의 자리가 없는 듯한 생각이 든 적이 있다. 그 이유가 무얼까 생각해 보니, 여성으로서, 한국의 기독교인으로서, 한국교회에서 평범한 평신도로, 평범한 신학생으로, 평범한 목회자로서의 정체성을 역사적으로 찾을 수가 없어서였기 때문이라는 결론에 이르게 되었다.

목회를 마치고, 유학길에 오르면서, 이 공허함은 여전히 남아, 길다면 길고, 짧다면 짧은 4년 반의 유학기간도 그 해답을 찾기를 바라면서 논문에 온 에너지를 쏟았고, 만족할 만하지는 않지만, 이 연구를 통해, 한국 교회의 성도로서, 여성으로서, 목회자로서, 희미하게나마 한국기독교에 필자 자신이 왜 존재하는지 알게 되었다. 이 경험을 유럽의 독자들과 함께 나누었으니, 이제 좀 더 함께 공감할 수 있는 한국의 독자들과 함께 나누고 싶었다.

박사논문 필드 연구 때, 『장로교 여성사』의 저자인 주선애 선생님을 만나, 자료상 아주 큰 도움을 받은 적이 있다. 언뜻 보기에도 소중히 간직해온 것처럼 보이는, 프린스턴에서 1970년대에 찾은 19세기와 20세기 각종 기독교 여성에 관련된 자료가 들어 있는 커다란 5~6개의 보자기를 선뜻 필자에게 넘겨주셨다. 그때 선뜻 주시는 그 마음에 너무나 감사했는데, 이제 이 책을 출판하면서, 그 마음을 더 깊이 깨닫는 것 같다. 그러기에 최선을 다했지만, 아쉬움이 남고, 또한 주선애 선생님께 송구스러울 뿐이다.

그리고 한국기독교역사연구소에서 편찬한 「전도부인 자료집」이라는 기초 연구의 결과물이 없었다면 이 책은 나올 수가 없었으리라. 그리하여 이 기초 연구에 참여했던 여성사연구회에 너무나 감사드린다.

또한, 역사의 시야를 열어주신 황정욱 교수님과, 에든버러로 길을 열어주시고, 비전을 제시해주신 최성일 교수님, 에든버러 대학의 문을 열어준 데이비드 커 교수님 그리고 박사과정 담당교수이며 벗인 엘리자베스 퀘핑 교수님….

책을 출판하게 되니, 필자를 학문으로 이끌어주시고 인격적으로 학문의 벗으로 대해주신 은사님들이 주마등처럼 모두 다 생각난다.

또한 부모님과 남편, 그리고 가족들은 필자와 함께 하며 격려해준 분들로 감사하지 않을 수 없다.

그러나 필자는 이 책을, 박사논문에도 썼다시피, '하나님을 사랑하며 한국교회를 섬겨온 부인권서, 전도부인, 그리고 현재의 한국 기독교 여성들'에게 바치고 싶다. 마땅히 그리해야 하므로!

2008년 5월
저자 장성진

"전도 부인"

역사 속에 숨겨진 우리민족의 어머니들!

고아들이 자라나서 철이 들면 비로소 애타게 자기 뿌리를 찾아 헤매고 다니듯….

우리 곡질 많은 한반도의 역사 속에서 우리 어머니들의 숨겨진 이야기가 한없이 그리워졌었다.

이제 장성진 선생의 역작 『한국교회의 잊혀진 이야기』를 접하며 땅속에 파묻혀 있던 귀중한 보석을 만난 듯, 우리의 뿌리 할머니들, 어머니들의 진정한 모습을 보다 확실하게 알게 되어 감사한 마음과 함께 무한한 기쁨을 갖고 이 책을 모든 한국 여성들에게 읽히고 싶은 마음이 간절하다.

우리의 자랑스러운 선배들! 그 엄격한 가부장적 문화와 사회제도 속에서도 민족의 혼란스럽고 슬픈 역사를 헤치고 우뚝 일어나 자생적 지도자로 진리의 스승으로 교회의 개척자로 민중의 개화를 이끌어가는 선구자로 새 역사를 창조하던 우리 여성들의 자랑스러운 이야기는 확실한 역사적 사실로 새롭게 증명해주는 책이다

한국 여성사적 측면에서는 물론 한국 개화의 역사와 또는 인류학적 측면에서 새로운 지평을 열고 있다고 본다.

광범위하고 정밀한 연구조사와 객관적 논리로 보다 확실하게 서술하고 있어서 한국 개화기 여성사에 있어서 금자탑 같은 업적이라

고 아낌없는 찬사를 드리고 싶다.

　우리 여성들은 자랑스러운 우리 선배들의 발자취를 보며 21세기 여성의 세기답게 보다 넓은 세계관을 갖고 우리 역사의 주인공으로 새역사창조의 지도력을 다시 발휘하는 길잡이가 되기를 소망하며 이를 진심으로 추천하는 바이다.

　　　　　　　　　　　　주선애　장로회신학대학 명예교수
　　　　　　　　　　　　대한 YWCA 복지재단 이사장

영국 에든버러대학 신학부에서의 연구 결과인 장성진 박사의 박사학위논문이 "한국교회의 잊혀진 이야기"라는 제목으로 출판되는 것을 무엇보다 기쁘게 생각하며, 한국교회 전체가 반드시 읽고 생각해야 할 책으로 추천한다.

한국교회는 의도적이든 무의식적이든 역사 속에서 여성 신자들에 대한 기술과 평가에 인색했던 것이 사실이다. 각종 교회 집회의 2/3를 차지하는 여성 신자들의 교세에도 불구하고, 교회 내에서의 여성의 역할은 과소평가되거나 무시되기조차 하는 것이 우리의 현실이다. 1884년 알렌의 입국으로부터 시작되는 한국선교의 역사 속에서 신앙의 토착화와 교회의 성장에 혁혁한 공헌을 했던 "전도부인"(Bible Woman)들에 대한 연구와 기록은 미흡하기 짝이 없다. 이런 상황 속에서 저자는 선교초기부터 1945년까지 한국교회 내에서 활동했던 전도부인들과 교회여성 지도자들에 대한 추적을 통해 한국교회 선교역사에서 차지하는 여성의 위치와 역할을 조명한다. 수많은 여성 신자들의 이야기를 통해 남성 위주의 선교역사가 아닌 통전적인 선교역사를 기술해야 한다는 것을 역설하는 것 같다. 여성 신자들의 적극적인 활동이 한국교회 성장의 원동력이었다는 저자의 주장에 공감하며, 묻혀 있던 이야기들을 발굴해 미래의 한국교회를 위한 선교방향을 제시하려는 노력에 찬사를 보낸다.

바울이 디모데의 신앙을 칭찬하며 복음에 대한 충성을 촉구하는 권면 중에 기록된 말씀이 생각난다: "나는 그대 속에 있는 거짓 없는 믿음을 기억합니다. 그 믿음은 먼저 그대의 외할머니 로이스와 어머니 유니게 속에 깃들여 있었는데, 그것이 그대 속에도 깃들여 있음을 나는 확신합니다"(딤후 1:5). 디모데의 신앙의 뿌리가 외할머니와 어머니에게 있었다는 것이다. 바울 시대이든 현시대이든 자녀들에 대한 신앙전수의 주역은 어머니일 것이다. 종교의 제도와 전통은 남성들에 의해 전수되었을지 모르지만 신앙의 본질은 여성들에 의해 전수되었다고 볼 수 있다. 이러한 여성들의 힘은 조국(father country)이나 조국어(father tongue)보다는 모국(mother country)과 모국어(mother tongue)라는 용어를 자연스럽게 받아들이게 한다. 지고한 사랑의 표현도 부성애보다는 모성애로 통용된다. 예수의 십자가 처형의 순간 남성 제자들은 모두 도망을 쳤지만, 어머니 마리아를 비롯한 여성들은 그 자리를 지켰다. 마가복음의 보도에 따르면, 예수의 무덤을 제일 먼저 찾은 것도 여성들이었다. 죽음을 두려워하지 않았던 이들의 헌신적인 예수 사랑은 초대교회의 원동력이었을 것이다. 한국교회사에서 이들의 신앙과 비슷한 최초의 예를 찾는다면, 강완숙이라는 여인일 것이다. 저자가 개신교의 전도부인을 중심으로 연구를 했기 때문에, 미처 언급하지 못한 강완숙이라는 여인의 신앙여정은 "잊혀진 이야기"가 아니라 "묻혀있던 이야기들" 중 하나일 것이다.

이승훈이 1784년 북경으로부터 영세를 받고 돌아오면서 천주교의 선교가 시작되었는데, 실학파들에 의해 자발적으로 받아들여진 신앙은 급속도로 퍼져나가기 시작했다. 선교 10년 만에 4,000여 명의 신자를 가진 교회로 성장했기 때문에, 성사를 집행할 신부가 절실히 필요한 상황에서 1894년 12월에 조선 선교사로 중국인 주문모 신부가 입국한다. 그러나 주신부의 입국 사실이 조정에 알려져 체포령이 내려졌으므로, 주신부는 1년간 지방으로 피신하였다가 1896년에는 서울로 들어와 신자들을 돌보며 은밀하게 선교에 임했다. 1801년 교인들의 피해를 줄이기 위해 자수하여 순교(신유박해)를 하기 전까지 주신부를 6년간 숨겨주었을 뿐만 아니라 전도부인으로 놀라운 활약을 했던 사람이 강완숙이었다. 교세가 10,000명에 이를 정도로 성장한 한국천주교회의 성장 동력은 주신부와 강완숙의 노력과 헌신이었다.

강완숙은 원래 충청도 내포지역의 양반 출신의 불교 신자이었으나, 일찍이 과부가 되었기 때문에 덕산의 홍지영의 후처가 되었다. 이 때 덕산 지역에 전래된 천주교 신앙을 받아 들였으며, 1791년 신해박해가 일어났을 때는 감옥에 갇힌 교인들에게 음식을 날라다 줄 정도로 헌신적이었다. 이 일로 잠시 구금을 당하기도 했으며, 그 후 박해를 두려워하는 남편과 헤어져 서울로 이사를 한 강완숙은 주신부를 만나 세례(강 골롬바)를 받는다. 주신부는 강완숙의 열성과 믿음을 보고 최초의 여인회장(전도부인)으로 임명했으며, 주신부로서는 접근이 불가능했던 양반 계층의 부인들은 물론 많은 여인들에게 천주교의 신앙을 전하였다. 강완숙의 노력으로 급격한 여성 신자들의 증가가 있었으며, 달레는 이것을 이렇게 증언한다:

골롬바는 견실한 지식에 크나큰 말재주를 겸하였으므로 여자들을 많이 입교시켰는데, 그 중에는 높은 양반집 부인들도 상당히 있었다. 국법은 반역죄를 빼고는 양반집 부인들에게 형벌을 가하지 아

니하였으므로 이 여자 신입교우들은 정부의 금령을 개의치 않았다
(달레, 조선교회사, p.392).

　주도면밀하게 주신부의 피신과 은둔을 주도했던 강완숙은 6년 동
안 신부의 충실한 보호자의 역할도 감당하였다. 전도부인으로서 그
녀는 여성 신자들의 신앙지도를 맡아 했으며, 왕족들을 입교시키기
도 했다. 정조의 이복동생이었던 은언군의 부인 송씨와 며느리 신씨
는 경희궁에 살고 있었는데, 1791년에 신앙을 접하게 된 것을 안
강완숙이 주신부를 궁으로 모시고 가서 두 부인에게 세례를 베풀었
다. 이 후 이들은 주신부가 조직한 교리연구회인 [명도회]에 참석하
여 교리를 배웠을 뿐만 아니라, 종종 주신부를 궁으로 불러 설교를
들었으며, 자신들의 궁녀들까지 입교를 시킬 정도로 신앙생활에 열
심을 보였다. 이 당시 주신부의 행방을 강완숙만이 알 정도로 조심
하면서도 왕궁이나 양반집의 부인들에게 복음을 전하고, 주신부에게
세례를 받게 함으로 여성 신자들을 교회의 주도 세력이 되게 한 것
은 선구적인 여성 지도자 강완숙이었다. 그녀는 자신의 집에 많은
처녀들을 데려다가 교리를 가르쳤을 정도로 폭넓었으며, 그들 중 윤
점혜(아가다)는 결혼을 하여 자신의 가족은 물론 많은 친구와 친지
들에게 세례를 받게 했다.

　그녀의 세례명이 골롬바인 것은 결코 우연한 일이 아니었다. 로
마제국의 멸망과 함께 종교 문화적으로 암흑기로 접어든 유럽 사회
에 기독교의 불꽃을 다시 붙인 것은 선교적 수도원이었던 켈트수도
원의 수도승들이었으며, 골롬바는 이 수도원이 낳은 유명한 선교사
중 한 사람이었기 때문이다. 중세기로 접어드는 유럽에 복음의 꽃을

피웠던 골롬바처럼 강완숙은 기독교 신앙의 불모지에 복음의 새싹을 틔우기 시작한 것이다. 1801년 정약종의 실수로 주신부와 강완숙의 존재가 발각되어 300여 신자들과 함께 순교하기 전까지 그들의 선교적 노력은 한국교회의 든든한 토대가 되었다. 이 때 정약용 정약종 두 형제는 배교를 약속하고 귀양을 감으로 목숨을 구했던 것과 비교하면, 왕족 송씨와 신씨는 물론 강완숙도 숭고한 순교의 길을 택했다. 주문모 신부가 순교를 한 후, 3개월 동안 모진 고문과 형벌을 받았지만, 굳건히 신앙을 지키다가 4명의 귀부인과 함께 41세의 나이로 순교하였다.

이 묻혀진 이야기를 접하면서, 전통 봉건주의 사회체제 속에서 신분상의 여러 가지 제약을 받고 있었던 많은 여성들의 천주교 입문을 가부장적 역사기술의 관점에서 주문모 신부의 업적으로 평가하는 것은 정당한 역사 기술은 아니다. 이것은 한국천주교의 첫 번째 전도부인이었던 강완숙의 공로였다. 저자가 소개하는 많은 전도부인들의 이야기는, 강완숙과 같은 순교로 이어지는 삶을 살지는 않았지만, 한국교회의 가부장적 선교역사 밑에 묻혀있는 이야기들이다. 목숨을 내 놓지는 않았지만, 당시의 봉건사회 체제 속에서 가족과 친지들로부터 배척을 받으면서도 신앙을 굽히지 않았을 뿐만 아니라, 교회를 돌보고 남성 전도자들이 할 수 없었던 여성들에게 복음을 전하는 일에 열심을 다함으로써 한국교회의 신속한 형성에 지대한 공헌을 한 것은 전도부인들이었다.

1893년 한국장로교선교부공의회는 10가지의 선교정책을 채택하는데, 두 번째 정책은 여성 역할의 중요성을 강조한 것이다: "모성은 후대의 양육에 중요한 영향력을 주는 관계상 부녀자의 귀도와 청소년의 교육을 특수목적으로 한다.” 네비우스 선교방법론을 기초로 만들어지는 장로교의 선교정책에서 여성을 대상으로 한 선교방법은 자연스럽게 전도부인의 양성과 임명으로 이어졌다. 이런 전도부인들의 활동 이야기를 통해 한국선교의 역사를 다시 조명하려는 저자의 노력은 통전적인 역사 이해를 위해 중요하다. 미처 알려지지 않았던, 묻혀 있던 이야기들의 발굴을 통해 저자가 주장하려고 하는 것들은 선교역사를 공부하는 사람은 물론, 여성신학에 관심을 가진 사람들과 교회의 여성 지도력을 통해 건강한 교회를 형성시키려고 하는 목회자들은 반드시 알아야 할 것들이다. 한국교회의 건강한 발전과 균형 있는 성장을 위해, 그리고 올바를 선교역사의 이해를 위한 필독서로서 저자의 [한국교회의 잊혀진 이야기]를 강력히 추천한다.

최성일(선교신학, 한신대학교)

1. 한국 기독교 여성과 전도부인들

사진의 인물은 광주 기독
병원의 전도부인인 김정
숙으로 추정됨

평양 장대현교회의 옛 모
습. 1907년 이곳에서 국
내 처음 성령강림 사건이
일어나 한국 교회 부흥의
기초가 됐다.

1907년 평양 장대현 교
회 예배 전경 (여성들이
흰수건과 한복을 입고 앉
은 장면)
왼쪽 옆 사진은 길선주
목사

1915년 영국 성서공회 자료에서
발견한 무명의 전도부인 (부인권서
로 추정됨)

1907년 당시 사용되던
성경책
(한국기독교역사박물관,
이천)

2. 한국 최초의 서구식 여성 교육기관, 이화학당

1900년대 이화학당 학생들

하란사 (河蘭史, Nancy 河1875-1919)
최초의 여학사 (이화학당)

박에스더 (본명: 김점동)
최초의 한국여성 의사
(이화학당 졸업, 전도부인
출신)

김활란 (Kim Helen Hwal-ran, 1899-1970)
여성 이화학당 총장, (이화학당 졸업, 전도부인 출신)

3. 내한 선교사들

존 로스 (John Ross, 1842-1915)
: 언문성경번역, 권서활동장려

로세타 셔우드 홀 (Rosetta Sherwood)
과 그의 아이들(남자 아이는 셔우드 홀)
: 보구여관 및 최초의 맹자교육을
실시함. 의료사업을 전도부인 박에
스더와 함께 함.

메리 스크랜톤 (Mary F. Scranton,
1832~1909)
감리교 선교사로 이화학당을 통해
여성 교육을 실시함.

한복 입은 미국선교사 가정
언더우드 가족 (The family of Underwood)
왼쪽이 Rev. H. G. Underwood
오른쪽이 Mrs. L. H. Underwood

|목 차|

서 론

　이 연구는 초기 한국 개신교 선교와 교회 성장에서 실질적으로 활발한 활동했으나 그동안 잘 밝혀지지 않았던 전도부인에 대한 연구이다. 이를 통해, 기독교 연구 속에서 여성이 보조적 주제가 아닌 주요 연구주제로 가치가 있다는 것을 밝혀내면서, 기존의 연구에 대한 문제점을 지적하고, 또한 정체되어 있는 현 한국 교회의 발전에 대해 자극이 되는 제안 점들을 제시하고자 한다.

(1) 전도부인! 그들은 누구인가?

이들은 한국 사람들에게는 초기에는 부인권서 또는 중후반기에 전도부인이라고 불렸으며, 외국 선교사들에게는 'Bible Women(여성 권서나 선교조력자)'로 구한말과 일제강점 시기에 활동하였다. 바이블 우먼이라는 단어 자체를 해석해 보면, '복음전도를 하는 기혼 여성들'을 뜻하는 말로, 간단히 이야기하자면 '기독교 선교를 위해 일하는 여성들'을 의미한다.

이 전도부인의 첫 시작은 성서공회에서 일했던 부인권서들부터이다. 이들은 '성서를 파는 여인들(Women who sell Bibles)'이라는 뜻으로, 당시 인도, 중국, 일본 등, 영국 성서공회뿐 아니라 미국 성서공회 측에서도 각 선교지의 기독교에 헌신한 원주민 여성들을 훈련, 교육하여 성서 판매와 함께 복음전도 및 선교를 하도록 했던 전문 여성 선교요원들이었다. 실제로 이 부인권서 그룹들이 성서공회 및 선교단체들의 지원을 받아, 사역하면서 추후에 점차 전도부인이라고 불리면서 기독교 여성들의 사역과 활동영역의 기본들을 마련하였다. 전도사업과 성서 읽기, 그리고 기독교의 한국화 과정 등

을 통해 여성의 기독교 종교 리더십을 실질적 측면에서 발휘하였고,
그들의 역량은 한국 대부흥운동과 한국 교회의 자립－토착화 과정
속에서 변형, 발전되어서 전도부인 또는 여성 목회자(여전도사)라는
모습으로 더 큰 영역에서 활약하게 되었다.

  1898년에서 1913년까지의 선교 자료들을 살펴보면, 바이블 우먼의
활동사항(전도 수, 성서 판매 수)과 바이블 우먼의 수가 잘 나타나
있다. 특히, 감리교의 여선교회자료들(Women's Work for Women)
같은 경우, 대부분의 선교사들이 교육, 전도, 의료 부분에서 중요한
역할과 큰 업적들을 이루고 있다고 보고하고 있다. 한국기독교역사
연구소의 '한국 교회 전도부인 자료집'에 나타나 있는 통계에 따르
면, 1895년부터 1945년 사이의 총 공식적인 전도부인의 수는 1,215
명으로, 감리교 소속은 717명, 장로교 소속은 209명, 성결교 소속은
138명, 기타 교단 소속은 151명으로 밝혀져 있다.[1] 하지만 이외에
도 교단 소속이 아닌 지역교회 소속이나 전도회 소속의 전도부인들
이 실제 현장에서 있었을 것을 감안한다면, 당시 이들의 숫자와 활
동들이 개신교 선교에 중요한 요소였을 것임을 추측할 수 있다. 그
럼에도 불구하고 그동안 한국 교회사가들이나 선교학자들은 이들의
존재, 역할들을 남성, 기관 중심의 교회 성장 속에서 보조적 역할을
한 것으로 보여주었기 때문에, 필자는 전도부인의 연구를 탈남성주
의, 탈엘리트주의적 선교역사적 관점에서 이야기해 보고자 한다.

---

1) 여성사연구회, [한국 교회 전도부인 자료집], (서울: 한국기독교역사연구
   소, 1999).

(2) 연구특성

역사는 객관성과 동시에 주관성을 함께 가지고 있다. 또한 역사는 당연히 사회적, 문화적, 종교적, 정치적, 이데올로기적, 성(gender)적 환경 속에서 있는 역사 방법론자나 역사가들에 의해서 쓰인다. 그러므로 역사는 하나의 역사(a history)지, 완벽한 역사(the history)라고 할 수 없다. 그렇다면 역사적 연구에서 과연 역사가나 독자들에게 무엇이 중요한가? 그것은 바로, 역사 기술과 그 이야기들에 대한 균형과 다양성들을 인정하는 것이다. 이런 점을 기반으로 필자는 한국 여성으로서 한국 교회와 개신교 선교의 현 역사들을 분석, 평가함으로써 이 연구의 목적을 한국 개신교 선교 속에서 현지 선교요원과 여성 공헌자들의 숨겨져 있었던 역사들을 발견하려는 데 두었다.

선교 연구에 있어서 다양한 관점들이 있음을 생각해 볼 수 있다. 서구적－제3세계(Western－The third world), 토착민들－선교사들(Indigenous people－missionaries), 여성－남성(female－male) 등, 이런 다양한 관점들에 근거하여 피어스 비버(P. Pierce Beaver), 다나 리 로버트(Dana Lee Robert) 같은 몇몇 선교역사가들은 선교사 안에서의 여성의 역할과 공헌을 여성 리더십이나 개혁적인 측면에서 평가했다. 그러나 기존의 역사나 신학들은 보편적으로 남성 중심의 사상이나 이야기들에 관심을 기울였고, 또한 백인 남성 중심이나 한국 중산층 남성 엘리트 기독교인들의 이야기를 주요 주제로 연구해 왔다. 이런 점에서 기독교관련 선교 및 역사 연구에 있어서 다양한 시각과 주제가 요청된다 하겠다.

그 예로 하나의 이슈를 제기 이 논문을 통해 하고자 한다. 그것은 바로 선교 안에서 '권력 중심적 관계(power relations)'를 고려하자는 것이다. 이것은 세계선교와 교회를 평가하는 데 있어서 또한 그 관계 속에서 잊혀진 이야기들을 발견하는 좋은 연구적 요소가 된다고 생각된다. 그동안 우리는 너무나 서구적 방법론과 관점 속에서 종속되어 온 점을 고려해 본다면, 의도했든 의도하지 않았든 간에 선교역사 연구가 지역교회 리더들이나 특히 여성 리더들의 역할과 공헌을 제도적 교회, 보수적 신학, 그리고 교회 안의 계급－계층 현상들로 인해 제대로 평가하지 못해 왔음을 볼 수 있다.

그러므로 다음과 같은 연구 질문들을 던져 보겠다.

1) 전도부인은 한국 개신교 교회 발전을 위한 창조적이며 주체적인 선교요원이었는가?
2) 만약 그렇다면 왜 한국 개신교 역사 안에서 그들의 중요성이 소홀히 취급되거나 무시되어 왔는가? 좀 더 언급하자면, 이것은 혹 서구 선교사들과 한국 남성 중심의 시각으로 인한 영향인가?

한국 개신교 교회의 토착화 안에서 전도부인의 역할은 매우 실제적이고 긍정적이었으나 세상에 잘 알려지지 않았다. 왜냐하면 그들의 위치가 주로 남성들이나 선교사들로 구성되어 있는 선교기관이나 교회들의 리더들을 보조하는 것으로 인식되어 왔기 때문이다. 이런 문제점을 가지고 우리는 또한 전도부인의 문화사회적 배경을 언급하면서 조선 말의 여성의 지위가 어떤 것이었는지를 고려해 봐야 할 것이다. 특히 유교의 남성 중심 사상, 무속의 실제적 여성 리더십 사이의 대립적 배경 속에서도 어우러지는 전도부인의 현장 속에서의 발휘되는 리더십은 그동안 종속적이고, 의존적이며, 심지어 핍박받아 왔다는 조선 중·후기의 여성 리더십과 지위에 대해 다시 한번 생각해 볼 수 있는 부분이 있다. 간단히 말하자면, 실제적 측면에 있어서 여성들은 자신의 네트워크와 리더십으로 조선 사회와 종교에 지대한 영향을 주체적으로 심지어 독립적으로 끼쳐 왔다는 것이다. 그러므로 필자는 부인권서들의 열정적이고 헌신적인 활동을 통해, 빠른 교회 성장을 가져옴을 통해 한국 개신교 초기 선교에 있어서의 부인권서는 창조적 현지 전도 리더였지, 남성 성직자나 선교사들의 종속적 존재는 아니었다는 것을 주장한다. 또한 선교사들이나 교회사 학자들이 한국 여성의 지위는 오직 기독교를 통해서만 상승, 발전되어 왔다고 말하는 점에 대해 필자는 기독교뿐 아니라 그 당시 공존했던 무속, 불교, 유교 그리고 동학 안에서의 여성운동들과 기회들이 여성의 지위를 더욱 기존보다 굳건히 하고 발전시켰다고 보며, 기독교도 이런 외부적 영향과 요구에 반응하고 서구적 여성해방이라는 환상적 이데아에 발맞추어 한국 내 여성해방운동에 뛰어들었다고 평가한다. 이런 점에서 한국 여성과 전통종교의 주제를 좀 더 다루어 보겠다.

(3) 한국에서의 여성과 종교: 종교적 측면에서 한국 전통문화의 배경

한국에서는 기독교가 들어오기 전에 세 종류의 대표적인 종교가 있었다. 그것은 바로 무속이라고 불리는 한국 샤머니즘과 불교, 그리고 유교이다. 기본적으로 이 모든 종교의 실질적인 활동은 한국 무속(북아시아 샤머니즘의 한 부류)에 근거하고 있다고 하겠다.2) 한국 종교사적 배경에서 흥미로운 사실은 19세기 중반의 로마 가톨릭의 선교활동과 1885년부터 본격적으로 시작되었던 개신교 선교와 함께 당시 한국은 지배계층 안에서 커다란 사회적 혼란이 있었다는 것이다. 이 혼란은 한국 사람들의 불안한 심리가 종교로 반영하게끔 이끄는데, 기독교의 자발적 유입 외에도 많은 신흥종교의 발흥을 일으키게 되었다. 기록에 따르면, 조선 말(1864~1910)에 전 인구의 약 35퍼센트가 신흥종교를 믿었고, 이에 종교적 열정은 사회적으로 상상할 수도 없이 확장되었다. 이것은 가장 특징적인 종교는 동학(東學, 천도교)인데, 당시 지배계층의 종교며 정치윤리였던 유교를 적극적으로 반대하였던 동학의 운동에 많은 백성들은 동참하고 지지를 보내었다.3) 그렇다면 여성은 이러한 종교적 변화에 어떤 위치에 서 있었는지 관심을 가질 필요가 있다. 그럼 무속부터 살펴보면서 답을 하나하나 찾아보도록 하겠다.

---

2) 사실상, 몇몇 자료에서 삼국시대(4세기~7세기 말)에 샤머니즘의 유입의 흔적을 발견할 수 있다. 첫 번째 흔적은 신라의 두 번째 왕인 남해 차차웅(南解次次雄)의 이름에서 볼 수 있고, 두 번째로는 삼국사기(1145)와 삼국유사(1281~1282) 같은 역사책에서 나타나고 있다.

3) "신흥종교", [한국민속대관], 3권, (서울: 고려대학교 한국 문화연구소, 1984).

1) 무속(Shamanism, 巫俗)

한국에서의 무속은 현세와 이보다는 좀 덜 현세적인 부분에 대해
지각하고 있는 한국 민족의 정서를 통합하는 하나의 형식이라고 간
단하게 설명할 수 있다. 민속 종교에 따르면, 샤머니즘은 실제적인
역할과 심리적인 영향을 둘 다 가지고 있는 한국인의 삶 속에 존재한
다고 말할 수 있다. 북아시아 어느 곳에나 있었던 샤머니즘은 이미
신석기 시대에도 한국에 존재했었다. 초기 한국인들은 모든 자연물에
폭풍, 지진과 같은 자연현상을 표현할 수 있는 어떤 존재의 영혼이
깃들어 있다고 믿었다.4) 영성을 나타내는 자연물은 산, 강, 바위, 오
래된 고목(古木)이었다. 무속적 의식의 목적은 넓게는 미래를 예언하
고, 병을 고치고, 퇴마(exorcising demons) 행위에 있다. 이러한 종교
행위 과정은 다양한 형식으로 예를 들면 춤, 노래, 시, 철학, 그림 등
으로 한국의 예술로 나타났다. 무속은 현세가 보이는(visible) 세계
밖을 중심으로, 보이는(visible) 형식과 덜 보이는(less visible) 형식에
존재하는 것을 근반으로 한다. 이것은 '굿(祭)'이라 불리는 무속의 종
교의식과 긴밀한 연관성을 가지고 있다. 굿이 이루어지는 과정에서
무당은 세상에 있는 사람들과 저세상에 있는 영혼들 간의 특별한 대
화와 접촉을 가능하게 한다. 다시 말하면 무당은 영적인 세계와 육적
인 세계, 즉 세상을 잇는 중보자(mediator) 역할을 한다고 말할 수 있

---

4) Kim Yŏng-chŏng, *Women of Korea; A History from Ancient Time to 1945,* (Seoul: Ehwa University Press, 1977), pp. 11-14.

다. 한국 샤머니즘의 주요 신은 간단하게 천신(天神), 지신(地神), 인신(人神), 그리고 잡귀(雜鬼)로 나뉜다. 이 신들은 한국 농촌생활의 순환에 밀접하게 관련되어 있다. 사람들은 자연현상을 지배하고 다스리는 하늘의 신들 또는 땅의 신들(지고신, 칠성신, 오반사군, 신장)을 농촌생활의 배경에서 발견하고 믿어왔다. 특히 어떤 신들은 여성에게 아이를 생산하게 하고, 병을 고쳐주며, 여성의 재정적인 재산들을 지켜주는 힘을 가진 중요한 신으로 여겨지기도 했다. 신들은 또한 농사의 수확물과 어업에도 영향을 준다고 사람들은 믿었다.

2) 불교(Buddhism, 佛敎)[5]

불교는 삼국시대와 고려시대 당시 주요한 중심 종교였다. 그러나 고려 말에 그 영향성을 잃었다. 그 영향력을 잃은 이유는 크게 두 가지이다. 첫째, 부패(corruption)이다. 많은 사람들이 과세를 피하고 정부가 주는 다양한 유익으로 인해 승려학교에 너무 많은 사람들이 들어왔다.[6] 종교심에 대한 헌신이 아니라 세속적 관심으로 불교에

---

5) 본 저자는 이 책에서 조선시대와 일제점령기 초반기간의 불교와 한국 여성의 관계에 대해 다룰 것이기 때문에 이 섹션에서는 간단히 불교를 정리 소개하는 것이다. 최근 불교와 여성에 관련된 연구들이 있는데, Martine Batchelor가 쓴 'Jamin Sŭnim: Prison Work of a Korean Nun / Monk, Myohi Sŭnim: A Korean Nun / Monk Teacher of Elderly Women, and Pomyŏng Sŭnim: Flower Arranging for the Korean Lay'와 Pak Hwi-ah가 쓴 'Sickness and Health: Becoming a Korean Buddhist Shaman'가 Ellison Bank Findly가 편집한 책, *Women's Buddhism, Buddhism's Women* (Boston: Wisdom Publications, 2000)에 있다.

입문한 사람들이 많아짐으로써 종교 내부의 정치가 타락하게 된 것
이다. 또한 불교적 의식들은 사람들의 종교적 심성을 위한 것이 아
닌 정부의 정치적 권력을 지지하는 방향으로 이루어졌기 때문에 14
세기의 유교주의자들은 철저히 불교의 영향력을 제거하려고 하였다.

두 번째로, 새로운 왕조인 조선은 고려왕조와는 다른 하나의 새
로운 이데올로기 또는 종교를 필요로 했다는 점이다. 조선왕조의 설
립자, 이성계(李成桂, 1380~1400)는 유교학자들에게 관심을 돌렸
다. 유교를 이용하여 정치적인 저들을 견제하며 자신의 위치를 견고
히 하였고, 능수능란하게 새로운 왕조의 급진적인 개혁과 권력 재조
직을 이루었다. 1388년의 명나라의 도움으로 이성계는 쿠데타를 일
으켰고 1392년에 태조(太祖)라는 이름으로 조선왕조의 첫 번째 통
치자가 되었다. 이러한 정치적인 사건은 국가적 차원의 불교탄압의
결과를 가져오게 되었고, 이로 인해 조선왕조는 불교의 멸절(滅絕)
을 꾀하였다.7) 이러한 박해는 전 조선왕조 시대에 이루어졌고, 이로
인해 조선왕조의 기틀은 더욱 확고해져 갔다.

불교는 유교와 상치되는 입장에서 박해를 받으므로 살아남기 위해
개혁해야만 했다. 그리하여 여성에 의해 종교적 지지를 받아야만 했
고, 또한 무속과 연대해야만 했다. 그리하여 결국 여성의 영향을 받

---

6) 이기용, [한국의 불교], (서울: 세종대왕 기념출판사, 1974), pp. 159~
   161.

7) *The Culmination of the East Asian Confucian - Buddhist Debate in
   Korea: Jŏng To - Jŏn's Array of Critiques Against Buddhism(Pulssi
   jappyŏn) vs. Kihwa's Exposition of the Correct(Hyŏnjŏng non)* http: /
   / www.hm.tyg.jp / ~acmuller / jeong - gihwa / index.html

게 되었다. 이런 상황하에서 선불교학교를 중심으로 조선시대의 선불교는 유교의 적대적 상황 속에서 교리와 종교적 실행의 측면을 재정립하기 시작하였다. 이로서 다양한 면으로서의 생존을 위한 불교의 몸부림은 유교의 강력한 정치적 종교적 힘을 피하는 것이었고, 또한 여성의 종교적 정서의 기반인 무속을 품는 결과를 가지게 된 것이다.

3) 유교(儒敎, Confucianism)

유교는 한나라(BC 202~AD 220) 시대를 풍미했던 중국대륙의 종교였다. 1392년부터 조선왕조의 정치 이데올로기로서 이 유교를 도입한 것이다. 이러한 유교의 유입은 한국 문화의 전환을 가져왔다. 수많은 관습들과 종교의식들, 신앙체계는 유교의 조상숭배, 도덕적 경건, 사회적 역할과 제도, 사회적 의무 등의 영향을 받았다. 4세기에 고구려는 처음으로 유교를 학문적인 입장으로 받아들여 '경당(扃堂)'을 세우고 연구했다. 신라의 경우 7세기에 유교를 받아들였을 때 유교와 중국문화가 급속히 한국인의 삶에 스며들어 정착하게 되었다. 이런 점에서 중국은 한국을 '동방예의지국(東方禮儀之國)'이라고 칭하였다. 그만큼 한국의 유교가 세밀하게 모든 교리적인 측면에 있어서 한국 사회와 한국인의 실제적인 삶에 직접적 영향을 미쳤다고 말할 수 있다.[8]

---

8) Martina Deuchler, *The Confucian Transformation of Korea: A Study of Society and Ideology,* (Cambridge: Harvard University Press, 1992).

유교에 있어서 가장 강조되는 것은 사회 안에서 인간관계(人脈)라고 할 수 있다. 그 인간관계는 삼강오륜(三綱五倫)에서 잘 나타난다. 삼강은 군위신강(君爲臣綱), 부위자강(父爲子綱), 부위부강(夫爲婦綱)을 말하며 이것은 글자 그대로 임금과 신하, 어버이와 자식, 남편과 아내 사이에 마땅히 지켜야 할 도리이다. 오륜은 오상(五常) 또는 오전(五典)이라고도 한다. 이는 [맹자(孟子)]에 나오는 부자유친(父子有親), 군신유의(君臣有義), 부부유별(夫婦有別); 장유유서(長幼有序), 붕우유신(朋友有信)이다. 여기시 흥미로운 부분은 유교의 인간관계 서열이다. 대부분의 학자들은 여기서 남녀차별성이 드러난다고 주장한다. 그 예로는 부위부강과 부부유별에 대한 부분을 언급하며, 여성의 지위나 역할이 낮아졌다고 생각한다. 그런데 여기서 부위자강과 장유유서의 덕목을 보면, 나이에 따라 인맥의 파워구도가 정해진다는 측면을 지적할 수 있다. 즉 나이가 많은 여자는 나이 어린 남자보다는 영향력을 더 가지고 있다는 면이다. 한 가정에서 집안의 나이 많은 어머니는 실질적으로 아들과 며느리에 대해서 집안의 어른이라는 명명하에 영향력을 미친다. 또한 신분계층 면에 있어서 양반가의 여성은 백정집안의 남성보다 사회적으로 우월한 힘을 가지고 있다고 볼 수 있다. 이러한 실제적인 사회상으로 볼 때, 유교 여성의 실제적인 영향력은 존재했을 가능성이 농후하다.9) 이 주제에 대해 나중에 더 자세히 살펴보도록 하겠다.

---

9) *Confucianism's Influence On Marriage In The Chosŏn Dynasty Of Korea* http: / / www2.soc.hawaii.edu / css / dept / owr / Haejin.html

4) 동학(東學)

동학은 조선 말 1860년에 나타나기 시작했다. 한국토착종교로서 동학은 서학에 반대하여 '동방의 가르침'이라는 뜻을 가진다. 그만큼 창시자의 창시의도가 나타나 있다. 창시자는 최제우(崔濟愚, 1824~1864)이다. 그는 당시 서양의 종교인 기독교로 인해 들어온 서학이 서구제국주의 세력을 대변하고 조선의 안위를 위협한다고 생각하였다. 그리하여 동학은 불교와 유교의 종교적 교리와 기독교의 장점적인 면을 조선백성들의 민족적 생각과 요구들에 맞추어 적절히 통합, 수정하면서 이 민족종교를 창시하였다.[10] 1894년부터 동학운동이나 사회개혁들은 조선사회에 강력한 영향을 주었다. 대부분 그 운동들은 사회개혁뿐 아니라 농민반란으로 나타나기도 하였다. 팔머(Spencer J. A. Palmer)의 동학교도들의 반서구운동에 대한 증언에 따르면, 1893년 봄에 만 명의 동학교도들이 서구제국주의에 저항하기 위해 서울에 집결한다는 소식이 들렸고 이에 영국 함선 배콕(Peacock)과 독일 함선 일티스(Iltis)가 제물포에 들어오려다가 되돌아갔다고 그의 책에서 말하고 있다. [11] 조선 말 상황에서 정부에 대한 불만과 사회불안 요소에 적극적으로 대항하는 동학의 이러한 특징 때문에 1930년에는 동학교도의 숫자가 2백만여 명에 이르렀다.[12]

---

10) 한국철학사연구회 편, [한국철학사상사], (서울: 한울아카데미, 1997), pp. 384 -394

11) Spencer J. A. Palmer(ed.), 'Despatch from A Heard to the Secretary of State, 4, April, 1893', *Korean‑American Relations,* Vol.Ⅱ, No.381, (Berkeley: The University of California Press, 1963), p. 308.

이러한 사회개혁적인 특성을 가진 동학과 여성은 어떤 관련성이 있을까? 이 관련성은 가장 유명한 동학의 지도자이며 제2대 교주인 최시형(崔時亨, 1827~1898)을 통해 볼 수 있다. 특히 그는 여성의 재가(再嫁)와 유명(有名)에 대해 강력히 주장하였다. 이는 같은 평등한 인간으로서, 존중받을 인간으로서 여성도 당당히 자신의 이름을 가지고, 또한 남편이 사망하여 과부가 되거나 가문에서 소박을 맞더라도 다시 결혼할 수 있다고 그는 말하였다. 그리하여 동학의 교리 중에 '사인여천(事人如天, 한울님을 공경하듯이 사람도 그와 똑같이 공경하고 존경하여야 한다)'이라는 사상13)이 있는데 그는 이 사상을 근거로 하여 남녀에 차별이 있어서는 안 된다고 주장하였다. 이러한 주장에 맞추어 그는 '내수도문(內修道文, 여성들의 수도를 위한 책)'을 1890년에 반포하여 남녀평등에 공헌을 하였다.14) 예를 들면, '가도화선(家道和善)'을 말하면서 남성 우월적 유교주의의 윤리를 타파하자고 주장하며 궁극적 평등주의를 실현하자고 한 점을 들 수 있다.

그렇다면 이러한 교리 외에도 동학운동이나 교리 실행 면에 있어

---

12) *Encyclopaedia Britannica,* (Chicago: The University of Chicago, 1963), p. 486.

13) 이 사상은 '인내천(人乃天)' 사상을 기반으로 하고 있다. 이 사상은 동학에 있어서 중요한 사상인데 신분여하에 따라 인간은 존중되어야 한다는 것을 중점으로 두고 있다. 한국철학사상연구회 편, [논쟁으로 본 한국철학], (서울: 예문서원, 1995), pp. 246 - 248.

14) 배용기, [신인간], 615호 http:/ / chondogyo.or.KRP / Shiningan / n2001 / n10 / n1032.htm

서 특이한 사항이 없었는가 알아보자. 1894년에 종교정치적 및 사회적 봉기가 발생했다. 여기서 여성과 관련되는 주요 주장을 정리해 보면 다음과 같다; 1) 조선정부의 세습적 신분계층 제도를 철폐하라: 당시 전쟁 때 남편이나 아들이 사망하면 그대로 경제력이 없는 여성들은 생존하기 위해 최하류 계층으로 전락하는 상황에 처해 있었다. 2) 계층 개혁을 실시하라: 만약 여성이 자신보다 상류 계층의 남성과 결혼하면 그 자녀들은 어머니의 계층을 그대로 이어받게 되는 당시 시대상황 때문이다. 3) 과부들의 재결혼을 허락하라: 유교 윤리하에 있었던 대부분의 조선시대 과부들은 재혼이 불가능하였다. 그리하여 이것은 재혼이 불가능한 과부들에게 커다란 성적(sexual)으로, 정신적(mental)으로, 경제적으로 큰 고통이었다.[15]

또한 동학은 여성들의 이름 짓기에 관심을 가졌는데, 1907년 동학은 개인적 이름들을 '화(嬅)'로 붙여서 개인의 성명을 붙이기 시작하였다.[16] 이를 통해 여성들이 개인의 이름을 소유하고 인간존중의 가치를 실현하게 되었다. 이뿐만 아니라, 전국에 지방조직을 두고 주로 생활혁신과 신여성상(新女性像)의 정립을 위해 많은 활동을 하는 한편, [부인]과 [신여성]이라는 월간 여성잡지를 통하여 우리나라 여성운동의 선구적 역할을 담당해 왔다.

[부인] 잡지는 내수단이 조직되기에 앞서 포덕 63년(1922년) 6월부터 천도교청년회 여성부문운동의 일환으로 발간되기 시작하여, 포

---

15) 천도교, http: / / www.chondogyo.or.kr / intro / intro41.htm
16) 차용열, '천도교 여성운동의 선구자들', http: / / www.chondogyo.or.kr / shiningan / n2002 / n01 / n0125

덕 64년 9월까지 통권 16호를 발행하다가, 그해 9월부터 [신여성]
으로 이름을 바꾸어 포덕 75년(1934) 8월까지 통권 38호를 발간하
였다(포덕 67년~포덕 71년까지는 「별건곤(別乾坤)」에 통합). [부
인]지 또는 [신여성]지는 생활개선, 가정의 낙원화(樂園化), 도덕과
미풍의 조성, 자녀의 교양, 고상한 취미 고조 등에 힘쓰면서 낙후한
한국 여성의 교양을 높이고 여성의 사회진출과 여권신장 및 의식계
발에 힘썼다.[17]

이와 같이 한국의 전통종교들과 도착민족종교적 배경을 여성의 주
제에 맞추어 살펴보았다. 기독교는 종교적 배경에서 살펴본 것처럼
서학(西學)이라는 학문의 형태로 한국에 들어와 적극적인 개신교
(protestant) 선교의 상황하에서 한국에 정착하게 되었다고 말할 수
있는데, 정착하는 과정을 선교과정이라고 할 때, 이 선교과정에서 선
교현지 종교의 바탕하에서 기독교가 이해되고 초기 기독교 여성들에
의해 정착 발전될 수밖에 없다. 이에 한국 전통종교와 신흥종교의 이
해하에서 이 연구의 구체적인 내용과 방법들을 살펴보도록 하겠다.

(4) 연구 질문과 내용들

이 연구 내용은 다음과 같이 구성되어 있다.
두 개의 파트와 이에 각각의 장들에서 구체적인 전도부인에 대한
배경과 주요 주제들을 살펴볼 것이다.

---

17) 배용기, '동학여성 교육화 활동', http: / / www.chondogyo.or.kr / shininga-
n / n2001 / n11 / n1128

첫 파트는 한국에서의 전도부인의 리더십에 대한 종교 역사적 배경에 대한 부분이다. '억압(Suppression)이냐 슈퍼 파워(Superpower)냐'라는 주제로 살펴볼 것이다. 다시 말하자면, 우리는 여기서 여성의 종교적 사회적 영향성에 대해 다른 각도에서 보게 되는 기회를 가지게될 것이다. 기존의 자료들이나 연구들을 보면, 기독교 선교가 전통종교와 사회구조에서 억압받던 한국 여성들을 해방시키고 사회적 지위를 높여준 것으로 보아왔다. 그러나 저자는 이것을 반대로 보는 입장이다. 기독교 선교사들이 기독교로 인하여 한국 여성들을 해방시킨것이 아니라 기존에 전통사회에서 발휘되고 있었던 실제적 리더십이기독교에 대해 배타적인 것이 주류의 경향이었던 한국 사회에 기독교를 정착 발전시킬 수 있는 커다란 요소였다는 것을 주장한다. 이를위해 여러 가지 증거들을 제시할 것이다. 그리하여 첫 번째 장에서'문화적 종교(Cultural Religions)와 기독교 선교(Christian Mission): 조선 말 전통종교와 초기 한국 개신교 선교에서 나타난 여성 리더십, 1864~1938'을 선교사들의 사료들과 한국 자료들을 종교문화적인분석으로 그 내용을 살펴보도록 하겠다. 이를 통해 선교사들의 눈으로 본 한국의 종교에 대한 평가에 분석을 가함으로써 초기 개신교 유입 상황에서의 여성과 관련된 역사적 사실들을 다른 각도에서 보도록 하겠다. 두 번째 장에서는 '평등(equality)과 계몽(enlightenment): 초기 개신교 선교에서 여성을 위한 여성의 사역을 주도한 미국 여성선교사의 활동 분석, 1886~1945'이라는 주제를 가지고, 당시 내한선교사의 80퍼센트를 넘은 미국 여성 선교사와 한국 여성들과의 관계를 통하여 이 주제를 더욱 심화시켜 보도록 하겠다. 과연 미국 여성 선교사가 한국 여성들의 사회적 계몽과 평등에 커다란 역할을 하였는가? 이 주요 질문에 대한 해답을 이 장에서 찾아볼 수 있을 것이다.

이어서 본론으로 들어가 두 번째 파트에서는 전도부인의 활동과 공헌을 시기 및 역할별로 나누어 살펴보도록 하겠다.

이 두 번째 파트는 '한국 개신교의 전도부인의 역사, 1892~1945'라는 제목으로 바이블 우먼이 개신교 선교, 한국 기독교 교회 성장, 한국 사회의 근대화에 실질적이고 주요한 역할을 했다는 것을 증명해 낼 것이다. 이를 위해 그 첫 번째 장은 '보조적인 선교 보조자(Subordinate Mission Assistants)인가? 주체적인 초기 복음전도자(Active Early Evangelists)인가?: 부인권서로서의 바이블 우먼의 활동과 역할, 1892~1920'이라는 주제로서 초기 개신교 선교와 기독교 토착화에 있어서 얼마나 많은 역할과 공헌을 했는지에 대해 살펴볼 수 있을 것이다. 이어 두 번째 장은 '교회 조력자(Church Supporters)인가? 교회 지도자(Church Leaders)인가?: 한국 개신교회의 토착화 발전에 있어서 전도부인으로서의 바이블 우먼의 실제적 역할, 1907~1945'이라는 제목으로 전도부인들이 한국의 다종교(多宗敎)상황하에서 기독교가 생존, 발전할 수 있는 길을 어떻게 제공했는지 한국 교회에 지대한 역할을 종교적인 부분에서 이룩했는지를 독자들은 분명히 알 수 있을 것이다. 이를 통해 종교문화적인 면과 역사적인 면으로 이루어진 전도부인의 균형 있는 분석과 평가를 독자들은 알 수 있게 될 것이다. 그렇다면 이 연구를 위해 쓰인 연구 자료들과 분석방법에 대해 살펴보도록 하겠다.

(5) 연구 자료와 방법론

1) 연구 자료를 위한 수집 과정(Archival Research)

필자는 1차 자료 연구를 위해 6개월 동안 필드 워크(Fieldwork)로 세 지역을 여행하였다. 첫 번째 지역은 한국의 서울과 경기도 지역으로 2003년도 3월 15일부터 5월 25일까지 일제 말기의 전도부인이나 여성 전도사들의 사역을 기억 또는 연관된 사람들을 인터뷰하였고 이에 관련된 한국어 자료들을 수집하였다. 둘째 지역은 북미지역으로 보스턴 대학, 하버드 대학, 예일 대학에 소장되어 있는 한국 및 동아시아 관련 자료들(Archives)을 조사하였다. 주로 마이크로필름(Microfilm)이나 문서상자(Document box)로 소장되어 있는 자료들을 직접 확인 조사 수집하였다. 여기서 선교학에서 여성 분야로 유명한 로버트(Dana Lee Robert, 현재 보스턴 대학 선교학 교수) 박사를 만나 연구주제와 관련된 주요한 조언들과 자료들에 대해 도움을 받을 수 있었다. 세 번째 지역은 캐나다 토론토 지역으로 빅토리아 아카이브센터(Victoria Archives), 임마누엘 대학(Emanuel College), 존 녹스 대학(John Knox College)을 방문, 한국과 관련된 선교 리포트와 편지들을 수집할 수 있었다. 또한 토론토 대학 역사학과 교수인 브라워(Ruth Compton Brouwer) 교수를 통해 최근의 여성의 역사적 관점과 사료들에 대한 정보도 지원받았다.

또한 이 연구를 주로 한 영국에서 주요한 자료들을 수집하였는데,

영국 성서공회(British Foreign Bible Society)의 선교 리포트와 선교잡지들이 커다란 도움이 되었으며, 기타 스코틀랜드 성서공회나 영국 선교단체들의 아시아 선교관련 자료들이 이 연구에 보탬이 되었다. 이 자료들은 영국 내 에든버러(Edinburgh), 런던(London), 케임브리지(Cambridge)에서 발견되었고, 연구과정 내내 수시로 사료들을 수집 분석하였다. 이 과정을 통해 동아시아와 한국 개신교 선교에서 부인권서와 전도부인의 숨겨져 있었던 역사적 사실들을 찾아낼 수 있었다.

그렇다면 주요 자료들은 무엇이 있고, 또한 그것을 어떻게 사용했는지 살펴보도록 하겠다.

2) 자료 수집 및 분류(Collecting and Categorizing Sources)

필자는 연구를 위해 문서 중심 자료(Literature based data)를 네 분야로 구분하여 수집하였다.

1) 선교 파일: 선교사 편지, 재정 자료들, 일기, 메모 등(미국, 캐나다, 영국, 한국에서 발견된 장로교, 감리교 자료들)

2) 선교 리포트: 감리교 선교 리포트(the Annual Reports of the Methodist Episcopal Mission), 미국 북장로교 선교 리포트(the Annual Reports of North Presbyterian Mission of the United State), 호주 장로교 선교 리포트(the Annual Reports of Victoria Presbyterian Mission), 선교정책 리포트 '여성을 위한 여성의 사역(Woman's Work for Woman)', 영국 성서공회 선교 리포트(the Annual

Reports of British Foreign Bible Society) 등

3) 공식적으로 인쇄된 자료들: 바이블 우먼에 대한 기사나 리포트
(예: Korea Mission Field, Mission Review, The Church at Home
and Abroad, 감리회보, 독립신문 등).

이렇게 한국어, 영어로 쓰인 자료들을 분석하고 그 차이를 발견
연구한 것이다.

두 번째 방법은 인터뷰 중심 자료(Interview based data)에 대한
관심과 수집이다. 필자는 필드 워크(field-work)를 통해 다음과 같이
인터뷰 대상자를 분류 자료를 수집하였다. 여성 신학자나 학자들(6
명), 남성 신학자나 학자들(1명), 여성 목회자들(12명), 대형교회 남
성 목회자들(4명), 여성 평신도 지도자들(9명), 선교사 자녀나 내한
선교사 후배들(2명)로 총 33명이다. 이 인터뷰 대상자들에게 각기
다른 인터뷰 질문지를 그들의 시각에 맞추어 준비하고 이 질문지는
동일한 주제, 즉 전도부인에 관련된 것으로 작성되었다.

이렇게 문서 중심 자료와 인터뷰 중심 자료가 균형 있게 수집 및
분류된 상태에서 어떻게 자료를 사용했는지 설명하도록 하겠다.

3) 자료 사용방법(Using Sources)

필자는 첫째로, 한국어 자료와 영어 자료를 거의 비등(比等)하게
다루면서 사용하였다. 초기 개신교 선교 연구에 있어서 영어 자료에
많이 의존하였던 경향에 비추어 보면, 필자의 자료 사용의 방법은
기존 연구의 한계점을 극복한 것이라고 하겠다. 물론 여기에 있어

자료 수집의 범위와 방법이 기존 연구보다는 광범위하고 수집의 어려움이 있었다는 것을 밝힌다.

둘째로, 필자는 남성이 작성한 선교 자료나 리포트들보다 여성에 의해 쓰인 선교관련 자료들을 더 수용하고 이용했다. 구체적으로 말하면, 여성의 자료들이 주로 역사적 사실들과 관점들을 드러내게 하는 데 사용되었다. 기존의 역사들은 남성 중심의 관점에서 주로 쓰였으며, 대부분의 공문서들은 남성 중심 및 기관 중심의 관점에서 작성되었기 때문에 필자는 기존의 자료 사용에 있어서 문제를 제기하고 본 연구의 주제가 여성인 만큼 여성 중심의 자료들을 더 적극적으로 더 많이 사용하였다.

셋째로, 자료 사용에 있어서 철저히 제 3세계 관점으로 분류, 분석되었다. 기존의 선교학적 연구들은 서구 중심의 관점일 수밖에 없었다. 이것은 제 3세계 학자들이 자신들의 관점으로서 연구하려 해도 영문 중심의 선교 리포트들을 중심으로 자료를 수집 이용했던 방식과 서구 선교학의 주류적 경향 때문에 서구 중심적 방법론을 채택하지 않을 수 없었다. 이에 필자는 사료 사용의 균등성을 기반으로 관계상황학(Contextualisation) 방법론과 문화인류학적(Cross-Cultural Studies) 방법론을 채택하여 기존의 방법론을 극복해 보고자 하였다.

이러한 자료 사용과 방법론을 가지고 연구된 전도부인에 대해 좀 더 단계별로 알아보자.

본 론

한국여성은 전통적인 문화속에서 이미 소유하고 있던 실질적(Practical) 리더십을 가지고, 전반적으로 서구문명에 배타적이던 한국사회에 한국교회가 정착할 수 있도록 지대한 공헌을 하였다. 서구 선교사들의 '여성을 위한 선교'에서도 주체적인 입장에서 적극적으로 개신교의 교육적 선교방식을 수용, 적용하였을 뿐만 아니라 영적 대부흥운동과 신사참배라는 종교적 박해 상황에서도 여성의 현실적 리더십을 사용, 한국교회의 토착과 성장을 이루어 내었다.

엘리자베스 키스(Elizabeth keith, 1897~1956)가 1919년 일제강점시기에 방문해서 본 한국여성과 종교

Part 1 억압(Suppression)이냐? 슈퍼 파워(Super power)냐? :
초기 개신교 선교에 있어서 한국 여성 지도력의 근거, 1864~1938

대부분의 학자들은 한국 여성의 정체성을 고통, 희생, 인내, 고난 등의 관점으로 평가하면서 한(恨)이라는 개념으로 정의하였다. 이것은 결국 한국 여성이 사회적으로 희생자이고, 한국 전통 안에서 아무런 영향력을 펼칠 수 없는 약자라는 부정적 의미도 포함되어 있다고 말할 수 있다. 이런 경향은 조선 말 강력한 남성 중심의 유교적 사회에 반하고자 하는 학문적 강조점을 띠고 있다.

이런 견해는 특히 기독교 학문성향에서 더 강조되는데, 교회사가 이덕주는 한 유명한 여성학 연구 잡지에서 전도부인을 포함한 한국 초기 기독교 여성의 상황을 다음과 같이 해석하고 있다.

> 그녀(전삼덕, 전도부인)에게 있어서 기독교 복음은 종교적 영역 이
> 외의 더 큰 의미를 지니고 있었다. 구원과 독립의 원리들로서 표현
> 되는 한국 여성들의 인간된 권리를 주장할 수 있는 힘이었다. ......
> 그들(한국 기독교 여성)에게 기독교 복음은 남성 중심의 봉건적 계
> 급구조로부터의 자유와 해방의 의미를 가지고 있다.[18]

이덕주의 역사적 해석처럼, 대부분의 학자들은 한국 전통종교가 한국 여성에게 자유, 평등, 사회적 지위를 결코 제공하지 않았고, 오직 기독교가 복음을 통해, 자유의 빛을 제공했다고 평가한다. 이에 우리는 정직한 질문을 사회－문화적 관점에서 던져 볼 필요가 있다.

만일 한국 전통종교와 기독교가 다른 방식으로 여성을 다루었다면, 만일, 그들이 영향력이 없고 약자로서 암시되어 왔다면, 복음전도, 의학, 교육 분야 같은 실제적 활동영역에서 발휘된 전도부인의 업적들과 지도력은 도대체 어디서 근거한 것인가라는 궁금증이 있게 된다. 만약, 전도부인의 업적과 능력을 기독교 안에서만의 것이라고 한다면, 그 당시 신생 종교의 하나였던 기독교가 여성의 전통 리더십 없이 어떻게 전도부인을 포함한 한국 기독교 여성의 도움으로 여성, 어린이, 심지어 남성들의 기독교 개종과 교회 설립 등의 한국 기독교 토착화가 어떻게 이루어질 수 있었겠는가라는 질문 또한 방

---

18) Rhie Deok－joo, "An Understanding of Early Korean Christian Women's History", *Ehwa Journal of Feminist Theology*, Vol.2, (Seoul; Ehwa Institution for Women's Theological Studies, 1997), pp. 11－12.

관할 수 없다. 이에 대한 답들은 전도부인 선교사들의 종속적인 관리 안에 있었다기보다는 실제로 한국 사회의 격동기 속에서 소외된 위치(marginalised position)에서 자신들의 전통적인 리더십 형태로 건설적인 역할로써 기독교 정착에 공헌했다는 것을 연구를 통해 쉽게 찾을 수 있다. 그렇다면 그 구체적 내용은 어떠한가 알아보자.

(1) 문화적 종교(Cultural Religions)와 기독교 선교(Christian Mission)
  : 조선 말 전통종교와 초기 한국 개신교 선교에서 나타난 여성 리더십, 1864~1938

이번 장에서 필자는 유교적 근반을 가진 '안방(內房)' 네트워크(人脈), 불교의 종교의식, 무속의 영적인 힘과 지도력을 통해, 한국 전통종교에서 한국 여성이 가졌던 실제적이고 독특한 리더십을 나타냄으로써 바이블 우먼의 활동 및 공헌의 근반이 되는 리더십 형성의 배경을 설명할 것이다. 이를 통해 기존 한국 개신교 선교에 대한 역사적인 글들이 사용해 왔던 선교사들의 견해에 대한 오류가 분명히 보이게 될 것이다.

미국 선교회들은 한국 개신교 선교의 어려운 조건 때문에 한국에 대한 부족한 정보나 인식을 가진 사람들을 한국 선교를 위해 보냈다.[19] 이러한 복음의 사절(使節)들은 선교사들의 '문명화(civilization)'

---

19) 예를 들면 알렌(H. N. Allen) 선교사가 1899년 10월 10일에 카펜터(Frank Carpenter)에게 쓴 편지를 보면 알 수 있다. "훈련받지 않고,

라는 모토 아래 전형적인 서구문화 중심의 시각으로 한국 여성들의
삶을 제대로 평가하지 못했을 수 있다. 선교 리포트들을 살펴보면
그들은 한국 여성의 삶을 오해했고, 잘못 해석한 부분들이 발견되고
있다. 그러므로 선교역사에 대한 신뢰성(reliability)을 평가하기 위해
우리는 한국에 대한 선교사들의 글에 나타난 편견들을 재평가해 볼
필요가 있다. 이것을 위해 우리는 여성과 관련된 한국 개신교 선교
의 역사를 살펴보아야 하겠다.

이 연구의 대상 연대는 1864년에서 1938년이다. 고종과 명성왕후
가 조선 말기의 조선왕조를 다스릴 때, 흥선대원군의 서구에 대한
배타적 입장으로 개신교 선교가 위기에 봉착했다. 그러나 명성왕후
의 근대화와 부국강병(富國强兵)을 위한 서구문물의 유입의 입장을
통해, 미국, 영국을 중심으로 하는 개신교 선교도 점차 움직이기 시
작했다. 1938년은 신사참배를 강요하던 일제의 강점기 말이며, 한국
교회가 극심한 박해를 받았던 시기이다.[20]

비신사적이고, 머리에 아무것도 든 것 없는 광신도들이 여기에 너무
많다. 이런 사람들은 본국에서도 소금조차 팔아서 돈을 벌 수 없는 사
람들이다." Note by Allen and letters to Frank Carpenter, August 23,
1900, in the Allen MSS. Citing from F. H. Harrington, *God,
Mammon, and the Japanese, Dr. H. N. Allen and Korea − American
Relations 1884 − 1905,* (Madison: the University of Wisconsin, 1944),
p. 92.

20) 1915년 8월 16일에 조선 총독부관보의 기사, '포교규칙'(pp.154 − 155)
에 종교박해와 탄압, 그리고 신사참배 강요의 내용들이 잘 나타나 있
다. 그리고 일제는 점차적으로 한국 전통과 특성들을 제거하기 위해
1932년 교육 분야의 정책을 일본식 교육(한국말 사용금지)으로 바꾸고

이를 바탕으로 필자는 개신교 선교사들과 선교역사가들이 한국
여성을 어떻게 그려내고 평가했는지에 관심을 가지고 분석할 것이
다. 이를 위해, 한 면으로는 그 당시 한국 여성의 실제 삶을 조사할
것이고, 다른 면으로는 선교사들이 평가하여 기록한 여성들의 모습
을 조사할 것이다. 그리하여 이 가운데 차이점이 있는지를 발견하고
그 차이점에 대한 분석을 할 것이다. 이러한 연구과정 가운데 우리
는 한국의 전통사회에서 바이블 우먼의 리더십의 기반이 어디부터
시작되었는가를 알 수 있게 될 것이며, 기존의 역사적 평가가 오류
의 가능성이 있음을 알게 될 것이다.

그렇다면 당시 선교사들이나 역사가들의 한국 여성에 대한 묘사
중 주요한 몇 가지 주제가 있는데 가장 많이 언급한 여성의 무명
(無名)에 대한 이슈를 우선 다루어 보도록 하겠다.

1) 한국 여성들의 무명(無名)성

이 섹션에서 이름을 통한 종교사회적 정체성이 한국 여성에게 없
었다는 시각을 가진 선교사들의 관점에 대한 의문을 필자는 제기하
고자 한다. 즉, 당시 선교사들의 현지문화와 현지인들에 대한 몰이
해가 있었음을 나타내고자 한다. 우선, 이러한 몰이해의 근반에는
서구문화에서의 개인주의(individualism)와 한국 유교문화의 가족중

마침내 1938년 모든 종교 분야에서 한국의 주체성과 자발성을 제거하
기 위해 신사참배를 강요하였다.

심주의(family-centred ideology)가 있음을 인식해야 한다. 대부분의 한국 문화에서 인간관계를 중시하였고, 그리하여 개인의 이름에 대해서는 그리 중요한 것이 아니고, 가족의 단위나 가문의 단위가 중요한 것이고, 그것이 곧 자신의 정체성이 되었다. 물론, 개인의 이름이 있는 것은 그만큼 중요한 것이었지만 조선사회에서 한국인들의 정체성을 개인적으로 가지는 것은 그리 커다란 의미가 없었다. 이 점을 선교사들은 이해하지 못하고, 한국 여성들이 사회적으로 제대로 존중받지 못하고 있다고 인식하였으며, 그 원인을 유교에서 보았다. 그리하여 처음 여성들이 기독교로 개종했을 때 마리아(Maria), 에스더(Esther)와 같은 기독교적 이름을 수여함으로써 한국 여성들의 이름 없음을 부각시켜 기독교 선교전략에 있어서 많은 성공을 가져왔다고 생각하게 되었다. 이에 대해 하나씩 그 진실을 벗겨내 보도록 하겠다.

A. 진실 혹은 거짓: 한국 여성의 유명(有名)에 대한 두 이야기

몇몇 선교사들은 한국 여성들이 개인적으로 이름을 가지고 있지 않다는 점을 강조했다. 이것은 분명히 무명(nameless)은 선교사들에게 한국 문화는 미개한 문화이며 이런 문화 속에서 희생당하는 그들에게 이름을 부여함으로써 계몽의 빛을 가지게 해야 한다는 다분히 서구문화(civilisation) 중심적인 생각이었다. 예를 들면 12년 동안 한국에서 사역했던 니스벳(Mrs. Anabel Major Nisbet)[21]이라는 여성 선교사는 그녀의 책, [한국에서의 낮과 밤(Day in and Day out in Korea)]이라는 책에서 다음과 같이 이야기한다.

> 한국 여성들은 자신의 이름들이 없습니다. 그 때문에 그들은 자주
> 우리를 웃게 합니다. '이가 부러진 여성(the woman with the
> broken tooth)'으로서 우리에게 알려진 한국 여성이 있는데, 내 친
> 구입니다. 또 한 친구는 '코끝에 사마귀가 있는 여성(the woman
> with wart on her nose)'이라는 이름을 가지고 있습니다. 어떤 여성
> 은 아들이 하나 있는데, 그래서 다른 사람들에게 '소씨와 소씨의
> 어머니(So and So's mother)'로 알려진 여성도 있습니다. 그리고
> 저는 '충분(Enough)'이란 이름 뜻을 가진 자그마한 체구의 여성도
> 있는데, 왜 '충분'이라는 이름을 가지고 있냐면, 그녀는 세 번째 딸
> 이었고 그녀의 아버지는 그의 가족에서 더 이상 딸이 나오지 않기
> 를 바랐기 때문이라고 합니다. 그래서 유 부인은 영광스러운 책(성
> 경책인 듯싶다)을 학습하고 난 뒤, 자신의 작은 딸을 하나님의 시
> 각으로 바라보았고, 그녀의 첫째 딸에게 '큰 보배'라는 이름과 둘
> 째 딸에게는 '작은 보배'라는 이름을 붙여주었습니다.[22]

21) 그녀는 1906년 남장로교 선교사인 남편 사무엘 존 니스벳(Samuel
John Nisbet)과 함께 한국에 왔다. 공식적으로 그녀의 공적은 뚜렷이
나타나지는 않지만 남편과 함께 신흥학교와 전주와 목포에 교회를 세
우고 복음 전파활동을 1920년까지 한 것으로 추정된다. 김승태와 박
혜진, [내한 선교사자료집, 1884~1984], (서울: 한국기독교역사연구
소, 1994), p. 398.

22) Anabel Major Nisbet, *Day in and Day out in Korea: being some
account of the mission work that has been carried on in Korea since
1892 by the Presbyterian Church in the United States,* (Richmond:
Presbyterian Committee of Publication, 1919), p. 30.

그녀의 보고내용을 보면서 우리는 한국 여성들의 이름의 의미가 선교사들에게는 어떤 의미였는가에 대해 질문할 수밖에 없다. 첫째로, 니스벳 선교사는 한국 여성들이 남성 위주로 이루어지는 한국 유교 가족사회에 의해 나타나는 여성들의 이름 없음이 한국 여성들이 자신의 위치를 제대로 소유하지 못하고 억압당한다고 생각하였던 것 같다. 그러나 만일 이 선교사가 누구의 엄마나 누구의 딸인지가 유교적 가문의 정체성이나 명예에 얼마나 중요한 요소인가를 알았다면, 여성의 무명성이 이렇게 단순하게 다루어질 수 없었을 것이라 생각된다. 둘째로, 선교 보고적 목적으로 여성의 무명성을 강조할 가능성도 있다. 이 선교사가 일부러 기독교로 개종한 한국 여성들의 유명에 대해 강조한 것은 남성 중심의 유교적 사회특성을 철저히 반대하고, 기독교적 삶이 바로 인간의 존엄성을 지킬 수 있게 한다는 점을 부각시키기 위함일 수 있다. 그 당시 선교사들은 그들의 기독교적 복음이 인간으로서의 권리와 평등을 가질 수 있게 하며 이 과정에서 한국 여성은 억압종교와 문화인 유교에서 해방될 수 있다고 말하곤 하였다. 그러나 이러한 선교사들의 주장은 문화적 몰이해에서 나올 수밖에 없었다. 그 점에 대해 한국 여성이 역사적으로 그 비슷한 시기에 이름을 가진 점에 대해 증거를 제시하고자 한다. 한 예로 [개화백경(開化白景)]이라는 책에서 기록한 '고대수'라는 한국 여성이 있다. 그녀에 대한 기록을 잠시 살펴보겠다.

키가 7척이나 된다 해서 대수(大嫂)라 하였다. 신체가 꼭 남자 같고 비력(臂力) 또한 남자 4, 5인쯤은 거뜬히 감당하고도 남을 만하였다.

쉽게 말해서 '흉물'이었다. 흉물은 낳는 길로 죽여 없애버리는 습관
이 옛날에는 있었다. 그러나 이 대수는 용하게도 죽지 않고 장성을
보게 되었다. 이 기녀(奇女)가 궁중의 무수리로 들어가게 된 것은
궁무(宮巫)에 의해서였다. 궁무가 기상천외한 해석을 내린 덕분이었
다. 마침내 대수는 고(顧)라는 사성(四姓)까지 받아, 고대수(顧大嫂)
라 불리었다. 그녀는 곤저마마의 보디가드로 근시(近侍)하였는데 마
마의 농을 늘 받는대서가 아니라 칠 척이나 되는 키 때문에 언제나
고독하였다. (중략) 대수는 김옥균과 내통을 하였던 것이다. 거시 1
년 반 전부터였다. 개화혁명을 위한 충실한 궁중세포로서 일을 해왔
었다. 갑신정변(甲申政變) 때 그녀에게 주어진 임무는 통명전(通明
殿)에서 폭탄을 터트려 황제를 놀라게 해주는 일이었다. 그녀는 임
무를 완수하였다. 그녀는 최초의 여류혁명가였으니까.[23]

이태수의 글에 따르면, 고대수라는 한국 여성은 외모나 천한 집
안배경을 넘어선 인물임을 알 수 있다. 다시 말하면, 그녀는 궁중
무당에 의해 천거된 후 갑신정변이라는 중요한 한국 역사적 사건에
서 주요한 역할을 한 인물이라고 말할 수 있다. 흥미로운 부분은
기독교의 도움 없이 고대수라는 인물은 무속이라는 종교적 도움으
로 사회적 역할을 상승시켰다는 점이다. 더욱이 그녀는 유교사회 안
에서 독특하게 그녀만의 이름을 가지게 되었다는 것이다. 이것은 유
교사회가 한국 여성이 이름을 갖게 하는 것에 대해 반대했다는 주
장에 대해 반대되는 사실이다. 유교가 가부장적이기는 하나 경우에
따라서 고대수와 같이 사회에 공헌한 여성은 이름을 가질 수 있는

---

23) 이규태, [개화백경] 2권, (서울: 신태양, 1971), pp. 223 - 225.

기회를 제공했다는 사실이 역사적으로 나타나 있는 것이다.

그렇다면 당시 한국 여성의 실제 모습은 무엇이란 말인가? 그리고 참으로 한국 남성들은 어떤 모습으로 있었단 말인가? 두 가지 역사적 진술들을 토대로 필자는 다음과 같이 이야기할 수 있다. 여성의 무명을 이슈로 뽑아 기독교 선교의 장점으로 이름을 부여해 주는 것은 한국 문화와 사회제도에 대한 부족한 이해라고 볼 수 있다. 그리고 그들은 이미 알고 있었을지도 모른다. 왜냐하면 그들이 대부분 상대했던 낮은 계급의 한국 남성들도 제대로 된 이름을 가지지 못하고 있을 것이기 때문이다. 즉 '개똥'이라는 이름 같은 경우 당시 아이들이 오래 살지 못하는 환경 때문에 신들의 질투로부터 벗어나 아이를 지키려는 미신적인 배경으로 부모들이 아이를 천하게 부른 것이다. 그리하여 천한 계급의 남성들도 이름을 제대로 갖지 못했다는 사실에 우리는 주목할 필요가 있다. 또한 반면에 한국 여성들이 주로 개인의 이름보다는 '~아기엄마'라고 불리는 것이 더 자랑스럽고 평범한 문화적 배경을 가지고 있었다는 사실은 문화인류학적 관점에서 호칭(teknonymy)에 따른 집단문화 형성의 사실로도 인지해야 할 것이다. 조선 말 대표적인 지배 종교였던 유교에서도 사회적인 측면에 있어서 여성의 무명성은 문화적 관점에서 유명성 이상의 의미를 가졌다는 것을 우리는 알 수 있을 것이다.

그렇다면 이름에 대한 구체적인 증거들을 한국의 전통종교에서 더 찾아보도록 하겠다.

B. 여성의 명예를 위한 이름 짓기: 유교와 동학 안에서의 여성의 이름

유교에서 '열녀(烈女)'라는 이름을 여성에게 마치 상(賞)처럼 수여했다. 이는 유교의 도덕성을 수호하려는 입장에서 주어진 한국 문화 전통인데, '효(孝)' 사상에서 비롯되었다고 말할 수 있다. 유교 여성 학자, 박주는 '열녀'라는 호칭이 주어지는 것이 조선 말에는 정부가 주는 가장 큰 상이 되었다고 이야기하면서, 당시 마을 입구나 그 여인의 집 앞에 열녀문을 세워주고, 그것을 온 마을 사람들이 자신들의 마을에 열녀가 있다는 것을 아주 자랑스럽게 여겼다고 한다. 예를 들면, 남편의 죽음 후나 전쟁 때 적군에게 강간을 당한 후에 여인이 자결을 한다면, 그것은 유교적 도덕성에 입각하여 정조를 지킨 것으로 마땅히 상을 받을 만하였다. 김소사라는 여인은 적군에게 강간을 당하고 스스로 자결하여 조선왕조에서 그녀에게 '열녀'라는 호칭을 주고 그 가문을 그 마을 사람들이 영예롭게 생각하였다는 기록이 있다.24) 또한 1894년부터의 기록을 보면 열녀문을 남편이 전쟁에서 죽자 강에 몸을 던져 스스로 목숨을 끊은 임소사와 나영석의 아내에게 조선왕조가 하사했다는 이야기가 나온다. 선종실록에 따르면, 1909년 1월 8일에 한 명의 여성에게, 그리고 1909년 1월 13일에 세 명의 여성에게 열녀 호칭을 내리며 큰 상을 내린 것을 볼 수 있다. 박주의 효 사상에 따른 여성의 열녀 호칭을 조선 시기에 따라 비교해 보면, 조선 초기에는 중산층의 여성들이

---

24) 박주, [조선시대의 효와 여성], (서울: 국학연구, 2000), pp. 292 - 293.

거의 열녀 호칭을 받은 반면, 조선 말기로 갈수록 점차 하류 계층의 여성들에게 상을 준 것을 볼 수 있었다고 말한다.25) 즉 이것은 보편화를 뜻하는 것이며, 여성 지위와 인지도의 상승을 나타내주는 것이라 하겠다.

유교적인 사회에 비판을 가했던 동학은 여성의 이름에 대해 또한 개신교 선교와는 남다른 입장을 취하였다. 여성의 리더십을 동원하기 원할 때, 동학은 여성 신도들에게 동학의 역사와 교리에 근거하여 이름을 부여함으로써 교단 안에서의 부족분을 해결하였다. 동학교도의 대부분의 여성 신도들은 '화'라는 단어를 남편의 이름 한 부분에 삽입하여 자신의 이름을 만들었다. 예를 들면, '곽' 부인이 남편의 중간이름인 '병'에다 '화'를 붙여 '곽병화'라는 자신의 이름을 만드는 것이다. 그래서 '주 사모님', '손광화 사모님'이라는 존칭과 동학 종교 안의 힘이 느껴지는 '화' 삽입 이름들은 내수단(內修團, 1926)이나 내성단(內誠團, 1931) 같은 여성 조직에 있어서 중요한 역할을 하였다.26)

이와 같이 한국 전통에 있어서 여성의 이름이 어떤 의미를 지니는지를 역사적 증거 자료들을 통해 보았다. 이를 통해 선교사들이 한국 여성들의 무명이 인권침해며 불평등이라고 본 시각이 오류였음을 우리는 알 수 있었다.

그렇다면 여기서 선교사들의 한국 여성에 대한 이해의 오류가 끝났는가? 그렇지 않다. 한국 여성의 억압성에 대해 자주 선교사들에

---

25) Ibid., pp. 260 – 301.

26) 배용기, '동학여성 교육과 활동', http: / / www.chondogyo.or.kr / shiningan / n2001 / n11 / n1128

의해 언급된 이슈가 바로 '안방' 문제이다. 그럼 함께 이 이슈에 대해 살펴보기로 하자.

2) 안방(內房), 한국 여성에게 감옥이냐 인맥형성의 자리이냐?

A. 감옥 수감자(prisoner)인가? 인맥 조직자(organiser)인가?: 안방에서 벌어지는 여성들만의 비밀들에 관하여

몇몇 선교사들은 안방을 여성들의 자유를 제한하는 공간으로서 설명해 왔다. 안방은 한국 L 모양의 가옥 구조에서 가장 중요한 곳으로 주로 한국 여성들은 여기서 마음대로 드나들 수 없었다. 그렇다면 이 부분에서 남성들은 자유로웠냐 하면 그것도 아니다. 남녀칠세부동석(男女七歲不同席)이라 하여 남녀가 구별되었기 때문에 안방은 금남(禁男)의 지역이었던 것이다. 그럼에도 불구하고 선교사들은 이 안방에서 자유롭게 밖으로 나오지 못하는 여성들의 상태를 수감된 상태로 묘사하고 있다. 그 대표적인 예로서, 릴리우스 호턴 언더우드 여사는 그녀의 자서전인, [상투쟁이와 함께 보낸 십오 년 세월(Fifteen years Among the Top-knots)]이라는 책에 다음과 같이 안방에 대해 묘사하고 있다.

집집마다 정돈이 썩 잘되어 있고, 집의 한 부분은 여자들이 차지한다. 그곳은 '안방'이라 또는 내실이라고 불리며 길거리에서 들여다보거나 대문에 들어서면 들여다보지 못하도록 반드시 발을 쳐두었다. 어느 집에나 자그마한 뜰은 꼭 있는데 그곳도 여자들이 쓸 수 있도록 장막(담장이나 발이나 나무와 숲 같은 것으로)을 친 곳이다.
(중략) 한집안 식구이거나 친척이 아닌 사람은 절대로 안방에 들어
갈 수가 없다.27)

언더우드 여사는 이렇듯 한국 가족의 남녀 구별이 집안에서 공간
이 나뉘어 쓰이는 것에 대해 관심을 가졌다. 그러나 서구인들의 눈
에는 안방의 구조나 환경이 마치 감옥처럼 느껴졌을 것이다. 이와
동일한 관점을 가진 남성 선교사 프레드릭 아서 멕켄지(Frederic
Arthur Mackenzie)도 다음과 같이 이야기하였다.

미국으로부터 온 선생들의 영향 아래 한국 여성들 개개인들은 참으
로 청결하여졌습니다. 또한 이 선생님들은 그들의 학생인 한국 여
성들을 안방(zenana, 인도의 내방개념)으로부터 한낮의 밝은 빛으로
나오게 하였습니다. 그리고 이 여성들은 서구의 사고방식들을 흡수
하기 시작했습니다.28)

멕켄지 선교사는 안방을 인도의 내방인 '재나나(zenana)'를 빗대
면서 서구문명화의 도움으로 철저히 무너져야 한다고 강력히 주장
하고 있다.

필자는 여기서 이 선교사들에 대해 심각하게 질문을 던지고자 한
다. 선교사들의 안방에 대한 견해는 과연 어떤 근거에서 나오게 된

---

27) L. H. Underwood, *Fifteen years Among the Top-knots*, (Seoul: Kyung-In Publicating Co., 1977), pp. 4-5.

28) Frederic Arthur Makenzie, *Korea's Fight from Freedom*, (N.Y: Fleming H. Revell Company, 1920), p. 7.

것이며 객관적인 것인가? 이 이슈에 있어서 나는 최혜월 박사의 흥미 있는 글을 반박으로서 제시하겠다. 최 박사는 조선 말기의 여성들에게는 안방은 굉장히 중요한 교육의 장소였다고 말한다.

> 남성과 여성 사이에 있는 계급적 순서뿐 아니라 공식인 부분에서의 남성의 영역과 사적인 부분에서의 여성의 영역이 나란히 분리되어 유지되어 온 것은 가족, 사회, 나라의 화해적 존속에 있어서 아주 필수적인 요소임을 생각해야 한다. 따라서 이상적인 여성들을 만들어내기 위해 식자(識字, 글을 읽고 쓸 줄 아는 것)들이 그 안방안에 존재하는 것은 너무나도 필요하였다.29)

다시 말하자면 안방은 감옥이 아니라 휴식(retreat)의 장소였고 배움과 가르침의 장소였던 것이다. 비공식적이기는 하나 사회적으로나 문화적으로 여성의 문맹이 너무나 당연시되던 그때에 안방에 모여 글을 습득할 수 있었던 것이다. 주로 그들은 중국 한자와 언문을 배웠고, 식자를 통해 그들은 주요한 책들을 읽어낼 수 있었던 것이다. 예를 들면 [내훈(內訓)], [규중요람(閨中要覽)], 그리고 [내방가사(內房歌辭)] 등이 있다. 이 책들은 두 가지 중요한 공통점을 가지고 있다. 첫째, 여성이 가족 구성원이나 다른 이웃들과의 관계에 있어서 개인적 성격, 행동, 관계형성들에 대한 지침을 설명한다는 것이다. 둘째, 좀 더 실천적으로 어떻게 여성들이 가족을 돌봐야만 하

---

29) Ch'oe Hye‐wŏl, 'Women's literacy and New Womanhood in late Choson Korea', *Asian Journal of Women's Studies*, Vol. 6 No. 1 (Seoul: Ehwa Women's University Press, 2000), pp. 90‐91.

는지 또는 어떻게 가족생계 및 환경을 구성해 나가야 하는지에 대해서도 설명하고 있다.[30]

사실상 가부장적 중심의 유교사회가 여성의 공식적인 사회활동을 방해하거나 제한함에도 불구하고 여성들은 여성 집단(ladies' group)을 형성하고 그 안에서 각자의 대화를 가졌다. 안방은 실상 이런 여성들의 권력기반이 되는 공간이었다. 예를 들면, 여성들은 다음의 현실적이고도 영리한 정치들을 실행해 나갔다; 1) 자신들의 남편이나 아들들의 지위 향상을 위한 로비활동 2) 더 큰 인맥을 형성하기 위해 자신들의 자녀를 강력한 권력이 있는 집안으로 결혼시키는 작업들 3) 이 외에 정치적이거나 경제적인 사건을 원만하게 해결하기 위해 개입하는 행동들. 이러한 비공식적인 루트를 통해 여성들은 자신들의 영역을 구축하고 사회적 영향력을 발휘했던 것이다.

그러므로 안방은 강력한 유교문화 상황하에서 한국 여성을 자유롭게 만드는 것이라고 말하는 사람들은 유의할 필요가 있다. 여성은 자주 남편들의 가부장적인 행동들, 자녀들의 교육 문제, 시어머니와 며느리 사이의 극심한 긴장감 등과 같은 어려움을 겪었다. 그러나 이 안방에서 여성들은 그들의 경험을 나누고 또한 그들의 스트레스와 어려움을 노래, 수다, 함께하는 바느질 같은 오락으로 문제를 해결해 나갔다, 이 점에서 우리는 여성들이 그 당시 선교사들이 묘사 및 설명한 것같이 감옥에 수감되어 있는 것 같은 상태에 있었던 것이 아닐 수 있다는 것을 주의 깊게 생각해 봐야 할 것이다.

---

30) 손직수, [조선시대 여성 교육 연구], (서울: 성균관대 출판사, 1982), pp. 30 – 90.

B. 안방과 한국 여성의 관계

그렇다면 안방은 한국 여성에게 있어서 부정적인 공간이었는가, 긍정적인 공간이었는가에 대한 실제적인 정의가 우리 안에 세워졌으리라 생각된다. 즉 당시 선교사들의 인식만큼 안방은 여성들에게 억압과 폐쇄의 공간이 아닌 유교 가족문화에 있어서 여성만의 독립된 공간이었다고 말할 수 있을 것이다. 이 공간 안에서 유교에서 중요한 '효'라는 개념으로 이루어지는 모든 인간관계들을 재정립하여, 이루어 나갔을 것이고, 단지 성(gender) 역할 구분으로만 안방을 구분하는 것은 불가능하다고 이야기할 수밖에 없다. 즉 안방은 여성들이 모이는 곳이기는 하나, 여기서 '남편과 아내' 뿐만 아니라 '부모와 자녀'나 '어른과 아이'의 관계까지도 형성하고 문제를 풀어나가는 공간이었기 때문이다. 이러했기 때문에 선교사들은 안방이라는 공간에 있는 여성들을 대상으로 복음을 효과적으로 전할 수 있었고, 복음을 경험한 안방의 여성들은 복음의 전도자로서, 신앙자로서 가족에게 기독교를 전하고 정착시킬 수 있었던 것이다. 이러한 바탕에서 필자는 이 안방의 공간으로 이루어진 관계들이 전도부인의 활동 네트워크의 중심 매체라 말하고 싶다. 이렇듯 선교사들이 억압의 공간이라고 인식했던 안방의 공간은 실상 그들에게 있어서 기독교 선교의 첫 기반의 역할을 할 수 있었던 공간이었던 것이다.

그러므로 여기서 우리는 두 가지 점을 생각해 보아야 한다. 첫째로 한국 여성들은 이 안방 네트워크를 통해 한국 사회에 실재적인 역할을 하고 공헌을 했음에도 불구하고 사회적으로 낮은 위치를 소유했다. 둘째로, 몇몇 선교사들이 이런 것들을 인식했을지라도 그들은 이 상황을 정확히 인식하지 못했다는 것이다. 더욱이 선교사들이 그 당시 한국 여성의 삶에 대해 글을 쓰고 또한 한국 여성들이 가진 종교문화에 대해 평가할 때 선교사들은 자신들 나름의 목적을 가지고 있었다.

이에 또 다른 선교사들의 한국 여성과 관련된 한국 문화에 대한 몰이해를 살펴보도록 하겠다.

3) 여성의 가난과 심한 차별: 한국 종교문화에서의 여성의 지위

A. 약한 자냐? 강한 자냐?: 한국 여성에 대한 편견

선교사들은 한국이 문명화가 아직 안 되었다는 것을 리포트를 통해 다수 강조하였고, 한국이 문명화되어야만 원시적인 환경 속에서 한국 여성들을 구원해 낼 수 있다고 주장하였다. 이런 이야기를 했던 선교사들 중 하나가 호머 헐버트(Homer B. Hurbert)이다. 그는 문명화와 성 평등(gender equality)의 이슈에 있어서 한국 선교는 꼭 필요하다고 주장하였다.

도덕성을 보면, 한국 사람들은 그들 스스로는 커다란 자유를 허락한다고 이야기합니다. 그러나 그들의 언어 안에서는 가정(home)을 위해서 그 어떠한 단어도 찾아볼 수가 없습니다. 더욱이 그 단어가 내

포하는 의미에 대해서 더 이상 한국 사람들에게 존재하지도 않습니
다. 내가 판단하기로는 한국의 상태는 오늘날 각 성(sex)의 관계가
페르시아 시대의 고대 그리스의 상태와 같습니다. 한국의 기생과 그
리스의 고급 창녀 사이에 많은 유사성이 있습니다. 그러나 이 비속
화된 계급 외에도 한국은 또한 다른 계층들을 괴롭히고 있습니다.
만약 가능하다면 여전히 낮은 계층들도 괴롭히고 있습니다. (중략)
기생들이 왕관을 차지하기 위해 이 모욕적인 쟁탈전을 탐닉하게 될
때 죽음의 형벌과 채찍질은 받을 만한 것이었습니다.[31]

헐버트에 따르면, 한국 여성들의 문명화 부족이 그들의 도덕성과
인간성에 영향을 미친다고 말하고 있다. 따라서 그 문제는 고대 그
리스처럼, 깊이 뿌리박힌 한국 사회의 봉건적인 성향으로부터 야기
된다고 말한다. 이를 위해 그는 한국 사회의 원시적인 특징으로 말
미암아 생긴 인간성을 제대로 소유하지 못한 기생의 예를 들고 있
다. 그는 설명하기를 여성은 불명예스러운 대우를 받으면서 압제당
하고 있다고 한다. 따라서 한국 사람들의 자유를 위해서 한국은 문
명화 경험이 있는 배경을 가진 미국이나 다른 서구의 선교사역에
의해 문명화되어야만 한다는 것이다.

필자는 헐버트의 조선 말의 기생에 대한 평가에 대해 동의할 수
없다. 기생에 대해 알려진 역사적 지식(1329~1910)에 따르면, 기생
은 원래 음악, 춤, 약제, 바느질에 탁월한 기술을 가진 사람들을 부
르는 말이었다. 모든 연예인이나 창녀는 정부의 공식적인 법제 아래

---

31) Homer B. Hulbert, *The passing of Korea,* (Seoul: Yonsei University
   Press, 1969), p. 41.

통제되었고, 대부분이 천민이었다. 그러나 이러한 여성들은 젊고 탁월한 외모를 가지고 있었고 또한 남자들이 쉽사리 접촉할 수 있는 여성들이었다. 그러기에 이러한 여성들은 전문적으로 축제나 잔치를 위해 예술인으로서 특별히 훈련받았다. 또한, 그들이 하류 계층의 사람들이었다 할지라도, 그들은 가끔 매니저나 남편 역할을 하는 '기부'를 두었다. 당시 고위관료들은 기생을 두 번째 부인으로 두기도 하였는데 이 사람들을 '기부'라고 부르진 않았다. 여하튼, '기부'를 둔다는 의미는 기생에게 생활의 주도권이 있었다는 의미가 된다. 이런 면에서 기생은 사회에 있어서 수동적인 존재가 아닌 적극적인 존재로 볼 수 있다는 의미가 된다. 이러한 관점에서 기생은 한국 전통사회에서 일반적인 여성의 집단과는 다른, 남다르게 자유를 가지고 남성을 어느 정도 자신의 지배하에 놓고 전문 직업을 가지고 주도적인 역할을 하며 살았던 그룹이라고 할 수 있다. 역사적으로 보면 유명한 기생들 같은 경우 당시 선비의 학문과 기개 수준을 넘는 학자나 예술가였으며, 또한 민족의 열녀로 칭송받는 경우도 있었다(예: 황진이, 논개).[32] 그러므로 헐버트가 한국의 문명화 필요성의 근거로 '기생'의 예를 든 것은 한국인의 입장에 있어서 설득력 있는 주장이 아니라는 것이다.

그렇다면 반면에 문명화되었다고 주장하는 그의 서구 국가의 매춘은 어떠했는가에 대해 물음을 가질 수 있다. 당시 빈민가나 귀족들을 상대로 하는 매춘행위는 서구에서도 있어왔던 것이다. 그러므

---

32) Peter H. Lee, *Poems from Korea,* (Honolulu: 1974), pp. 77 - 78.

로 참으로 19세기 미국 상황에서 보이는 빈민가 매춘상황과는 다른
것이며, 또한 문명화된 서구에서도, 선진국이라고 자칭하는 현재의
미국에서도 매춘은 문명화의 기준이 될 수 없는 것이다. 그러므로
선교사들이 사회적인 희생자이며, 타락한 존재로서 비추어지는 예
중의 하나였던 '기생'은 그들이 주장한 만큼 한국 전통사회에서 비
기독교 민족이어서 나타나는 폐해가 아니었음을 우리는 알 수 있다.
그렇다면 여기서 그 몰이해가 끝났는가 하면 그것은 아니다. 이제는
'한(恨)'의 문제를 신교사들이 어떤 입장으로 다루었는가를 통해 선
교 대상이었던 한국 여성에 대한 몰이해가 어떤 모습으로 자리 잡
았는가를 더욱 구체적으로 보도록 하겠다.

B. 한국 여성의 한(恨): 조선 말기의 약자들의 애통함

보통 '한'에 대해 설명할 때, 한국 여성의 큰 특징으로 나타내곤
한다. 그 이유는 한국의 여성들은 남녀차별적 사회구조가, 유교문화
권이 강한 조선의 역사 가운데에서 비롯되었기 때문이라고 인식하
기 때문이다.

한국 유교사회에서는 사회적 계급들이 양반, 중인, 상인, 천민으
로 나뉘어 있었다. 이 계급들 간에 여성은 남성보다 낮은 위치에
있었다. 하지만 양반 여성은 다른 계급들의 남성들보다는 높은 위치
에 있었다. 이에 대한 가장 좋은 예는 천민 남성은 양반 여성과 결
혼할 수 없다는 것일 것이다. 그렇다면 이러한 사회구조 내에서
'한'을 한국 여성만의 특성이라고 이야기할 수 있을까?

한국 민중 신학자 서남동은 '한'에 대해서 다음과 같이 이야기한다.

1) 한국인은 주위의 강대국의 수많은 침입에 의해 고통을 받아왔다.
   그래서 이러한 한국인의 민족적 경험이 '한'으로서 이해된다.
2) 한국인들은 지속적으로 정치적인 통치자들의 폭정에 의해서 고
   통을 받아왔는데 이런 한국인들은 '백성'이라는 존재로 인식되
   어 왔다.
3) 여성을 차별적으로 구분하는 법과 관습으로 이루어진 유교의 완
   고한 제도 아래 여성들의 경험이 '한'으로서 표현된다.
4) 한국 역사 안에서 어떤 점에서 보면, 인구의 반절 정도가 세대
   를 걸쳐 노예상태로 있었고, 국민으로서 존재하기보다는 재산적
   개념의 소유처럼 존재하였다. 이러한 삶들을 사는 사람들이 바
   로 '한'으로서 표현된다.33)

위의 내용에 따르면, '한'은 일종의 가슴에 느껴지는 고통으로 표
현되거나, 더 나아가 감정적인 고통 또는 분노, 슬픔, 그리움이 복
합적으로 느껴지는 정서적인 부분이라고 하겠다. 이것은 많은 한국
인들에게 영향을 주나, 특별히 가정 안에서 느끼는 한국 여성의 삶
과 감정 안에 반영된다고 할 수 있다.

첫째로, 한국 여성들은 시어머니와 며느리의 관계에서 '한'의 감
정을 경험하였다. 이 관계 사이의 갈등은 유교사회의 위계조직 제
도로부터 근본적으로 시작된다고 할 수 있다. 어머니는 자녀들로부

---

33) Nam Tong - su, the Commission on Theological Concerns of the Christian
   Conference of Asia(ed.), *Toward a Theology of Han*, (Maryknoll: Orbis
   Press, 1983), p. 68.

터 반드시 존경을 받아야 한다고 유교적인 제도는 말하고 있다. 이
것은 부모 자식 간의 관계가 사랑의 관계가 아닌 또 하나의 위계
질서 제도로 표현되는 것이다. 그러므로 여성들 간의 관계도 이런
권력과 나이라는 점에 있어서 위계질서가 존재할 수밖에 없는 것
이다.34) 그리하여 시어머니와 며느리의 관계는 아들과 남편이라는
매개체 속에서 더 나빠지는 상황으로 치달을 수밖에 없었던 것이다.35)

두 번째로, '한'은 조강지처(본부인)와 첩실(두 번째, 세 번째 부
인)의 관계에서 나타난다. 따라서 한국 사회에서 연령이 많은 여인
의 권력은 조강지처와 첩실과의 갈등에서 자명하게 비추어진다. 예
를 들면, 조강지처는 가족의 배경하에 공식적인 위치를 갖게 되고,
그녀의 자녀들을 가문의 대를 잇게 되며, 재정적인 권한을 가지게
된다. 그러나 첩실들은 조강지처가 가지고 있는 그 어떠한 권한도,
권리도 가질 수 없고, 그 자녀도 남편의 가문에서 어떠한 목소리도
낼 수 없는 것이다. 예를 들면 첩실이 천민이라면 남편이 양반이라
할지라도, 첩실의 자녀는 양반이 될 수 없는 것이다. 즉 남편의 가
문에서 그 어떠한 미래도 보장받을 수 없는 것이다. 그러므로 당연
히 조강지처와 첩실들의 관계는 늘 갈등 상황과 눈물과 분노가 교
차되는 상황, 즉 '한'이 발생되는 상황 속에 있게 되는 것이다.

그러므로 이 두 가지 점에서 보면, 여성들의 감정적 고통인 '한'은
유교사회구조 상황하에서 반드시 남녀차별의 상황에서 나왔다고 말할

---

34) 백영욱, [한국 근대여성사], (서울: 정음사, 1984), pp. 16 - 17.
35) 백동인, [한국의 전통혼례 연구(민족문화연구소 16)], (서울: 고려대학
    교 민족문화연구소, 1988), pp. 279 - 281.

수 없다는 것을 알 수 있게 한다. 그리고 우리가 알 수 있는 것은 조선시대의 여성들은 철저히 유교적 위계조직 체계 안에서 생활해 왔고 그 결과, '한'이 발생되는 상황 속에 놓여 있었다는 것을 알 수 있다.

그렇다면 이러한 유교사회하에서 타 종교하에서 지도력을 발휘했던 여성 종교지도자들은 어떠했을까? 그들도 과연 '한'이 발생되는 상황 하에서 유교의 철저한 계급 중심적 가치관에서 신음만 하고 있었던 것일까? 이 점에 있어서 그들이 과연 여성으로서 전문적 직업(profession)을 발휘하였던 것인가 아니면 박해받은 희생자였는가를 심도 깊게 알아보고 분석할 필요가 있다. 이에 우리가 함께 생각해 보기로 하자.

C. 낮은 사회적 신분으로서 여성 무당의 실제적 파워

한국 여성들이 여성 무당을 주체적인 리더로 받아들였는가의 여부에 대하여, 전남대학에서 연구한 자료, '한국 샤머니즘과 여성 (Korean Shamanism and Women)'을 보면 알 수 있을 것이다.

한국의 민족적 샤머니즘의 관습들은 네 개의 종교들이 혼합된 형태로 연구되어 왔다. 따라서 이 종교들이 한국적 스타일로 정착하는 점에 있어 샤머니즘의 공헌을 우리는 생각하지 않을 수 없다. 다시 말하자면, 한국인들의 소망과 욕망을 충족하는 한국적 샤머니즘의 기능들을 유지하면서 이 종교들 사이에 상호 지원하는 관계들이 존재한다. 그러므로 샤머니즘은 사람들의 세속적 요구들로부터 일어나는 '일반적인 민속(general folk)'이라고 불릴 수 있다.[36]

위의 내용을 보면, 한국 샤머니즘은 한국 민속문화의 개념으로서 이해되어야 한다고 볼 수 있다. 사실상 한국 샤머니즘은 한국 사람들의 실제적 삶에 커다란 영향을 주었다. '무당'(巫堂)'이라고 불리는 한국 샤만은 영적인 연관성(connections)을 기반으로 보다 높은 위치를 소유하였다. 신라시대에 무당은 거의 왕과 비슷한 위치를 가지고 있었으나 고려시대 이후에 무당들의 위치는 점차 내리막길을 가게 되었는데 그 이유는 불교의 영향성이 증가하였기 때문이다. 그럼에도 불구하고 샤머니즘은 불교의 신앙과 사고형태(mindset)가 한국 정서에 맞도록 도움을 주었다. 조선시대에서는 샤머니즘의 종교적 위치가 몇몇 공식적인 한국관련 자료에 따르면 생각보다는 상당히 괜찮았다는 것을 알 수 있는데, 그 예로 조선실록(朝鮮實錄)을 보면, 자연재해를 막기 위한 샤머니즘적 종교 행위들에 대해 인용되어 있는 120여 개 이상의 사건기록들이 있다는 점이 이것을 증명해 준다.

주로 여성으로 구성되어 있는 무당은 세 가지 종류로 나뉜다. 가문의 대를 이어가는 세습무(世襲巫), 영적인 무당인 강신무(降神巫), 수습 및 훈련을 통해 무당인 된 학습무(學習巫)이다. 세습무 같은 경우 조상 대대로 내려오는 영적인 책임들, 즉 '업(業)'으로 인해 피해 갈 수 없는 인생의 의무로서 가업을 이어간다. 반면에 강신무는 신들의 강력한 의지와 뜻에 의해 저항할 수 없는 상태에서 무당의 일을 하게 되는 것이다. 또한 학습무는 생계를 위해 스스로 무당 직업을 선택하여 훈련받아서 일을 하게 되는 경우이

---

36) Ch'oe Hyŭp and Song Hyo‑sŏp, *Korean Women and Shamanism*, (Kwangju: Chonnam National University, 1988), p. 6.

다.37) 더욱이 여성 무당들의 계승은 영적인 어머니의 영적인 딸이 영적 무당의 인맥을 계속 유지하는 모계 중심이나 여성 중심의 체계로 결정되고 형성된다.38)

여기서 여성 무당들의 전통적인 위치나 역할들에 대해 궁금하지 않을 수 없다. 1930년대 일본인 무라야마의 한국 무속에 대한 조사 리포트를 보면 참으로 흥미로운 사실들을 알 수 있다. 이 리포트에 따르면 529명의 한국 무당들을 대상으로 '왜 무당이 되기로 결심하였는가?'라는 질문을 던져 나온 결과들을 볼 수 있다. 그 결과들을 보면 다음과 같다; 1) 202명은 생계를 유지하기 위해 2) 136명은 가족의 가업을 잇기 위해 3) 127명은 신의 영적인 부르심에 의해 4) 64명은 기타 이유에 의해.39) 조사에 참여한 무당들의 24퍼센트가 영적인 부르심을 통해 무당을 결심하였지만 대부분이 여성이 가질 수 있는 전문직(profession)을 위해 무당이 되기로 결심한 것을 알 수 있다. 이러한 자료들을 통해 무당이라는 직업이 사회적인 인식으로는 아주 천박한 직업이기는 하지만 과부나 스스로 독립해서 살아야만 하는 여성을 위해 아주 좋은 직업일 수 있다는 것을 알게 된다. 결국 무당이라는 직업은 남성과 평등하거나 그 이상 더 높은 위치를 가질 수 있는 권력을 경험할 수 있는 여성으로서는 매우 좋

---

37) 문상연, '한국의 샤머니즘', [종교란 무엇인가?], (서울: 분도 출판사, 1975), p. 150.

38) Halla Pai Huhm, *Kut Korean Shamanism*, (NewJersey: Nollym International Corp., 1980), pp. 10 - 11.

39) 임동권, [한국의 민속], (서울: 세종대왕기념사업회, 1975), pp. 148 - 149.

은 직업이 될 수 있었다 (남성 무당이 거의 없는 상황에서 남성 무
당들은 '박수(博數)'나 '무부(巫夫)'라 불린다).

　이러한 한국 무당에 대한 인식은 한국 바이블 우먼의 기원에 대
한 관계성에 대해 생각할 때 중요한 점이다. 개신교 선교는 선교
현지에 이미 형성되어 있는 리더십에 의해 많은 부분 영향을 받았
다. 그리고 개신교 선교사들이 임명한 전도부인이나 부인권서 자체
리더십 형성으로 역할을 감당하여 결과물들이 나온 것이 아니라 이
현지 여성 리더십의 근반을 딛고 그 위에 이 기독교적 리더십이 형
성되어 선교현장에서 선교사역이 적용되며 열매를 얻을 수 있는 것
이다. 예를 들면 여성 무당의 치유, 상담, 영적행위 등의 전 이해적
종교문화행위가 한국인들에게 인식되지 않았던들, 한국 여성인 전도
부인이나 부인권서의 종교적 가르침, 치유, 조언, 상담 등의 기독교
선교행위가 한국인들에게 가능할 수가 없었을 것이다. 그렇다면 우
리가 여기서 깊게 생각해야 할 것이 있다. 과연 서구 선교사들의
한국 종교에 대한 관점이 우리의 한국적 신앙을 제대로 평가할 수
있는가이다. 그들은 과연 올바르게 한국 전통종교문화들을 이해했을
까? 만약 그렇지 않다면, 한국 여성들의 종교적 이미지를 왜곡하거
나 중요 역할들을 경시하지 않았을까? 이러한 점은 우리가 한국 바
이블 우먼에 대한 선교사들의 기록들을 제대로 분석하는 가운데 올
바른 연구자나 독자의 관점을 세우지 않고서는 한국 바이블 우먼에
대한 객관적인 자료인식과 정보를 습득할 수가 없다는 점을 깨닫게
해준다. 그러므로 한국 전통종교와 기독교 간의 관계에 대한 이슈를
선교사들의 눈으로 본 관점에 대한 자료들을 분석 비판함으로써 좀

더 심도 깊게 알아보도록 하겠다.

4) 경외(reverence)냐? 경시(rubbish)냐?:
개신교 선교에 의한 한국 여성의 종교의 악마화(demonisation)

A. 한국 여성의 영성 안에서 종교적 갈등 또는 화합

Korea Mission Field, Women's Work for Women(M.E.C.), Korean Review 등40)과 같은 선교 리포트나 자료들에서 전통 한국 종교 안에서의 한국 여성들에 대한 부정적 시각들을 볼 수 있다.

이러한 리포트들의 주요 주장은 여성들이 종교적 생활양식에 충실한 신앙을 가지고 헌신된 삶을 사는데도 불구하고 첫째, 다양한 전통종교들이 여성들이 문명화되는 것을 방해하며 둘째, 영적으로 사회적으로 노예상태로 있게 만든다는 것이다. 초기 한국 여성 선교사 중의 하나인 언더우드(L .H. Underwood)는 서구 여성적 관점에서 한국 종교에 대한 인상에 대해 다음과 같이 묘사했다.

여기서 조선의 종교에 관해 좀 말해야겠다. 조선 사람에게는 유교, 불교, 도교가 모두 큰 세력을 지녔다. 그러나 그 모두가 옛날에 한 때 지녔던 영향력을 크게 믿었다. 거의 모든 사람들은 어떤 종교에

---

40) 여기에 긍정적 시각을 보이는 하나의 자료가 있는데, 그것은 'the Status of Women in Korea' in the *Korean Review*, December 1901 to April 1902.

대해서도 믿음을 가지고 있지 않고 있다. 유교는 사람들에게 조상
숭배를 엄격히 지키도록 하는 율법적인 면에서 가장 강력한 힘을
지니고 있으나 그 밖에는 그저 윤리적인 철학체계일 뿐이다. (중략)
불교는 지위가 떨어져 최근까지도 중은 도성 안에 들어올 수가 없
었고 그들의 계급은 이 나라에서 가장 천민인 백정 다음이었다. 불
교의 절 몇 개는 정부의 비용이나 기부금으로 운영이 되고 있고
여자와 아이들 그리고 그들보다 더 무식한 사람들이 아직도 얼마쯤
불교를 믿고 있다. 이런 계층의 사람들은 또 온갖 사악한 귀신들
곧 땅과 하늘과 바다에 들끓는 귀신들, 여러 가지 질병의 귀신들,
무슨 일에든 끼어드는 귀신들을 섬기고 두려워한다. 이 귀신들에게
는 악마에게와 마찬가지로 주문을 외고 제물을 바치고 북을 두드리
고 종을 울리고 그 밖에 낱낱이 다 말할 수 없을 만큼 수많은 의
식들을 올려서 그 노여움을 풀어야 한다.[41)

언더우드 선교사는 악마종교들의 초자연적 행위가 어떻게 병중에
있는 사람들을 치유하고 극도의 가난 속에 있는 자들에게 자유를 주는
그런 구원의 결과들이 있을 수 있을 것인가에 대한 질문을 던지고 있
다. 선교사들의 일련의 자료들도 이와 비슷하다. 즉 어떻게 유교가 여
성들의 자유를 사회적으로 제한하고 있는지를 나타내고 있으며 특히
조상숭배의 과정에 있어서 여성의 '불합리한 행동들'이 그려지고 있다.
이러한 묘사들의 요점을 살펴보면, 첫째로 종교적 신앙에 있어서 어리
석고 둘째로 불필요한 우상숭배를 하고 있다는 것이다. 이러한 평가들
은 한국에 들어온 첫 선교사 세대가 한국 문화나 관습들을 악마적 요

---

41) L. H. Underwood, pp. 9 - 10.

소로 인식하고 종교 또한 기독교가 대적해야 할 사탄(satan)적 존재로 평가하는 전형적인 근본주의(fundamental)적 입장을 보이는 것이다. 이러한 오해로 인해 선교 대상인 한국인들이 전통종교하에 있었기 때문에 하대(下待) 또는 경시(輕視)하는 입장을 가지게 된 것이다.

그러면 어떻게 그 전통종교들이 영적으로 사회적으로 여성들의 삶에 영향을 주었을까? 한국 종교들 중 특히 유교는 인간을 하늘로부터 내려와 살아 숨 쉬는 존재로서 이해한다. 따라서 성스러운 세계로부터 세속적 세계로 나뉘어 계급화되는 관계들을 형성한다. 즉 하늘과 땅, 남자와 여자, 남편과 아내, 부모와 자녀, 지배자와 피지배자 등과 같은 관계형성을 말하는 것이다. 한국 여성의 이데올로기는 창조자 신의 영적인 존재를 믿고 성역과 현실의 관계의 필요성을 인식하면서 모든 인간과 자연을 존중하는 것이다.42) 이러한 사회과학적 입장에서 보면 한국 샤머니즘 즉, 무속은 종교의식적 측면에 있어서 한국 여성에게 해가 되는 종교는 아니었다. 무속 전문가인 최홍연에 따르면, 조선 말 굿에 참여하는 것은 집에서만 주로 사는 한국 여성들에게는 일종의 해방을 경험할 수 있는 아주 중요한 이벤트였다고 말한다. 무속 종교의식 중의 하나인 천신굿(天神祭)은 여성들로 하여금 가사일로부터 벗어나는 해방감을 가지게 하

---

42) 초기 기독교 선교에 있어서 한국 종교의 신에 대한 전통적인 관점들이 기독교적 하나님을 한국인들이 이해하는 데 있어서 커다란 도움을 주었다. 예를 들면 천주교 선교에 있어서 '천주(天主)'의 개념이나 '한울님' 또는 '하느님' 개념은 기독교의 '여호와 하나님'이나 '주'의 교리적 개념을 이해하는 데 연결점을 제시하였다.

고 그들 스스로 노래하고 춤추고 음식을 나누며 종교적 대화를 나
누는 오락이었다는 것이다 즉 굿은 여성들에게 일종의 오락이고 자
기들만의 파티였던 것이다.43) 이에 하리팩스(Joan Halifax) 박사도
무당을 다음과 같이 묘사한다.

> 그들(무당들)은 신들과 영적인 존재들과 대화한다. 무당들의 신체는
> 천상의 영역으로 날아올라 세속적인 것들을 떠날 수 있다. 그들은
> 시인들이고 또한 노래를 부르는 사람들이다. 그들은 춤을 추고 예술
> 적인 작업들을 창조해 낸다. 그들은 성스러운 영역과 세속적인 영역
> 을 넘나드는 문화의 역사에 대한 지식의 보고로서, 영적인 지도자일
> 뿐만 아니라 판사들이고 정치가들이다. 그들은 우주적(cosmic)인 것
> 에 익숙할 뿐만 아니라 지리적(physical geography)인 것에도 익숙
> 하다. 식물, 동물, 그리고 그 외의 모든 요소들의 방식들이 무당들에
> 게 알려져 있다. 그들은 심리학자들이고, 연예인들이며, 음식 전문가
> (food finders)들이다. 결국 무당들은 성스러운 영역에 있어서의 전
> 문기술자(technicians)이고, 엑스터시의 소유자(master)이다.44)

무당들은 예술가이고, 심리학자이며, 영적인 사제이고, 심지어 정
치가이다. 그럼에도 불구하고 그들은 조선시대에 유교와 조선 말에
서 초기 기독교 선교 시기에 기독교의 갈등을 경험했다. 이러한 어
려운 시간들 속에서 그들은 종종 다른 이들, 특히 여성들에 의지하

---

43) Ch'oe Hyŏng‑yun, *Shamanism in Korea,* (Seoul: Seoul National
University, 2002), pp. 16‑17.

44) Joan Halifax, *Shamanic Voice*; *the Shaman as seer, poet and healer,*
(Middlesex: Penguin Books, 1979), p. 4.

여 그들이 소유한 능력으로 살아남을 수 있었다. 그래서인지 몰라도 한국 샤머니즘은 한국인들 사이에 가장 영향력 있는 종교로 인식되어 왔다.

그렇다면 우리가 여기서 외부문화에서 유입되어 정착된 종교들을 살펴보고, 또 그 종교들이 한국인들 가운데서 어떻게 무속적 특성과 연합되어 살아남을 수 있었는지를 보는 것도 흥미로울 것 같다. 그러므로 우리는 여성 무당이 초기 개신교 선교가 존재했던 조선 말에 얼마나 영향력 있는 존재였고, 그 영향력이 기독교 내의 여성 지도자, 즉 전도부인의 리더십의 기반이 되어 개신교의 한국 문화 정착에 큰 공헌을 했는지 알게 될 것이다.

B. 종교 상황에서 위대한 상호종교동인(inter-religious agent)으로 서의 한국 여성

위의 내용을 기반으로 하여 우리는 한국 전통종교 안에서의 여성의 역할을 알 수가 있었다. 다종교 상황에서 한국 여성들은 그들의 상황 속에서 어떻게 반응을 하고 역할들을 감당했을까? 만일 한국 사회가 제도적으로 무속인들을 제압하고 억압했다면 어떻게 그들이 그들만의 자유를 찾고 소외된 상황(marginalised situation)에서 그들의 파워를 발휘할 수 있었을까? 한국 여성들 가운데 나타난 여성의 리더십이라는 점에서 무당은 가장 좋은 예가 될 것이다.

a. 한국 여성과 무속(Shamanism)

굿을 이끄는 종교의식의 리더로서 무당은 종교의식에서 카리스마
틱한 역할을 발휘했다. 굿은 여성인 무당의 리더십을 설명하는 데
매우 중요한 매체이다. 왜냐하면 무당은 종교의식을 반복적으로 이
끌면서 종교적 역할을 발휘하기 때문이다.

굿45)의 과정에서 보조무당이며 주로 남자인 '기대'는 장구를 치
고, 음악을 연주하며 무당과 함께 다양한 음색으로 노래를 한다. 여
성 무당은 따라서 남성 보조자의 도움을 받아서 종교의식을 행한다.
그리고 말할 것도 없이 이 의식에서는 여성 무당이 주인공이며 이
주인공이 마스터로서 의식을 끝까지 이끈다. 병을 치유하고자 하는
굿인 부평제는 전형적인 병 치유를 위한 종교의식과 여성의 종교적
카리스마가 보이는 굿이다. 이 종교의식 동안 무당은 병마를 물리치
기 위해 병자를 대신하여 닭을 희생시킨다. 이 과정을 통해 병마의
영향을 받던 병의 근원이 깨끗해질 수 있다고 믿었다.46) 육체적인
치유뿐 아니라 무당은 심리적 그리고 생활 치유자로서의 역할도 해
내었다. 진현제 또는 제액제를 통해 무당은 남편의 가족폭력, 시어
머니나 시누이와의 어려운 관계들, 삶의 어려운 상황들로 인해 발생

---

45) 부평제(救病祭, 병을 고치는 굿), 진영제(鎭魂祭, 악기를 쫓는 굿), 제
   액제(際厄祭, 액운을 쫓는 굿), 초복제(招福祭, 축복을 부르는 굿), 도
   액제(度厄祭, 한 해의 액운을 제거하고 축복을 부르는 굿), 성주굿(가
   정을 지켜주는 신을 부르는 굿), 서낭굿(마을을 지켜주는 신을 부르는
   굿), 산제(山祭, 마을의 산의 신에게 드리는 굿), 별신(別神, 지역에 있
   는 다른 신들을 부르는 굿), 천신굿(하늘의 신을 위한 굿)

46) 임동권, p. 155.

된 '한'47)을 만지고 치유하였다. 따라서 무당은 육체적인 병뿐만 아니라 정신적인 병을 치유하는 데 영향력을 미치었다.

무당의 또 다른 중요한 역할은 조선왕조를 위한 문제 해결사(trouble-solving broker)였다는 것이다. 이 문장은 우리에게 조금 이상한 생각을 갖게 할 것이다. 철저한 유교 바탕의 조선왕조가 무속을 박해하고, 무속적 종교의식과 관습들을 천박한 것으로 다루었다는 것을 우리가 상식적으로 알기 때문이다. 그러나 왕조를 건설하고 운영하는 데 있어서 대표적인 이데올로기로서 유교를 선택하여 강력히 시행하였다 할지라도 이것이 과연 사실일까?

조선무속고(朝鮮巫俗)48)를 보면, 우리의 일반적 상식에 대해 역행하는 재미있는 사실들이 나타나 있다. 첫 번째로 조선왕조가 영적으로 효험이 높은 무당을 극심한 가뭄이 있었던 1413년부터 1753년까지 불러 굿을 하게 했다는 기록이 있다. 즉 왕조가 극히 능력 있는 무당을 존중하여 불러 고용하고 굿의 능력과 남자보다 여자 무당의 능력을 더 높이 평가하여 신뢰감을 가지고 자연재해를 극복해 보려 했다는 것이다. 또한 1544년 중종 39년째 되는 해에 쓰인 공문서들에 따르면, 한 무당이 굿을 하여 치성을 드려 3일 동안 비가 내린 것을 보고 그 무당에게 왕이 큰 상을 내렸다는 기록이 보인다. 물론 이 문서를 쓴 유교 전통 기록자는 왕의 이런 행동에 대

---

47) Hwain Chang Lee, *Confucius, Christ and Co-partnership*: *Competing Liturgies for the Soul of Korean American Women*, (Lanham MD: University Press of America, 1994), pp. 17-19.

48) 이능화, [조선무속고], (서울: 동문선, 2002), p. 56.

해 비난하고 있다. 그럼에도 불구하고 우리는 강력한 통치 종교인 유교의 왕이 하늘의 신의 영적 사제로서 여성 무당의 힘을 받아들 였다는 역사적 기록에서 우리는 과거 실제적 한국 여성의 리더십과 삶을 알 수 있다.

따라서 한국 여성 대부분은 공식적으로는 소외된 계층이며 종교 문화적으로도 낮은 위치에 있었지만 개인적이고 사적인 영역에 있 어서는 강력한 영향력을 가지며 소위 공식적 종교들의 상호연결점 을 가지는 부속 바탕의 종교대화자로서 종교적 사회적 그리고 정치 적으로 실제적 존재49)였음을 알 수 있다. 그렇다면 과연 한국 여성 은 무속에서만 실제적 역할을 담당한 것일까? 우리는 한국 전통종 교들 속에서 여성이 어떠한 역할을 했는지 알아볼 필요가 있다. 그 러므로 우선 불교와 여성과의 관계를 알아보도록 하자.

b. 한국 불교와 여성

불교는 고려시대와 비교하여 조선시대 기간 동안 매우 어려운 상 태였다. 불교는 고려시대 때는 통치자의 이데올로기로서 힘을 발휘

---

49) 필자는 여기서 단지 조선시대와 일제강점기 초기의 '불교와 한국 여성' 에 대해서만 다룰 것이다. 만일 최근 '불교와 여성'에 대한 연구에 관심 이 있다면, 다음의 자료들을 참고로 하라. 'Jamin Sunim: Prison Work for a Korean Nun, Myohi Sunim: A Korean Nun Teacher of Elderly Women, and Pomyong Sunim: Flower Arranging for the Korean Lay' written by Martine Batchelor and 'Sickness and Health: Becoming a Korean Buddhist Shaman' written by Pak Hi-ah, Ellison Bank Findly, *Women's Buddhism, Buddhism's Women,* (Boston: Wisdom Publications, 2000).

하였지만, 조선시대 때는 유교가 통치이념으로서 반불교적 분위기에 처하게 되었다. 이에 불교는 살아남기 위해 여성의 신앙심을 필요로 하게 되었고, 지배 종교의 모습보다는 토착민속 종교의 모습으로 탈바꿈하기 시작하였다.

문정대비 때, 불교가 부흥의 시기를 조선시대에 가진 적이 있다. 일반인들 가운데 불교는 고려시대와는 다른 모습으로 당시에 바뀌어 있었다.50) 자세히 말하자면 한국 여성의 종교적 삶을 통해 불교는 한국의 무속적인 부분을 흡수하였다. 그리하여 그 당시 몇몇 불교승려들의 이야기에 따르면 불교의 종교의식 또는 신앙행위들은 기복(祈福)이나 유교사회 내에서 중요한 아들생산, 병마퇴치 등과 같은 일반 사람들의 필요와 연관된 것들이 대부분이었다. 보통 불교승려들은 조선시대에 부도덕한 인물이거나 아니면 아주 초자연적인 힘을 가진 존재로 묘사되었다. 예를 들면 어떤 승려는 호랑이의 모습으로 나타나 여자를 겁을 주고 겁탈하려 했다든지, 어떤 승려들은 불임여성이 아이를 갖게끔 도와주거나 예언을 해준다는 등의 이야기들이 난무하였다.51)

또한 일제강점기에 개혁적인 불교가 일어났는데, 바로 '원불교'이다. 1916년에 소태산(少太山)이 전라남도 지방에서 일으킨 것이다.

---

50) 이영자, [불교와 여성], (서울: 민속사, 2002), pp. 173 – 174. 만일 좀 더 문정대비와 불교의 관계를 더 알고 싶다면 '다시읽는 여인열전, 정남정', http://atoz.netian.com/rx25.htm 와 *The Buddhist* Review, http://www.budreview.com/html/3/3 – special – minsunghyo – 5.htm을 보라.

51) 편무영, [한국불교 민속론], (서울: 민속원, 1998), pp. 193 – 194.

한명희의 논문, '한국 토착종교와 불교 안에서의 여성의 역할'에서
보면 불교는 한국 여성에게 자유와 권리를 조선 말 유교문화권에서
거의 쉽게 획득하게 해줄 수 있었다고 말한다. 그녀의 주장은 여성
은 그 당시 원불교 창시자, 소태산 박정빈에 의해 남자와 동등한
위치를 가질 수 있었다고 말한다.52) 조선의 유교문화 안에서의 한
국 여성의 조건들을 비교해볼 때, 한명희는 불교가 여성을 깊이 이
해하고 여성의 권리들을 실제적으로 성취해 주었다고 주장한다. 그
렇다면 이러한 전통종교 안에서의 여성의 갱신과 개혁이 어떻게 더
구체적으로 이루어졌는가에 대해 다양한 종교들과 여성의 관계를
우리는 살펴볼 필요가 있다.

c. 다양한 종교들에서의 여성과의 관계성

몇몇 역사학자들은 조선시대 여성들은 가부장적 제도에 의해 억
압을 받아왔고, 결국 여성들은 조선시대 사회에서 주도적인 리더십
을 발휘할 여지가 없었다고 쉽사리 결론을 내리는 평가를 해오곤
했다. 문일평은 한국 여성의 사회적 차별과 종교적 제한성을 정의한
첫 번째 학자이다. 그는 평가하길, 한국 여성이 실제로 자유롭게 활
동할 수 있었던 시기는 고려(918~1392) 이전 시기였고, 여성의 사
회적 지위가 높았던 시기는 삼국시대(B.C. 37~A.D. 676)였다고 한

---

52) Hanh Myong-hee(Anna), 'The Role of Women in Korean Indigenous
Religion and Buddhism', Ph. D dissertation, the Faculty of the California
Institute of Integral Studies, San Francisco, June, 1994, pp. 203-220.

다. 그는 한국 여성이 이 시기에 자신들의 능력을 가정 안에서도 또한 밖에서도 마음껏 펼칠 수 있었던 자유가 있었다고 말한다. 심지어 그는 여성이 그들의 억압자인 남성보다 더 많은 자유를 그 당시에 누릴 수 있었다고 말하기까지 한다. 이러한 경향은 고려가 불교문화의 중심일 때 뚜렷이 보였다고 한다. 그러나 유교(특히 성리학)의 유입 후 여성의 지위는 '여성의 보수적인 덕'을 강조하는 유교적 가르침에 의해 급격히 하락되었다는 것이다.[53] 따라서 문일평은 한국 여성의 자유와 권력이 제한되고 심지어 제거되는 과정에서 어떻게 여성이 유교적 가르침 안에서 어떤 영향을 받았으며, 어떻게 한국 사회의 영향을 받았는지에 대한 역사적인 배경들을 묘사하며 이 점을 설명하고 있다.

하지만 나는 이러한 역사적 평가에 대해 질문을 던지고 싶다. 불평등한 상황 아래서 여성의 공식적인 활동이 분명히 나타나지 않았을지라도 한국의 종교적인 활동, 생존, 성장들이 유능한 역할을 하는 여성들의 도움 없이 어떻게 성취될 수 있었을까? 또한 어떻게 갑자기 새로운 서구 종교인 기독교가 한국 여성의 영향력 없이 한국 사회에 있어 커다란 부분으로 자리 잡을 수 있었을까? 이에 대한 답을 내리기 위해 나는 문일평의 한국 여성에 대한 역사적 평가와 다른 견해를 가지고 몇몇의 주제를 다루어 보고자 한다. 우선 역사학자 문일평과 반대의 입장에 선 한국 문화 전문가인 캔달 (Laurel Kendall) 박사의 견해를 소개하고자 한다. 캔달 박사는 인

---

53) 문일평, [호남사 논선], (서울: 탐구당, 1978), pp. 130 - 131.

류학적 입장에서 한국의 역사적 배경과 최근 사회적 상황들을 고려
하면서 다음과 같은 의견을 피력했다.

> 고려시대의 여성들의 사회적 위치가 점차 새로운 종교인(권력종교
> 인) 불교와(고려 말에 그 위치가 상승하는) 유교에 의해서 점차 제
> 한받았을지라도 한국 토착종교 상황으로 인해 여성의 그 강력한 영
> 향력은 사그라질 줄을 몰랐다. 결국 여성들은 불교와 유교 이전에
> 존재했던 샤머니즘(한국 무속)의 영역을 꽉 붙잡으면서 겉으로 드
> 러나는 많은 어려움들 속에서 길을 찾아나가는 능력을 보였다.54)

캔달의 이러한 평가는 미래에 종교가 한국 여성을 위해 두 가지
얼굴을 가지는 점을 알려주고 있다. 종교들은 남성과 비교하여 더
낮은 사회적 계급으로서 여성들을 제한하지만 또한 선택하여 실제
적으로 사용하기도 한다는 것이다. 남성 중심이며 계급 중심적인 유
교도 이 경우에 별다를 바가 없었다. [조선말기의 한국의 문화와 국
가]라는 책의 서문에서 저자는 다음과 같이 말하고 있다.

> 조선시대에 종교의 영역에서 '보이지 않는(invisible)' 공간이 암묵
> 적으로 인정되곤 하였다. 불교뿐 아니라 다른 대중적인 종교들은
> 지배 종교에 의한 사회적 종교적 계급이 존재하는 것을 두려워하였
> 고, 그래서 딱히 국가는 두려워하는 종교들을 박해할 필요를 느끼
> 지 못했다. 이러한 상황 속에서 세력이 쇠약해지는 종교들은 계속

---

54) Laurel Kendall, *Shamans, Housewives, and Other Restless Spirits*; *Women in Korean Ritual Life*, (Honolulu: University of Hawaii Press, 1985), p. x.

해서 대중적인 이미지를 만들어 내며 중요한 역할을 감당하려고 지속적으로 노력하였다. 그러기에 유교적 헤게모니는 국가의 적극적인 도움을 받아 점차 넓게 조선 전역을 지배하게 되었고, 그 도움이란 유교를 국가가 적극적으로 정치적, 사회적 질서로 받아들여 통치철학으로 인정하였던 것이다.55)

그렇다면 실제적으로 종교들의 '보이지 않은 영역'을 지배한 것은 누구일까? 바로 여성들이다. 한국 여성들은 모든 한국의 상황에서 각 종교들의 연관관계를 잇는 중요한 역할을 감당하며 이 영역에 있었던 것이다. 위 본문의 언급처럼 유교가 모든 한국 사회를 지배하려고 했을지라도, 유교는 몇몇 보이지 않은 공간을 다른 종교들에 허용했다. 실상 한국의 많은 종교들이 이 영역에서 사람들과 각기 다른 종교들에 영향을 미치었다. 특히 이 영향력의 주된 대상은 소수의 권력자나 상류 계층의 사람들이 아닌 절대다수의 사회계층적 약자였다. 그렇기에 국가의 절대 권력의 제한을 받는 종교들은 당연히 이런 사람들의 생존과 자유를 종교적 의식들이나 신앙심으로 극복해 주는 역할을 할 수밖에 없었던 것이다. 이러한 점에서 한국 여성의 도움 없이는 '보이지 않은 영역'을 허용받은 종교들은 생존할 수가 없었던 것이다. 유교는 한국 사회 안에서 점차적으로 한국 대중들의 부정적인 시각으로 사라질 수 있지만 무속, 불교, 그리고 심지어 기독교는 대중적 종교로 이데올로기와 신앙을 지켜나갈 수 있었

---

55) Ja Hyun Kim Haboush and Martina Deuchler ed., *Culture and the State in Late Choson Korea*, (Cambridge: Harvard University Press, 1999), p. 7.

다. 그러므로 한국 여성은 종교적으로 유교 지배 하에서 종교적인 화합(harmony)을 이루어낸 중요한 역할을 담당하였다고 말할 수 있다.

5) 결 론

한국 여성은 상호종교 동인(inter-religious agents)으로서 한국 전통종교 안에서 중요한 역할을 하였다. 예를 들면 현존하는 종교들을 넘나들며 네트워킹하면서 여성 무당은 치유자, 상담자, 문제 해결자로서 한국 사회에서 주요한 역할을 발휘하였다. 또한 불교 여성은 조선시대에 쇠락해 가는 불교에 변화를 주어 사회에서 생존케 하였다. 이러한 여성 활동은 초기 개신교 선교 시기와 비슷하게 활동했던 동학 여성들에게 이어져 독립적인 활동으로 역사적 전통을 이어가게 되었다.

그러나 초기 개신교 선교활동을 했던 한국에 온 선교사들은 한국 전통종교, 즉 무속, 불교, 유교, 동학 등을 악마화하고 기독교의 적으로 돌려버렸다. 여기에 한국 전통종교하에 있었던 한국 여성들을 어리석은 악마 숭배자, 가부장적 제도하에서 감옥과 같은 안방에 갇힌 불쌍한 존재, 이름조차 없는 가치 없는 존재로 각종 리포트에 묘사하였다.

여기서 우리가 잠시 함께 생각해 볼 것이 있다. 한국 전통종교 배경을 가진 부인권서의 도움 없이 개신교 선교사들은 생소한 한국 문화하에서 초기 기독교 정착 사역은 어려웠을 것이고, 열정적이고 헌신적인 전도부인의 사역 없이는 보이지 않은 종교적 영역에서의 급격한 교회 성장은 힘들었을 것이다. 그러하다면 이 정착과 성장은 어떻게 이루어졌을까? 이것은 바로 한국 여성들의 기독교에 대한 한국 전통종교문화의 관점에서의 재해석으로 이루어진 것이다. 즉 서구 문화적 입장에서의 기독교는 초기 천주교 선교의 실패에서 보듯이 한국인들에게 자연스럽게 다가설 수 없었다. 이에 한국 역사들은 무속적 배경의 종교적 해석을 가지고 기독교를 여성 자신들의 종교문화적 언어로 해석하여 기독교를 다른 종교들(예: 불교, 동학)과 마찬가지로 한국 대중들이 받아들이게 하여 한국 사회에 정착할 수 있게 된 것이다. 그러므로 선교사들이 한국 여성과 종교전통들을 잘못 이해한 리포트들이나 역사적 기록들은 좀 더 비판적이고 정확한 시각으로 분석되어야 할 필요성을 알게 된다.

그러면 여기서 또 우리는 더 논리적이고 세밀한 질문을 한 가지 더 던져볼 수 있다. '선교사들, 특히 여성 선교사들은 선교활동에 있어 기독교 전파라는 목적도 있었겠지만 그보다 더 다른 이유가 있었지 않았을까?'라는 질문이다. 왜냐하면 '문명화(civilisation)'라는 틀을 우리가 함께 위에서 본 선교사들의 몰이해의 원인이라고 가정해 볼 때, 이러한 문명화의 관점에서 여성 선교사들은 선교를 어떻게 보았으며, 또 현지 선교지의 여성에 대한 관심과 선교 목적은 어떠했는가에 대해 관심을 가질 수 있다. 이를 위해 다음 장에서 여성 선교사를 중심으로 한국 여성과의 관계나 사역이 어떠하였고 그것이 개신교 선교와 한국 교회, 사회에 어떤 결과를 가져왔는지를 보겠다.

기독병원의 전도부인

1900년대 이화학당 학생들

메리 스크랜톤

로제타 셔우드 홀

하란사

박에스더

(2) 평등(equality)과 계몽(enlightenment):

초기 한국 선교에서 미국 여성 선교사들의 '여성을 위한 여성선교 (Women's Work for Women)', 1886~1910

여기서 필자는 기존 역사가들의 평가들에 대해 의문을 던지면서 평등과 계몽을 이슈로 미국 여성 선교사들의 공헌을 세밀히 분석 평가함으로써 전도부인의 초창기 기반을 설명할 것이다.

로버트 교수(Dana Lee Robert)는 기독교만이 현지 여성들에게 자유를 제공했는가에 대해 관심하고 있다. 로버트 교수는 서구 여성 선교사들은 보조적인 역할을 감당하였을지라도 복종적인 관계에는 있지 않았기에 현지 여성들에게 평등과 자유를 소개하였다고 말하고 있다.[56] 그런데 이와 다른 견해를 가진 학자도 있다. 한국 페미니스트 학자 이우정은 미국 여성 선교사들은 현지 여성들에게 거의 자유에 관련된 활동이나 성취가 없었다고 말한다. 그 이유는 그들 또한 그 당시 남성 중심적인 서구 기독교의 전형적인 상황을 전혀 극복할 수 없었기 때문이다.[57] 이 주장들은 미국 여성 선교사들의 사역에 대한 학문적 인식이 극으로 다르다는 것을 우리에게 보여준다.

몇몇 학자들은 말하기를 기독교는 항상 평등을 이루어왔고, 근대화를 이루는 데 중요한 기반이 되었다고 한다. 그렇다면 여기서 평

---

56) Dana Lee Robert, *Gospel Bearers Gender Barriers: Missionary Women in the Twentieth Century,* (New York: Orbis, 2002), pp. 11 - 13.

57) 이우정, [한국 기독교 여성 백년사의 발자취], (서울: 민중사, 1985), pp. 31 - 33.

등과 근대화는 무엇인가? 페미니스트인 머카당트(Linda Mercadante)는 전통주의자들은 평등을 지지하는 사람들에 반하여 계급성을 지켜왔다고 말하면서 평등정신으로 가지고 있는 신약성서에도 고린도전서 11장 2절에 남성과 여성의 계급이 나타난다고 주장한다. 그는 논리적인 결과로서 그러한 평등의 논쟁들은 사실상 성 평등을 무시해 왔음을 지적한다.58) 다시 말하자면 실제로 기독교는 남성과 여성 사이의 평등을 받아들이지 않았다. 미국 여성도 그들 스스로가 그렇다고 생각할지라도 특별히 다른 지역이나 다른 종교를 가진 여성들보다 자유롭지는 않았다. 이것은 서구가 아닌 선교지의 현지인들을 때때로 근대화하거나 계몽시키려는 목적을 가진 '문명화에 의한 선교(mission by civilisation)'를 모토로 하는 미국 선교사들의 활동의 저변에 깔려 있는 사고나 문화적 배경들을 이해하게 한다. 이러한 점들은 우리로 하여금 심도 깊은 연구적 질문들을 가지게 하는데, 팔머 박사도 그중의 하나이다. [한국과 기독교(Korea and Christianity)]라는 그의 책에서 '아시아에서의 기독교 선교의 성공은 현지 문화와 기독교 이데올로기 사이의 연결점이나 관계를 잘 맺는데에 있다'59)고 주장하였다. 즉 현지 문화와 서구 문화 둘 다에 대한 깊은 인식 없이는 한국에서의 기독교에 대한 선교적 공헌은 정

---

58) Linda A. Mercadante, *From Hierarchy to Equality: A Comparison of Past and Present Interpretations of 1 Cor 11: 2 – 16 in Relation to the Changing Status of Women in Society,* (Vancouver: G – M – H Books, 1978), pp. 32 – 33.

59) Spencer J. Palmer, *Korean and Christianity: the Problem of Identification with Tradition,* (Seoul: Hollym Corp., 1967), p. viii.

확히 평가될 수 없다는 것이다. 이것은 이 책의 가장 근본적인 주장 중의 하나이다. 미국 여성 선교사의 사역에 대한 한국 바이블 우먼과 같은 현지인의 응답과 헌신 없이는 한국 개신교 선교와 한국 교회 성장의 열매라는 결과가 도저히 나올 수가 없다는 주장이다. 그러므로 우리는 기독교를 제공한 자로부터의 선교뿐 아니라 그 기독교를 받아들인 자들로부터의 선교를 이해할 필요가 있다.

그럼 왜 한국 선교 상황에서 하필이면 '미국 여성 선교사'인가?

[내한 선교사 총람, 1884~1984]를 보면, 1884년에서 1945년까지의 미국 여성 선교사의 분포율이 825명으로 미국 선교사 숫자의 80퍼센트에 이른다. 또한 이 수치는 독신 여성 선교사뿐 아니라 선교사 부인까지 포함된 것이다. 다음 도표를 통해 자세히 보면서 왜 한국 개신교 선교에 있어서 미국 여성 선교사의 활동에 대해 집중적으로 살펴보아야만 하는지를 알 수 있을 것이다.

<표1> 내한 선교사 수와 국적(1884~1945)

	국 적	선교사수	분포율
1	미 국	1,059	69.8%
2	영 국	199	13.0%
3	캐나다	98	6.4%
4	호 주	88	5.6%
5	기 타	85	5.2%
	총 계	1,529	100%

도표를 보면, 초기 개신교 선교에 있어서 미국 여성 선교사들의 활동과 공헌에 대한 중요 성과뿐만 아니라 그들과 한국 여성의 관계가 얼마나 중요한지를 우리는 알 수 있다.

미국 여성 선교사들은 한국에서 특별히 여성을 대상으로 하는 선교에서 어떤 면에 초점을 맞추었을까? 어떻게 그 선교사들은 기독교 공동체와 한국 사회에서 그들이 가지고 있는 사회적 관점을 가지고 '성 평등' 이슈를 다루었을까? 이우정의 말처럼 만일 미국 여성 선교사가 실제적으로는 평등과 계몽을 근반으로 하는 한국 여성의 해방을 위해 일하는 데 제한적이었다면, 한국 여성의 평등과 계몽은 과연 한국의 상황에서 어떤 경로로 이루어졌을까? 이러한 질문들을 가지고 필자는 '평등과 계몽'이라는 이슈를 초기 개신교 당시 미국 여성 선교사들의 사역을 연구하면서 알아보도록 하겠다. 연구 시대는 1886년부터인데 이 시기는 매리 스크랜톤(Mary F, Scranton) 선교사가 이화학당을 설립한 시기로 근대 여성 교육이 시작된 시기이고 마치는 시기는 1910년으로 한국이 일제강점기에 들어가는 시기로 한국의 근대교육 및 정치 사회가 새로운 전환점을 가지면서 식민지시기에 돌입하면서 독자성을 거의 잃는 시기이다. 한국 여성의 근대화의 독립성을 가지는 이 시기를 연구함으로써 필자는 미국 여성이 한국 여성 해방을 위한 '평등과 계몽'의 주장을 실제적으로 실천하였는지에 대해, 그리고 있었다면 어떠한 내용이었는지를 한국 여성과 특히 전도부인과의 관계를 통해 알아보고자 한다.

1) 미국 여성 선교사와 한국 개신교 선교

역사학자 에반스(Sara M. Evans)에 따르면, 19세기에 미국 여성들은 커다란 전환점을 만나게 된다. 그 전환점이란 가사(domestic works)의 영역에서 처음으로 일어나 그들의 목소리를 공식적으로 표현하기 시작한 것을 뜻한다. 건강, 교육, 가난 등의 이슈를 사회를 향해 공식적으로 관심을 일으키게 하고 행동을 취함으로써 공식적인 것과 사적인 것의 경계를 넘나들며 여성의 잠재력을 나타내며 표현하며 사회적 위치를 상승시키기 시작한 것이다.[60] 다시 말하자면 초기 미국 여성운동은 이 시기에 좀 더 나은 위치 상승을 위해 이루어졌다고 말할 수 있다. 그러나 전반적으로 사회에서 영향력을 끼칠 수 없었고, 쉽사리 가부장 전통에서 벗어나기는 힘들었다. 이러한 미묘한 상황에서 미국에서의 여성과 기독교의 관계를 역사적으로 또 문화적 관점에서 평가하는 것은 중요하다.

A. 미국에서의 여성과 기독교

a. 제2차 영적각성운동(The Second Great Awakening)과 가정이데올로기(Domestic Ideology)

19세기 초반 영적인 폭발이 두 번째 부흥운동을 통해 미국 전역을

---

60) Sara M. Evans, *Born for Liberty: A History of Women in America,* (New York: Free Press Paperbacks, 1997), pp. 4 - 7.

휩쓸었다. 이러한 사람들의 영적인 회심사건들은 기독교에 있어서는 부흥이라는 좋은 결과로 나타났고 1800년대 이후 많은 자원봉사단체가 기독교 사업에 참여하는 데 커다란 공헌을 하였다. 그뿐만 아니라 성직자와 평신도가 이러한 종교적인 부흥의 채널을 통해 '미국＝기독교국가'라는 모습을 함께 만들어 나가는 결과도 낳게 되었다.[61]

미국 여성의 중요한 '영적각성(awakening)'은 찰스 피니(Charles G. Finney)가 주도한 제2차 영적각성운동(1800~1830)과 피니가 주장한 '자기애(Self-love)'에 대한 강조로부터 시작된다. 자기애는 이기적이 되라는 것이 아니다. 또는 극단적 칼빈주의자(hyper-calvinist)들이 말한 것처럼 '자기 부정(self-denial)'이나 '기꺼이 하나님의 영광을 위해 손해를 입거나 희생하는 것'의 반대도 아니다.[62] '자기애'라는 경험은 기독교 여성들의 살아 있는 경험과 바로 연결시켜 주는 것이다. [당신의 딸이 예언할 것이다(Your Daughter Shall Prophesy)]라는 책에 따르면 기독교 여성은 경건성(piety), 순수함(purity), 복종(submissiveness), 가정적임(domesticity) 등의 종교적인 캐릭터에 근거하여 삶을 표현하는 경향이 있다고 설명한다. 이 책의 저자인 하데스티(Nancy A. Hardesty)의 설명에 따르면, 피니의 새로운 기준은 여성들이 부흥집회에 참여하는 데 커다란 동기와

---

61) Barbara J. MacHaffie, *Her Story*: *Women in Christian Tradition*, (Philadelphia: Fortress, 1986), pp. 96-97.

62) William G. McLoughlin, *Revivals, Awakenings, and Reform*: *an Essay on Religion and Social Change in America, 1607-1977*, (Chicago and London: The University of Chicago Press, 1978), pp. 118-119.

열정을 부여했고, 복음의 열정에 불타는 여성들은 그들 스스로 다양한 자선운동이나 사회개혁 운동의 리더로서 주장하기 시작했다. 그러므로 찰스 피니의 부흥운동과 부흥정신은 기독교 안에서 여성의 영역을 넓히는 중요한 영향을 주었으며 이를 통해 여성의 역할과 평등사상에 퍼져나가기 시작했다.63)

　그럼에도 불구하고 그 당시 가사 중심 사상은 여전히 만연하여 자기희생(self-sacrifice)과 자선(benevolence)의 의식과 실천을 기반으로 하는 '진정한 여성성(true womanhood)'을 주장하면서 여성의 자유는 가사노동과 가정이라는 울타리에 갇히게 되었다. 제2차 영적각성운동의 영향에도 불구하고 남녀 사이의 평등은 받아들여졌으나 그 역할은 철저히 구분되어, 실제적으로 평등은 이루어지지 않았다. 예를 들면 여성이 아이들의 일반적 사회화와 종교적 교육에 대한 책임이 있음에도 불구하고 아이들의 아버지이자 자신의 남편이 가정의 주인으로서의 역할(role of paterfamilias)을 잘 감당하지 못함에도 불구하고 그 역할을 공식적으로 포기하게 할 수 없었다. 즉 남성은 마구잡이의 세상(the rough-and-tumble of the world)을 헤쳐 나가는 여성보다 더 능력 있고 강한 존재이고, 여성은 그저 집안일을 하면서 남성의 보호를 받으며 가정 밖 세상과 교회 일에 대처할 능력이 없는 존재임을 받아들여야만 했다. 그래서 결국 신앙심이 깊은 여성이란 당연히 성 평등을 포기하고, 세상 밖에 완전히 속한 남성에게 순종하며 사는 '마음과 가정의 여신(goddesses

63) Nancy A. Hardesty, *Your Daughters Shall Prophesy: Revivalism and Feminism in the Age of Finney,* (New York: Carlson, 1991), pp. 4-7.

of heart and home)'이었다.[64]

여성의 복음적 부흥운동의 참여과정 가운데 이 당시 미국 개신교 안에서 일어난 급진적인 여성운동이 있지 않을까? 이에 대해 알아 보도록 하자.

b. 초기 여성운동(the Early Feminist Movement)

미국 여성은 가부장적 영향이 기독교 안에 있다고 생각하고 이를 극복하기 위한 다양하고도 구체적인 행동들을 취했다. 가장 좋은 예가 엘리자베스 캐디 스탠톤(Elizabeth Cady Stanton)의 사역이다. 그녀는 기독교 기득권에 대한 강한 부정적 저항의 표현으로 1895년과 1898년에 여성의 성경(The Women's Bible)을 출간하였다. 왜냐하면 스탠톤은 선거권보다 더 근본적인 문제를 말하지 않을 수 없었기 때문이다. 그녀는 계속 내려오는 여성의 부정적이고 잘못된 이미지를 수정하고 사람들의 사고방식을 바꾸기를 원하였다. 그래서 스탠톤은 그 책의 서론에서 다음과 같이 말하고 있다.

성경은 여성이 이 세상의 죄와 죽음을 가지고 왔고 인류를 타락시 켰다고 말하며, 천국의 심판 앞에서 죄상을 물어 정죄되고 심판받 을 것이라고 가르치고 있다. 이런 상황하에서 여성에게 결혼은 노 예상태고 고통과 분노를 가지는 산과병원의 상태가 되고 있다. 그 리고 침묵과 복종의 상태에서 모든 여성의 모성이 원하는 것을 위 해 남성의 선심 또는 배려에 의존하는 역할만을 해왔다.[65]

---

64) Ibid., pp. 120 - 122.

스탠톤은 사회에서 여성의 열등한 지위가 성경 안에 잘못 해석되어 나오는 여성의 이야기와 성서 속에서 성차별적이고 미신적인 모습으로 비춰지는 여성의 이미지와 성서 전문용어들 때문이라고 말한다. 이러한 기독교에 대한 부정적인 면에 대한 인식이 미국 여성들 가운데 일부이지만 일어났던 점에 우리는 주목할 필요가 있다. 그러므로 이러한 배경을 염두에 두고 기독교 여성이 개신교 선교사역에 어떻게 참여하였고 어떤 역할을 시작했는지 알아보도록 하자.

c. 선교사역에서의 미국 여성의 활발한 사역과 관련성

초창기에 미국 여성들의 선교회들은 미국 슬럼가나 가난한 사람들의 치유와 구제를 위해 일하였다. 예를 들면 '뉴욕시의 가난한 사람들을 위한 여성 가정 선교회(the Female Domestic Missionary Society for the Poor of the City of New York)'는 가난한 지역의 교회들에서 주일학교를 만들거나, 성경을 배포하거나, 교회를 돕는 일들을 했다. 때때로 이러한 노력들이 신학교를 입학하려는 젊은 남자 성도를 돕는다거나 선원들을 대상으로 거친 목회현장에 있는 성직자들을 지원하는 등의 사역으로 이어졌다.[66]

시간이 지남에 따라 선교회들은 독립적으로 성장해 나갔다. 그들은

---

65) Elizabeth Cady Stanton, *The Woman's Bible*: *The Original Feminist Attack of the Bible,* (New York: Polygon Book, 1898), p. 7.

66) Randall Balmer, 'American Fundamentalism: The Ideal of Femininity', John Stratton Hawley ed., *Fundamentalism and Gender,* (New York: Oxford University Press, 1994), p. 52.

단지 남자 신학생이나 선교사들을 지원하는 것뿐만 아니라 전문적으
로 훈련받는 여성 선교사들도 지원하게 되었다. 많은 전문기술학교들
이 19세기 후반에 세워졌다. 예를 들면 루시 라이더 메이어(Lucy
Rider Meyer, 1885)가 가정과 해외 선교(Home and Foreign Mission)
기간의 사역으로 시립 시카고 훈련 학교를 열었다. 또한 감리교 여성
해외선교사회(the Methodist Woman's Foreign Missionary Society)가
1893년 뉴욕 허키머에 세워진 폴트 선교학교(the Folts Mission
Institute established at Herkimer, New York, in 1893)에 특별한 관심
을 가지고 지원했다는 기록들이 있다.67)

　여성 선교사들의 높은 비율이 여성 선교운동이 선교지에서 개인
적인 인연으로 형성되면서 일자리를 얻게 되었다. 선교회에서 여성
은 재정적 지원과 선교행정에 소극적이나마 참여하면서 그들의 역
량을 보이게 되었다. 이러한 과정에서 여성 선교사들 몇몇은 근대
선교 즉 교육 선교에 종사하게 되었다. 이러한 점에서 몇몇 학자들
은 미국 여성이 비서구 지역에서 현지 외국지역에서 현지 여성의
지위 향상 같은 문화적 전환과 근대화를 이루어 내는 중요한 역할
을 했다고 설명한다. 여기서 몇 가지 흥미로운 점들이 보인다; 1)
미국 기독교 공동체 안에서의 여성의 지위가 새롭게 열리게 되었다
는 점 2) 미국 자체에서보다 선교지에서 미국 여성의 지위가 좀 더
수용적이었다는 점 3) 미국 여성 선교사와 함께 일하는 현지 여성

---

67) Patricia R. Hill, *The World Their Household: the American Woman's
    Foreign Mission Movement and Cultural Transformation, 1870 - 1920,*
    (Ann Arbor: University of Michigan Press, 1985), pp. 126 - 127.

들의 실제 지위에 대한 질문에 대한 점.

이 점에 대해 역사학자 맥해피(Machaffie)는 다음과 같이 말하고 있다.

여성은 대단히 많은 돈과 셀 수도 없는 시간들을 시민들의 종교적 사회적 복지를 위해 공헌해 왔다. 사람들의 좀 더 나은 삶을 살기 위한 환경을 만들기 위한 그들의 봉사는 정부나 기업들조차 필요로 하는 부분이었다. 더욱이 여성단체들은 정부의 내부화(domestic process)에 대한 충성과 지식에 깊이 관련되었다. 그러나 자원봉사 단체들은 여성 스스로가 얻어낸 것을 통해 이루어진 채널들이고, 이러한 단체들은 여성에게 교회와 사회에 대한 참여의 길을 긍정적으로 제공할 뿐만 아니라 가사의 장애에서 벗어나 스스로 독립하고 교제하고 우호를 다지는 기회를 제공하였다.68)

여성단체들을 통해 미국 여성은 교회와 사회의 공식적인 복음사역에 참여할 수 있었다. 선교단체도 기독교 공동체 속에서 여성들의 지위를 세워주는 데 중요한 역할을 했다. 우리가 19세기 미국 여성의 삶의 현실을 살펴보았을 때, 이 시기는 훌륭한 여성 리더가 나타나기 시작하던 시기였다. 개신교가 점차적으로 성장하고 이에 많은 여성 전도자와 설교자가 신앙이 없는 자들에게 보내졌다. 특히 포베 팔머(Phoebe Palmer)는 감리교회의 부흥사로서 열렬하게 여성의 권리를 설교를 통해 피력하였다. 또한 1853년부터 1909년까지 미국 교단에서 첫 번째 여성 목사 안수자인 안토네트 브라운(Antoinette Brown)이라는 여성이 있었고, 브라이드웰 화이트(Bridwell White)라

---

68) Barbara J. Machaffie, p. 9.

는 여성이 미국 기독교회의 첫 번째 여성 비숍이 되었다. 뿐만 아니라 캐더린 문포드 부쓰(Catherine Mumford Booth)라는 여성은 구세군에서 높은 지위를 획득했다. 그리고 올림피아 브라운(Olympia Brown)은 유니버살리스트 교회(Universalist Church)의 첫 번째 안수받은 여성 목사가 되었다. 또한 감리교에서는 마가렛 반 코트(Margaret Van Cott)가, 유리타리안 교회(Unitarian Church)에서는 세리아 C. 버레이(Celia C. Burleigh)가, 감리교 개신교회(Methodist Protestant Church)에서는 아나 쇼우(Anna Shaw)가 첫 여성 목사 안수를 받았다. 목사 안수로 끝나는 것이 아니라 에이미 셈플 맥퍼슨(Aimee Semple Mcpherson)은 사복음 국제교회(International Church of Foursquare Gospel)를 세웠다.69) 여성들의 목사 안수가 이렇게 이루어졌고, 다양한 교회 내 활동이 주도적으로 형성되었음에도 불구하고 공식적인 모습은 달랐다. 여전히 미국 교회 여성들은 교회기관 속에서 남성의 지배와 조정 아래 있었다. 그래서 아마도 우리는 어떤 미국의 여성해방운동 속에서 나타나는 양면적인 모습을 볼 수 있었을 것이다. 그렇다면 이러한 미국 여성의 배경하에서 한국을 선교할 때 과연 한국은 어떠한 상황이었는가? 19세기 말의 여성과 관련된 미국 상황을 보았으니, 한국의 상황도 볼 필요가 있다. 그러므로 함께 한국의 상황으로 들어가 보고 특히 여기서 계몽과 평등에 관심을 가지기 시작한 한국 정황과 동시에 미국 여성의 사역이 어떻게 적절히 맞아떨어졌는가도 흥미롭게 보기를 바란다.

---

69) Wyatt M. Rogers, JR, *Christianity and Womanhood; Evolving Roles and Responsibilities,* (London: Praeger, 2002), p. 58.

B. 한국 여성의 평등과 계몽에 대한 관심

a. 명성왕후와 개화파

1800년부터 조선사회는 혼란스러웠다. 1800년부터 1860년까지 조선왕조의 명성은 실정으로 인하여 떨어졌고, 후에 흥선대원군이 고종의 아버지로서 쇄국정치를 통하여 부국강병을 이루어보고자 하였지만 이것도 실패로 돌아갔다.

명성왕후는 고종의 부인으로 시아버지의 실패요인을 깨닫고 시아버지와 힘겨루기를 하며 그와 다른 방향의 정치개혁을 모색했다. 1873년 명성왕후는 개방정책 제안을 받아들였고, 이는 서구세력과 함께 조선사회의 근대화를 이루려는 목적이 있었다. 그녀는 용이하게 서구 문화를 한국 사회의 발전을 위해 이용하였고 특히 여성의 능력을 향상하는 데 관심을 가졌다. 예를 들면 왕후로서 미국 여성 선교사가 건립한 여학교에 '이화(梨花)'라는 교명을 직접 하사하였고, 여성을 위한 병원 건립에 적극적인 후원을 아끼지 않았다. 뿐만 아니라 실제적인 정치권력을 발휘하였는데, 당시 위협적이던 일본 세력을 견제하기 위해 서구세력과 손잡고 조선왕실을 비롯한 한국 정치세력을 스스로 구축하였다.[70]

이러한 급진적인 개방정책에서 두 정치라인이 형성되는데 첫째는 수구파(보수 정치파)와 개화파(개혁파)이다. 자명하게도 두 개의 정

---

[70] 최석경 편, [한국 여성사] 3권, (서울: 한국 여성사 편찬위원회, 1972), pp. 14 - 15.

치라인은 첨예하게 상반되었고 긴장상태에서 많은 충돌을 야기하였다. 개화파는 실학사상을 바탕으로 보수유교주의자들을 반대한 초기 기독교집단과 연결되어 시민운동을 통한 인간평등과 자유를 주창하던 정치집단이었다.71) 실학연구를 기반으로 한 기독교에 대한 한국인들의 기대는 종교적인 형태가 아닌 서구문화와 지식을 습득하려는 목적을 가진 정치철학적 형태로 나타났다. 예를 들면, 개화파 인사, 박영효는 일본에서 스크랜톤 박사(W. B. Scranton)에게 다음과 같이 말하였다고 한다. "선교사들이 가능한 한 한국에 많이 와주었으면 한다. 왜냐하면 그가 설명하길, 한국인들은 실제로 교육과 의료가 필요하기 때문이다. 선교사들과 선교학교들은 분명히 이러한 열악한 한국 상황들을 해결하고 향상시켜 줄 수 있기 때문이라고 하였다."72) 다시 말하면 개화파는 서구식 개혁의 긍정적인 태도만을 취했을 뿐이다. 그들은 인간평등을 근반으로 사회개혁을 주창하면서 남성과 여성이 함께 인간권리를 누려야만 하고 오래된 관습은 타파되어야 한다는 것이었다.73)

유길준은 미국을 여행했을 때, 한국적 시각(기독교적 시각이 아님)으로 미국 사회를 해석하였다. 결과적으로 [서유견문]을 1885년에 쓰면서 한국 여성의 계몽과 교육의 중요성에 대해 언급하였으며 '내외법'과 첩실제도의 폐지를 주창하였다.

---

71) 한국철학사연구회 편, [한국철학사상사], pp. 345 – 361.
72) 장병욱, [한국감리교 여성사], (서울: 성광 문화사, 1979), pp. 119 – 120.
73) 정청랑, '개화기 한국 여성의 근대의식 형성', [논총] 28권, (서울: 이화여대 한국 문화연구소, 1976), pp. 332 – 333.

여성은 아이들을 기르고, 주체적으로 가사를 돌보는 데 있어서 가장 중요한 존재이다. 따라서 만일 여성들이 내외법 때문에 배움의 기회나 가능성을 가지지 못한다면, 아이들의 교육과 가사에 대한 열등한 결과가 나올 수밖에 없을 것이다. 그러므로 우리는 여성들에게 동등하게 교육의 기회를 허락해야 하고 그런 다음 우리는 부강한 나라를 아이들의 양육과 가사운영을 통해 세워나갈 수 있다.74)

이렇듯, 유길준은 한국 여성의 자유는 한국 계몽에 있어서 중요한 요소라고 주장하였다. 그의 정치적인 실제 활동에서도 한국 사회 내의 여성 교육과 성차별 폐지에 큰 강조점을 두었다.75)

개화파는 정치세력이었으나 한국 개신교 선교의 초기에 커다란 도움을 주었다. 그들은 서구문물을 조선사회에 유입하기 위해서는 기독교를 받아들여야 한다고 주장하였다. 이러한 상황 속에서 당시 일본에서 활동하던 감리교 선교사 맥클레이(MacRae)는 개화파의 도움으로 고종황제에게 한국을 발전시키기 위해 서구적 교육제도와 의료, 서구 기술들을 받아들이기 위해서는 서구 선교사들을 받아들여야 한다고 1884년에 만나서 설득하였다. 다시 말하자면 복음전도자가 아닌 근대화 요원으로서 서구 선교사들을 받아들여야 한다고 설득시킨 것이다.76) 이 점에서 우리는 흥미로운 부분을 알게 된다. 평등주의와 교육을 받아들인 한국 지도층들은 국가 발전 목적을 달

---

74) 유길준, [서유견문], (서울: 경인문화사, 1969), p. 407.
75) 한국철학사연구회 편, p. 350.
76) 김광수, [한국 민족 기독교 백년사], (서울: 한국 교회사연구소, 1978), p. 37.

성하기 위해 기독교 선교를 받아들인 것이고 동시에 한국 전통종교
들은 점차 한국 여성들에게 구국의 관점과 한국 사회발전의 관점에
서 영향력을 잃어가게 되었다는 것이다.

이러한 상황에서 근대화 요원으로서 미국 선교사들은 1885년 한
국에 들어오게 된다. 그들이 도착하기 전에 스코틀랜드 선교사 존
로스(John Ross)와 R. J. 토마스(R. J. Thomas)는 만주지방에서 한
국으로 들어오려는 시도를 한다. 그들의 노력이 실패했을지라도 성
경이 평양방언이지만 언문으로 번역되었으며 이것은 한국 개신교
선교에 있어서 커다란 영향을 준다. 이러한 선교사들의 유입으로 인
해 여성 선교사들의 역할도 중요시되었으며 특히 여성 선교사들은
한국 여성 사역에 관심을 가지고 사역을 하게 된다. 이에 대해 좀
더 자세히 알아보도록 하자.

2) 한국 여성을 위한 미국 여성 선교사들의 사역

몇몇 역사가들은 한국 선교가 전체적으로 서구 여성 선교사들의
헌신을 통해 한국 여성의 자유를 이루어냈다고 주장한다.[77] 그러나

---

77) 이덕주 같은 학자들은 초기 한국 교회가 세례를 베풀면서 여성에게
이름을 지어주는 것을 시작으로 교육이나 다른 교회 및 사회활동을
통해 여성들이 이름을 가지게 되고 이것이 바로 여성의 정체성이나
사회적 역량을 더 발전시키게 되었다고 말한다. Rhie Deok-joo, 'An
Understanding of Early Korean Christian Women's History', Yi
Kyong-suk(ed), *Ehwa Journal of Feminist Theology*, Vol.2, (Seoul:
Ehwa Institute for Women's Theological Studies, 1997), pp. 11-50.

그런 주장이 어디에서 근거하는가? 그러면 어떻게 여성 선교사들이 한국 여성과 관련되어 일하였는가? 이러한 질문을 가지고, 우리는 미국 여성 선교사들의 사역을 분석하여 보도록 하는데 다음의 두 가지 점에서 심도 깊게 살펴보겠다; 1) 선교회의 배경 2) 교육, 의료, 복음전도의 세 가지 사역

A. 한국 선교의 배경

1885년 한국 개신교 선교는 미국 남감리교(the American Methodist Church South)와 미국 남장로교(the American Southern Presbyterian Church)의 사역으로 시작되었다.[78] 이 교단들의 초기 사역은 몇 가지 어려움으로 쉽지는 않았다. 첫 번째, 이 교단 선교사들은 재정과 인력이 부족하였고 한국에 대한 충분한 문화적 훈련을 제대로 받지 못하였다. 둘째로, 이 선교사들은 왜냐하면 한국에서 그들은 캐나다나 호주 및 다른 국가 출신의 교단에서 온 선교사들과 함께 일하는 데 있어서 선교와 신학적인 어려움을 가지고 있었다.

셋째로, 이들은 스월론드(W. L. Swallond)가 1898년 6월 10일에 선교사로서 한국 입국이 허락될 때까지 선교사로서 사역할 수가 없었다. 이것은 무엇을 의미하냐면 첫 사역기간 13년 동안 숨어서 복음사역을 할 수밖에 없었다는 것이다. 스월론드가 입국허가 난 동일한 해인 1898년에 Korean Repository의 한 기사는 한국에서의 산업

---

78) William Newton Blair, *The Korean Pentecost and the Sufferings which Followed,* (Edinburgh: Banner of Truth Trust, 1977), pp. 32 – 33.

화에 참여하여 활동 중인 선교사들을 묘사하고 있다; "영업허가—모든 광산 즉, 금, 은, 철, 석탄 광산 사업을 하는 것이 75년 동안 허락되었습니다." (중략) "이익의 25퍼센트를 한국 정부에 지불해야만 합니다."[79]

넷째로, 이 선교사들은 넓은 선교 경험을 가지지 않았다.[80] 당시 한국에 입국한 선교사들의 평균 연령은 30대 아래였다. 예를 들면 188년에 입국한 스크랜톤 의사(William Benton Scranton)는 그 당시 29살이었고, 아펜젤러 선교사(Henry Gerhart Appenzeller)와 알렌 선교사(Horace N. Allen)는 27세였으며, 언더우드 선교사(Horace Grant Underwood)는 26세였다. 또한 그들의 아내들도 이와 나이가 비슷하였다. 1890년에 입국한 존스부인 선교사(Mrs. George Heber Jones)와 로세타 셔우드 홀 의사(Rosetta S. Hall)는 25세였고, 1893년에 도착할 당시 프레이 선교사(L. F. Frey)는 25세였다.

이러한 문제들로 인해 한국에서의 미국 선교사들은 선교에 대한 원칙이나 가이드가 필요했다. 그래서 당시 중국 치푸에서 사역하던 존 네비우스(John Nevius) 선교사가 당시 현지교회들에 대한 독립적이고 자립적인 선교정책을 자신의 저서 [선교사교회의 계획과 발전]에 펼침으로써 유명하였다. 그는 자립적인 선교와 더 넓은 지역으로의 선교여행, 그리고 성서에 대한 강조들을 피력하였는데 다시

---

79) 'An English Concession', *The Korean Repository*(이후로 KRP), Vol. 5, December 1898. p. 479.

80) L. H. Underwood, *Underwood of Korea,* (New York: Fleming H. Revell, 1918), pp. 90 - 99.

말하자면 그는 현지 크리스천들이 그들 스스로 선교지에서 현지 토
착교회를 세우도록 한다는 점을 강조했다. 그의 이론이 한국 선교사
들에게 영향을 주어 한국에 많은 현지 교회들이 생겨나는 결과가
생겨났다.81) 이러한 배경하에서 미국 여성 선교사들의 사역은 어떻
게 시작되었는가 보도록 하자.

a. 미국 여성 선교사역의 시작점

미국 여성 선교사들은 한국 여성을 위한 선교사역에 대한 분명한
입장이 정해지지 않았을 당시에 대한 여성 선교사역에 대한 태도를
다음과 같이 취하였다.

> 이 사람들 중 하나인 이 젊은 여성에게 우리는 아직도 희망을 가
> 지고 있습니다. 그녀는 불행히도 같이 살 가치도 없는 남성에게 욕
> 을 당하고 있습니다. 시아버지와 시어머니는 그나마 낫습니다. 이
> 젊은 아내에게 전적으로 모든 가족이 의존하고 있는 상태입니다 그
> 녀는 단지 열심히 일해야 할 뿐만 아니라 술 취한 남편으로부터
> 갖가지 폭력과 학대를 참아내야만 합니다. 그녀는 나를 만나러 와
> 서 그를 떠나는 것을 허락해 주기를 간청했습니다. 나는 (아마도
> 지혜롭지 못하게) 좀 더 참고 좀 더 인내하라고 상담해 주었습니
> 다. (중략) 그러나 그녀는 가족들에 의해 우리에게 오는 것이 금지
> 되었고, 절에서 일하도록 했습니다. 희생을 위한 제물은 준비되었
> 고, 그녀가 죄라고 느끼는 일을 하게 되었습니다.82)

---

81) C. A. Clark, *The Korean Church and the Nevius Methods,* (New
York: Fleming H. Revell, 1930), pp. 17－19.

스크랜톤 여사는 이 한국 여성의 고통과 희생을 통해 그녀의 영
성과 신앙이 깊어져 가는 것을 느낄 수 있었다. 가족 안에서 벌어
지는 폭력에도 불구하고 스크랜톤 여사는 그녀에게 아무런 도움을
주지 않았다. 우리는 이것에 대해 두 가지 면에서 볼 수 있다. 첫
째, 미국 여성 선교사들의 가정이데올로기(domestic ideology)로 인
해 한국 여성을 위해 필요한 덕목이 당시 미국 교회에 만연되었던
'진정한 여성성(true womanhood)'의 성취라고 생각할 수 있다. 여
싱 선교사들은 이러한 덕목이 남성보다 도덕적으로 더 우월할 뿐만
아니라 영적으로도 우월한 것이라고 생각하였는데 그 이유는 헌신,
사랑, 자비, 희생 등을 남성보다 더 여성이 소유하고 있다는 사고
때문이었다. 둘째, 만일 스크랜톤 여사가 실제적으로 한국 유교주의
통치자들을 넘어서고 극복하려고 하여 이 한국 여성을 폭력에서 구
해 냈다면, 과연 스크랜톤 여사는 한국 사회의 공격을 이겨낼 수
있었을까 하는 점이다. 즉 복음사역의 장기적 관점에서 그리고 한국
사회에 대한 완전한 이해 없이 스크랜톤 여사는 아마도 함부로 제
3자의 입장에서 그 여성의 일에 개입하고 싶어 하지 않았을 수 있
다. (사실상, 이 한국 여성이 당한 일들이 19세기나 20세기 초에도
비슷하게 서구사회에서도 자주 일어났다.)

---

82) M. F. Scranton, 'Missionary Work among Women', *KRP*, Vol. 5,
September 1898, p. 314.

B. 교육과 성 평등

많은 여성 선교사들이 교육 분야에 종사하였다. 그들이 선교사업의 일환으로서 교육을 통해 얻고자 기대했던 것이 무엇이었을까? 그 것은 복음화(evangelisation)일까? 여성의 해방일까? 사회발전일까? Korea Mission Field에 실린 한 미국 여성 선교사의 기사에서 우리는 그 답을 살펴볼 필요가 있다.

우리는 한국 여성의 발전을 위해 영적으로나 지적으로나 삶을 헌신 하고 있는 몇몇 여성 선교사들에게 한국 여성에게 현재 가장 필요 한 것이 무엇인지를 물어보았습니다. (중략) 서울에서 사역하는 프 레이 선교사는 그리스도에 대한 지식이 가장 교육에 있어서 최고의 필요라고 이야기하였습니다. 현재 많은 사람들이 그동안 그리스도 에 대해 몰랐던 것을 깨닫기 시작하였다면서 이것이 커다란 희망적 인 표징이라고 말하였습니다.[83]

프레이(Frey) 선교사에 따르면, 교육은 한국 여성을 위해 너무나 도 필수적인 것이었다. 그 이유는 교육은 한국 여성을 전통종교로부 터 기독교로 개종할 수 있는 효과적인 수단이기 때문이다. 이것이 바로 왜 여성 선교사들이 교육에 많은 부분 중시하며 사역하게 된 첫 번째 이유이다. 그렇다면 한국 여성에 대한 두 번째 교육의 목 적은 무엇일까?

83) 'A Symposium: The Greatest Need of Korea's Women', *Korea Mission Field* (이후로 KMF), Vol.12, December 1907, p. 177.

한국 여성이 가장 필요로 하는 것은 마음과 정성이 담긴 기독교 교육입니다. 무식하고 미신에 빠진 엄마들은 무식하고 미신적인 아들을 계속해서 낳아 기를 것이 분명합니다. 여성을 비하하고 교육에 대해 소홀히 여기는 인간 집단들은 기반도 없고 성장할 수도 없다는 것을 역사는 늘 보여주고 있음을 기억해야 합니다.[84]

우리는 여성 교육이 한국 여성의 자녀들에게 커다란 영향을 주고 그들의 가치가 재평가되는 결과를 가져온다는 이유로서 기대되는 결과가 긍정적이라는 것을 알 수 있다. 또한 이것은 미국 여성 선교사가 여성의 소외성(marginalisation)에 대해 깨닫고 있음도 알게 한다. 이 선교사들이 교육은 여성의 권리와 자유를 다시 획득하게 하는 가장 중요한 수단이라고 생각했기 때문이다. 그러므로 우리는 어떻게 미국 여성 선교사가 한국 여성의 전통교육을 평가했고, 어떠한 구체적인 사역들을 해나갔는지를 알아보도록 하겠다.

a. 조선시대 한국 여성의 교육

전통교육과 근대교육 간의 관계에 대한 이슈는 몇 가지 질문을 야기한다. 어떻게 여성 선교사들은 한국 여성의 기존 교육에 대해 이해했는가? 그리고 어떻게 선교사들은 한국 여성을 위한 새로운 서구형식의 교육을 소개했는가?

전통교육은 한국 여성에게 몇 가지 문제성이 있었다. 첫째, [규중요람(閨中要覽)]이나 [내훈(內訓)] 같은 전통적인 책은 보통 여성이

---

84) Ibid., p. 178.

남성에게 복종하고 조용히 도와야 한다고 말하고 있다. 둘째, 이러한 책들은 신분이 높은 여성들에게만 제공이 되었다. 더욱이 조선 말까지 여성들을 위한 교육기관은 없었다. 심지어 1886년에 한국 남성들이 서구지식과 문화를 공부하기 위한 '육영공원(育英公院)'이 한국정부에 의해 설립되었을지라도[85] 한국 여성들은 글을 배우거나 지식을 학습할 수 있는 공식적인 기회가 조금도 주어지지 않았다.

이러한 여성에 대한 하대(下待)가 미국 선교사들에 의해 주의 깊게 관찰되었다. 존스(G. H. Jones)는 1887년 한국에 와서 1896년에 한국 여성에 대한 논문을 썼다. 그는 속속들이 한국 여성의 전통적인 교육에 대해 설명하였다. '한국에서의 여성의 지위'(1902). 한국 여성에게는 한국 윤리적인 전통이 있다고 그는 설명하면서 [삼강오륜]을 소개하면서 여성 교육을 다음과 같이 평가하였다.

> 현재 한국에서 남성 교육과 여성 교육의 중요한 차이점은 남성이 책으로부터 전적인 교육을 받는 동안, 여성은 다양하게 많은 요소들을 습득하고 배운다는 것입니다. (중략) 쉽사리 조선의 소녀들에게 이 나라에 대한 좁은 관점을 가지고 지적인 능력을 제공하겠다고 쉽게 생각하는 많은 외국인들에게 이러한 한국 교육에 대한 것들을 말하는 것을 참지 말해야 합니다. 이것은 간단히 잠자고 있는 상태이고 기회를 가지지 못한 상태일 뿐입니다. 이것은 그들이 쉽게 남성들과 동등해질 수 있다는 것을 보여주는 것이기 때문입니다.[86]

---

85) 손인수, [한국 개화교육 연구], (서울: 일지사, 1980), pp. 40 – 42.

1086) G. H. Jones, 'The Status of Woman in Korea', third paper, *KRP*, Vol. 2. February 1902, pp. 56 – 59.

이것은 선교사역으로서 한국 여성 교육에 대한 가능성을 보여주
는 것이다. 존스는 한국 상황에서의 당시 교육의 문제점에 대해 간
략히 보여주었고 또한 남성과 마찬가지로 동일하게 지성을 소유하
고 있는 여성들에 대한 합당한 관심을 보여주어야 한다고 말하고
있다. 즉 선교사들이 생각하는 것보다 여성들은 지적으로 남성들보
다 낮지도 않으며 더 많은 잠재력을 가지고 있다는 것이다. 그러므
로 한국 여성은 만일 남성들과 평등한 기회와 환경 속에서 공부할
수만 있다면 선교사들이 주도하는 선교사업인 신교육 분야에 있어
그들의 지성과 능력을 발전시킬 수 있는 능력이 있다는 것이다.

이러한 점에서 여성 선교사들은 한국 여성들이 교육받기를 원한
다는 것을 인식하여서 한국 사회 내에서의 여성 교육과 남성 교육
사이의 차이를 좁히기 위해 노력하였다. 결국 여성 교육은 선교사역
에 있어서 주요 사업이 되었고, 미국 여성 선교사들에 의해 더 많
은 지원을 받게 되었다.

b. 여학교들의 목적

선교에 있어서 여성 교육의 목적은 남성 교육과는 다르다. 학과
목 과정에서 남학생들은 일반적으로 정치나 사회학 같은 학문을 배
우지만, 여성은 예를 들면 가사(domestic skills) 과목들을 배워야만
했다. 한국 선교의 초창기에 여학교들에 대한 대단히 많은 관심사가
존재했다. 그러나 정확히 여성 선교사들은 한국 여성을 위한 교육을
위해 헌신하는 사역을 통해 학교를 세울 때 무슨 의도가 있었을까?

이화학당은 1886년에 스크랜톤 여사(Mary F. Scranton)가 세운 한국 최초의 여성을 위한 서구식 교육기관이다. 그녀는 한 어린 여자학생을 교육하는 것부터 시작하였다. 그 학교가 여학생들에게 무료로 교육을 제공함에도 불구하고 많은 한국인 부모들은 자신의 딸들을 서구식 학교로 입학시키는 데 거리낌이 있었다. [이화팔십년사]에 보면, 그 상황을 이렇게 표현하고 있다.

두 번째로 여남은 살 난 눈이 부리부리한 어린 소녀가 스크랜톤 부인 앞에 나타난 것이다. 그 학생은 가난을 면하기 위해서 온 아이였다. 그러나 스크랜톤 부인에게는 대견한 아이였다. 며칠이 안 되어 그의 어머니는 그를 외국인에게 맡기느니보다는 차라리 가난하게라도 같이 사는 것이 낫지 않을까 걱정하고 있는 터에 이웃부인네들은 그 학생의 어머니를 나쁜 여자로 욕하고 洋國館(당시에 이화학당을 이와 같이 부름)에서 많은 음식과 좋은 옷을 주지만 나중에는 미국으로 데려갈 것이며 그 후에는 그의 운명이 어떻게 되겠느냐고 수근거렸다.(중략) 불문곡절하고 딸을 데려가야 되겠다는 그 어머니를 스크랜톤 부인은 여러 가지로 타이르고 나중에는 서약서까지 써주고 그를 머물러 있게 하였다.[87]

이와 같이 여성 선교사들은 첫 여성 교육 사역에 있어서 어려움을 겪을 수밖에 없었는데 여기에 두 가지 이유가 있는데, 첫째로는 여성을 비하하는 한국 사회분위기와 둘째로는 서구제국주의와 문화에 반감을 가진 유교전통주의자들이 이러한 여성 교육에 관해 비판

---

87) [이화 팔십년사], (서울: 이화여자대학교 출판사, 1987), p. 44.

적 시각을 지니고 있었다. 이러한 상황 속에서 명성왕후가 1887년에 김윤식을 통해 이 학교의 이름을 직접 '이화'로 하사하면서 7명의 한국인 소녀들을 잘 가르치라는 격려를 아끼지 않았다. 이러한 지원 후, 학교는 급격히 발전하기 시작하면서 1888년 학생의 숫자는 18명으로 증가하였고 결국 1893년에는 30명으로 그 숫자가 늘게 되었다. 이러한 양적 증가뿐 아니라 많은 변화들이 일어나기 시작하는데 점차 상류층 소녀들이 이 학교에 입학하게 되었고, 1897년에는 서구식 빌딩으로 이 학교를 증축하게 되었다. 여기에 교실, 기숙사, 도서관, 식당 등이 더욱더 설비되어 외적으로도 큰 변화를 가지게 되었다.

이러한 열정적인 사역에 대한 발전을 기반으로 하여 이 학교는 여성 교육에 있어서 긍정적 가능성을 열었다. 그러나 무엇을 목적으로 이 사역을 한 것일까? 이화학당의 두 번째 교장인 로드와일더(L. C. Rothweiler)는 다음과 같이 말하였다.

> 한국 여성을 위하여 특별히 우리는 무엇을 하기를 원합니까? 우리의 대답은 다음과 같습니다. (한국 여성들이) 진정한 가정(true homes)을 건설하고 유지하는 데 있어서 도우미(helpmeets)들이 되는 것, (한국 여성들이) 주간학교의 선생들이 되는 것, 기숙학교의 보조자(assistants)들이 되는 것, (한국 여성들이) 의료사역에 있어서 간호원이나 의료 보조자가 되는 것, 즉 한국에서 한국 여성들이 그들의 자매들을 도울 수 있기에 적절하도록 만드는 교육을 하는 것입니다.[88]

여기서 우리는 두 가지 목적을 구별할 수 있다. 미국 여성 선교사는 한국 여성들이 한국 기독교 가정 안에서 현숙하고 참한 아내가 되는 것과 가정 중심주의 사고를 소유하면서 교육과 의료의 사회적인 영역에 있어서는 서로가 도와주는 그런 역할을 기대하였다. 또한 선교사들은 한국 여성이 한국 사회에서 남성과 동등하게 교육을 받지 못하고 있다고 생각하고, 남성과 동등한 실력을 갖출 수 있도록 교육이 필요하다고 생각했다. 그리고 이전의 여성 교육을 통해서 이전의 교육들은 가정에서는 어머니와 딸들, 연장자 여성들과 연소자 여성들 사이의 가까운 관계가 있음을 알았다. 확실히 선교사들은 한국에서의 가부장교육의 문제점을 알았다. 그러나 그들 스스로가 여학교를 세우는 데 있어서 자립으로서의 강력한 평등의식을 소유하지는 않았다. 이화학당의 첫 교장인 스크랜톤 여사는 한국 사회의 발전을 위해 능력 있는 여성을 교육시키는 것으로서 이화학당의 존립 목적으로 삼았다. 그러나 로드와일더의 언급을 보면, 여성교육의 소외성이나 현 교육에 대한 도전은 찾아볼 수 없고, 복음전도를 위한 한국인들의 계몽화와 복음화에 대해 더 초점을 맞추고 있음을 알 수 있다.

그 당시의 여학교와 남학교의 비율을 비교해 볼 때, 놀랍게도 38%(총 39개의 학교 중 15개 학교)가 여학교였다. 미국 여성 선교사들은 한국 여성에게 넓은 교육기회를 제공하고 교육받기를 원하는 많은 한국 여성과 긴밀하고 가까운 관계를 형성한 것이다. 이러

88) L. C. Rothweiler, 'What shall we teach in our girls' schools?', *KRP*, Vol. I, March 1892, p. 89.

한 과정에서 선교사들의 전도목적에 대한 기대치 못한 결과로 몇몇
전도부인들은 이러한 여학교들에서 훈련받고, 한국 사회의 새로운
여성 네트워크를 형성하였다. 그러므로 다음 파트에서 우리는 좀 더
넓게 미국 여성 선교사들이 한국 선교에 있어서 여성을 해방시키는
원리로부터 어떻게 여성들을 교육했는지 토론해 보도록 하자.

c. 여성 교육의 성취 및 결과

여성 선교사들은 현지 여성을 계몽하려고 의도했다. 그러나 성경
을 가르치는 목적이 여성의 해방인가 아니면 기독교적 힘을 널리
전하려는 것인가? 미국 여성 선교사들은 복음전파보다 페미니스트
들이 소위 말하는 성 평등을 덜 중요하게 여긴 것은 아닐까? 그러
면 그들은 한국 교육 속에 존재하는 가부장제에 대한 문제를 어떻
게 깨닫고 도전해 나갔을까? 하는 질문들이 제기된다.

미국 여성 선교사들의 교육에 있어서의 첫 번째 공헌은 능동적으
로 그리고 효과적으로 여성 교육이 복음사역에 있어 자극제로서의
역할을 한 것이다. 여성 선교사들은 여성 현지인들을 교육하면서 이
학생들이 한국어와 영어를 유창하게 할 수 있도록 하였다. 그리고
동시에 깊은 신앙심을 갖도록 지도하였다. 이 학생들은 한국 기독교
안에서 매우 재능이 많고 실력이 있는 전도자였다. 대부분의 전도부
인(Bible Women)은 여학교 출신들이었고, 그들은 학교, 지역교회,
선교단체 안에서 여성 선교사들과 가까운 관계를 가졌던 지도자들
이었다.[89] 그러기에 교육사업은 모든 면에서 성공적인 복음화를 위

한 선교의 중요한 부분이었다는 점에 아무도 문제를 제기할 수 없을 정도로 자명한 것이었다.

둘째로, 선교사들의 사역은 한국 교육 자체에 영향을 주었다. 일련의 선교사들의 리포트에 따르면, 선교사들은 한국 교육에 도전을 주는 것에 대해 자랑스러워하였고, 한국 여성들의 높은 교육열에 대해 다음과 같이 진술하고 있다.

> 진실로, 새로운 한국은 빠른 속도록 성장되고 있다. 그리고 여성의 교육을 위한 요구는 점차로 높아져만 가고 있습니다. 몇 년 전만 해도 우리는 소녀들을 자녀로 가지고 있는 부모들을 찾아가 그들의 딸들을 학교로 보내달라고 사정을 해야만 했습니다. 그러나 그 간 청과 사정이 바뀌었습니다. 우리는 좀 더 많은 여학교 선생들을 요구하고 있는 실정입니다.[90]

결국 한국인들은 미국 여성 선교사들의 꾸준한 노력 끝에 서구식 여성 교육에 대한 태도를 바꾸게 된 것이다. 학원선교의 주된 노력 중의 하나는 기존 한국 교육에 '교육기회에 대한 평등성'이라는 개념을 소개하기 위함이었다. 한국 사회에서 일부 남성 상류 사회계층만 교육을 받을 수 있었다. 그래서 선교사들은 특히 교육받은 여성

---

89) 이덕주, [한국의 초기 여성들; 그리스도와 조국을 사랑한 28명의 여성들의 이야기], (서울: 기독교서회, 1990)를 참조하시오.

90) Henrietta P.Robbins, "School and Evangelistic Work, Pyeng Yang", *The 19th Annual Report of the Korean Women Conference of the Methodist Episcopal Church* (이후로 ARKWC(ME.C)로 표기), (Seoul: Methodist Publishing House, 1907), pp. 34 - 35.

들과 장애인들에게 관심을 가졌다. 이런 관심들을 통해서 선교사들은 한국 사람들에게 중요한 계급이나 성차별 없이 교육을 위한 필요들을 표면화시키기 시작했다.91) 그러나 이러한 생각들은 한국 사회에 새로운 부분만은 아니었다. '동학'은 남성과 같은 위치에서 지식을 획득하고 정보를 얻는 교육기회의 평등성이 이미 여성이 초기 페미니스트 운동에서 중요한 부분임도 알고 있었다. 이러한 상황에서 미국 여성 선교사는 한국 여성이 점차 사회 안에서 자신들의 능력을 개발시키고 여성해방을 위한 한국인 자체 내의 운동의 시작으로 보이는 여러 가지 여성들의 공헌들을 형식화하며 공식적인 인정을 받는 중요한 매체(medium) 역할을 하였다.

세 번째로, 미국 여성 선교사들은 기독교를 기반으로 또는 적어도 근대교육을 기반으로 하여 여성 엘리트 집단을 형성하였다. 물론 여기에 사회적 엘리트주의(elitism)에 대한 장점과 단점이 있음에도 불구하고 근대 한국 사회에 있어서 고등교육을 받은 집단의 존재는 당시 긍정적인 평가가 있었다는 점에서 한국 여성 엘리트는 한국 사회 내에 중요한 입지를 가지는 데 선교사들의 사역이 중요한 의미를 가진다.

그리하여 미국 선교사들은 열정적으로 여성을 위한 고등교육의 발전을 위해 힘썼다. 감리교의 한국 여성회의 제16회부터 제20회까지의 자료를 보면 여성의 고등교육을 위한 급속한 성장과 고등학교 및 대학교 교육의 성공 사례들 다수가 기록되어 있다.

---

91) 김민영, [한국 초대 기독교사], (서울: 쿰란, 1998), pp. 111 - 112.

학과목이 이번 여름에 다시 개정되어야 합니다. 우리는 주간학교가 고등(高等)학습으로 3년을 기획해서 첫 번째로 시작하려고 합니다. 중등(中等) 과정으로 4년, 대학교 과정으로 4년을 또한 기획하고 있습니다. 이 과정들을 그래머(Grammar) 학교, 고등학교(high school), 대학교(College) 과정이라고 칭하려고 합니다. 첫 수업은 자연스럽게 가을부터 간단히 시작할 것이나 우리는 아마도 더 가까운 시일 내에 이것이 이루어질 것이라고 생각됩니다.[92]

프레이와 마커 선교사들은 한국 여성의 고등교육으로 인한 좋은 결과들을 기대하고 있음을 위의 내용을 통해 알 수 있다. 대부분 고등교육 과정을 졸업한 한국 여성들은 선생, 간호사, 의사로서 학교나 병원에 취직되었다.[93] 그 당시 한국에서 의료나 교육에 종사하는 전문직은 사회적 성공을 뜻하는 것이며 많은 여성들은 자신들의 전통적인 사회에서의 상황과 비교해서 높은 지위를 차지할 수 있었다.

그리하여 여성 교육은 한국 근대화 사회에서 서구식 여성 리더십의 모습으로 출발하게 되었다. 그 첫 번째 단계로서 미국 여성 선교사들은 학교 안에서 한국 여성들의 이상형(role model)이 되면서 교육기관 안에서 한국 기독교 여성들의 지도자가 되었다. 이러한 영향성은 자주 교육 과정 안에서 나타났다.

---

92) Lulu E. Frey and Jessie B. Marker, 'Ehwa Hakdang', *The 20th ARKWC(ME. C)*, 1910, p. 12.

93) "Emma makes the fourth Ehwa girl who is at present employed by the society as a day school teacher." Josephine O. Paine, 'Ewa Hakdang – Seoul', *The 16th ARKWC(ME.C)*, 1904, p. 6.

500년 동안 한국 여성들은 교육에서뿐만 아니라 모든 사회적 삶의
영역에서도 소외되어 왔었다. 이제로부터 신앙과 학위를 가지고 졸
업하는 여학생들은 여성 지도자가 될 것이다. 덧붙이자면, 그들은
또한 교육받지 못한 한국 여성들에게 가서 그들의 눈을 열고 주고
교회나 학교에서 일하면서 지도자로서 이러한 여성들을 양육할 것
이다.94)

이는 1898년 배화여학교를 설립한 캠벨 여사(Mrs. J. P. Campbell)
의 말이다. 그녀는 한국 여성의 지도력의 중요성이 무시되어 왔다고
말한다. 왜냐하면 여성은 교육받지 못한 여성들의 어려움과 슬픔을
알기 때문이다. 그러나 우리는 캠벨 여사의 말에 질문 하나를 던질
수 있다. 그녀가 뜻하는 '지도력'이란 무엇을 의미하는 걸까? 만일
우리가 당시 한국에 와 있던 선교사들의 선교회가 남성 중심적으로
운영되었다는 사실을 고려한다면, 캠벨 여사는 일반적으로 한국 남성
을 포함한 한국인 전부에 대한 지도력이 아니고, 한국 여성들 간의
한국 여성의 지도력을 의미한 것일까?

여성 선교사들의 공헌을 통해, 한국 여성들 스스로가 근대화 운
동에서 열심히 활동하기 시작했다. 그러나 이에 대한 미국 여성 선
교사들의 태도는 모호했다. 그들의 교육활동의 목적은 다양했다. 어
떤 선교사는 한국에 있는 교육기관에서 일하면서 자신의 전문적 능
력과 지위를 넓히고 싶어 했다. 또 어떤 선교사들은 생각하기에 한
국 남성보다는 낮은 위치에 있는 한국 여성에 대해 그들의 지도력

---

94) 장병욱, p. 213.

을 더 효과적으로 보이게 하기 위해 교육 분야에 참여하기도 했다. 그러므로 미국 여성들의 교육적 업적은 정치적인 면에서 절대 권력의 긴장감이라는 측면으로 분석, 평가해 보아야 할 필요가 있다.

다음으로 좀 더 교육에 있어서의 한국 여성의 반응들에 대해 살펴보면서 좀 더 깊게 교육과 남녀평등에 관한 주제를 다루어 보도록 하겠다.

d. 한국 여성과의 관계

미국 여성 선교사들의 초기 사역에서 한국 여성들은 교육에 대한 관심과 열정을 미국 선교사들에게 보여주었다. 이러한 현상에 있어서 두 가지 질문을 던져 볼 수 있다; 1) 한국 여성이 미국 여성 선교사들이 제공하는 교육으로부터 무엇을 기대했는가? 2) 한국 여성들의 기대와 미국 여성 선교사들의 기대 사이에 차이가 있었는가?

미국 여성 선교사들은 대부분의 리포트와 편지들에서 한국 여성들의 열정에 대해 언급하고 있으며, 특히 기독교 여학교인 이화학당에 대한 보고를 할 때 다음과 같은 언급이 일반적이었다.

이화학당을 졸업한 학생이 며칠 전에 나에게 와서 말했습니다. '내가 학교를 다닐 때 우리는 여성으로서 공부할 수 있는 특권을 가진 것을 깨닫지 못했습니다.'[95]

---

95) Josephine O. Paine. Paine, 'Back at Ehwa Hakdang', *KMF*, Vol. 2 No.10, August 1906, pp. 179 - 180.

여성 선교사들은 한국 여성들의 노력에 대해 놀라움을 금치 못했다. 왜냐하면 한국 여성들에게 당시 그 시대에 교육은 '특권'으로 사회적으로 인식되었기 때문이다. 그러므로 여학교라는 제한된 공간에서 교육을 자유롭게 받을 수 있었다. 왜 한국 여성들은 그러한 서구식 교육에 관심을 가지게 되었는가? 한국 여성의 초기목적은 사회적 지위 상승이었다. 몇몇 기록들을 살펴보면, 한국 여성들은 영어를 배워 조선 조정에 들어가 영어 통역자로서 정치에 참여하여 지위를 얻고자 하는 바람이 있었다는 것을 볼 수 있다; "우리가 학교를 열었을 때 단 한 명의 학생밖에 없었습니다. 그녀는 한 조정 관료의 첩이었습니다. 그녀의 남편은 그녀가 영어를 배워 왕비의 통역자가 되기를 바랐습니다. 그녀는 우리와 3달을 함께했습니다."96)

이러한 태도는 남성들과 비슷한 경향을 보였다. 1885년에 아펜젤러(Henry Gerhart Appenzeller) 선교사가 배제 학당을 세우고 영어를 가르쳤다. 이때에 많은 남성들이 그 학교에 입학하였다. 그들의 단 한 가지 목적은 학교 졸업 후 조정에서 높은 지위를 가지고 일하는 것이었다. 이러한 환경에서 한국인들은 점차로 이론적인 서구 철학에서 말하는 '평등'에 대한 기회를 깨달아 가기 시작했다. 이러한 인식은 독립신문의 기사에서 발견되었다.

> 셰샹에 불쌍흔 인싱은 죠션 녀편네니 우리가 오늘날 이 불샹흔 녀편네들을 위흐야 죠션 인민의 게 말흐노라 녀편네가 사나희보다 조금도 나진 인싱이 아닌디 사나희들이 쳔디흐는거슨 다름이 아니라

---

96) [이화 팔십년사], p. 40.

사나희들이 문명기 화가 못 되야 리치와 인정은 싱각지 안코 다만
찌의 팔심만 밋고 압제ㅎ랴ᄂᆞᆫ거시니 엇지 야만에셔 다름이 잇스리
요 사름이 야만과 다른거슨 경의와 례법과 의리를 알아 힝신을 ᄒ
ᄂᆞᆫ거시어늘 (중략) 셔방이 죽으면 긔가 의린지 몰을너라 가ᄂᆞᆫ 녀
편네가 쇼년에 과부가 되면 긔가 ᄒᆞ여도 무방ᄒᆞ고 셔니당 ᄒᆞ니라
죠션 부인네들도 ᄎᆞᄎᆞ 학문이 놉하지고 지식이 널너지면 부인의 권
리가 사나희권리와 ᄀᆞᄐᆞᆫ줄을 알고 무리ᄒᆞᆫ 사나희들을 제어ᄒᆞᄂᆞᆫ
방법을 알니라 그러키에 우리ᄂᆞᆫ 부인네들의 권ᄒᆞ노니 아모쪼록
학무늘 놉히빙화 사나희들 보다 힝실도 더 놉고 지식도 더 널펴
부인의 권리를 잣고 어리셕고 무리ᄒᆞᆫ 사나희들을 교육ᄒᆞ기를 ᄇᆞ라
노라[97]

1896년에 발간되어 한국 여성의 문제를 다룬 첫 번째 한국인에
의해 쓰인 기사 중의 한 부분이다. '독립신문'은 교육의 영향이 완
전한 인간평등을 이끌어낼 것이라는 기대를 보여준다. 동시에 전통
적인 사고방식들로부터 새로운 인식체계로의 전환도 기대하고 있다.
이를 통해 우리는 한국 여성을 포함한 한국인들이 사회적 개념으로
서의 '평등'과 서구 기독교의 종교적 개념으로서의 '평등'을 전혀
구분하고 있지 않았음을 알 수 있다. 간단히 말하자면 한국의 사회
적 계몽과정 중에 미국 여성 선교사들의 교육활동은 사실상 사회적
인 면보다는 종교적인 면이 강했음에도 한국인들은 전혀 그 구분에
대한 인식이 없었다는 것이다.

반대로, 미국 여성 선교사들은 복음화의 수단으로서 교육을 인식

---

97) '논설', 독립신문, 1896년 4월 21일.

하고 있었다. 한국 여성의 문맹은 여성 복음화의 가장 큰 장애물이
었다. 여성 교육의 궁극적 목적은 성경을 읽을 수 있는 능력을 갖
게 하는 것이었다. 1897년 빈톤과 켄무어는 한국 기독교 비문맹화
의 중요성에 대해 다음과 같이 주장하였다.

> 좀 더 확장된 기독교 전파를 위해 모든 저서들이나 그들은 열려
> 있어야만 합니다. 온 세상이 미신으로부터 벗어나고, 절대적인 힘
> 을 가지신 하나님에 대한 모든 지식과 경험들이 안정적으로 접하게
> 될 때를 위해서 말입니다. 1. 풍유적인(allegory) 형식들을 가진 부
> 분들은 여성들 가운데 준비된 독자(reader)들이 발견하도록 합니다.
> (중략) 4. "성경이야기"라는 포스터의 책을 꼭 번역해서 도움을 주
> 어야 합니다.[98]

여기서 보이듯이, 읽고 쓰는 능력(literacy)에 대한 교육은 선교사
들에게는 현지인들이 미신에서 벗어나 성경을 읽게 되고 하나님의
절대성을 알게 되는 중요한 부분이었다. 이러한 선교사들의 기본적
인 인식으로 말미암아 이것을 통해 한국 여성들은 문맹을 벗어나 글
을 배울 수 있는 기회를 가지게 되었다. 이러한 한국인들과의 관계
속에서 한국인의 문맹의 탈출에 대한 필요욕구와 함께 기독교 선교
를 위한 읽고 쓰게 하는 선교사들의 교육의 목적이 잘 맞아떨어지게
되었다. 그러나 이런 점들이 꼭 서로에게 맞아떨어지지만은 않았다.
미국 여성들이 인간평등, 자비, 그리고 희생 등을 주장한다 할지

---

98) Alexander Kenmure and C.C. Vinton, "The Literary Need of
Korea", *KRP*, Vol. 4, February 1897, pp. 60-63.

라도 선교사들의 태도에는 양면적인 부분이 있었다. 점차 한국 여성과 여성 선교사 사이에 갈등이 나타나기 시작했던 것이다. 우선 한국 여학생들과 선생들은 미션스쿨에서 사역하는 미국 여성 선교사들의 이중적인 태도가 이상하게 생각되었다.

> 황귀동 씨의 말에 의하면 자기는 근 10년 동안을 외출 없이 지냈다고 하였다. 한번은 이런 일도 있었다. 학당의 대문채에 거처하던 남학생을 한때는 학당의 울안에 깊숙이 있는 초가로 옮긴 적이 있다. 그 앞에는 우물이 있었는데 마침 황노라라는 학생이 있어 그리로 빨래를 하러 갔다 한다. 얼마 후에 이 사실을 알고 캠벨이 불렀다. 그는 막대기로 종아리를 치면서 남자 학생이 있는 곳에 뭐 하러 갔느냐며 야단을 쳤다고 한다. 어떻게 보면 한국인보다 더 무서운 남녀칠세부동석 사상을 지니고 있었던 것이다.[99]

미국 여성 선교사들은 미션스쿨에서 남성과 여성의 관계를 엄격하게 통제하였다. 이러한 생활은 남녀관계를 평등적인 관계보다는 도덕적인 관습적 관점에서 보는 한국 유교의 생활과 별반 다르지 않았다. 이러한 여성 선교사의 태도는 두 가지로 해석될 수 있다; 1) 미국 여성 선교사들은 항상 한국 전통관습에 대해 신경을 쓰고 있었을 수 있다. 왜냐하면 그들은 다시 기존의 보수적 한국 사회와 충돌하는 것을 원하지 않았기 때문이다. 2) 그들은 당시 전통적인 미국적 사고방식에서의 여성의 역할을 따랐을 수 있다. 따라서 미국 여성 선교사들은 한국 유교전통 아래 신음하고 있는 한국 여성들에

---

99) 장병욱, p. 217.

대한 이해와 '계몽과 평등'이라는 이름하에 한국 여성의 해방에 대한 필요 사이에서 혼란스러워했다는 것을 볼 수 있다.

요약하자면, 어떤 이는 미국 여성 선교사가 초기 한국 선교에 있어서 한국 여성의 교육에 역할을 했다고 말할 수 있다. 그 선교사들이 한국 여성들에게 교육의 기회를 열어주었고, 놀라운 결과들을 얻어, 고등교육과 전문직에 대해 한국 여성에게 사회적으로 그 문이 열렸을지라도, 미국 여성 선교사들은 그 당시 한국 전통들과 사회적 상황늘 안에서 한국 여성의 지위를 실제적으로 완벽하게 이해하지 못했다. 그래서 여성의 해방과 국가적 계몽의 관점에서 한국 여성들과의 갈등들이 있었다. 이것은 선교사들의 한국에 대한 문화적 사회적 이해의 부족이고, 아마도 여성 교육을 선교사업으로 이행하는 데 있어서 실제적인 어려움들이 있었음을 알려준다. 따라서 우리는 미국 여성 선교사가 복음화 사업 안에서 양면성이 어떻게 보이는가와 그 결과 여성 선교사들과 한국 선교사들 사이의 관계가 어떻게 너무나도 자명하게 나타나는 유교적 가부장제의 특징을 보이는 교회에서 한국 여성의 지도력에 영향을 주었는가에 대해 알아볼 필요가 있다.

C. 의료선교와 여성의 지위

미국 여성의 의료선교와 한국 여성의 사회적 지위는 어떤 관련성이 있었을까?

몽고메리(H. B. Montgomery)라는 역사가가 미국에서 1910년에 해외선교에 대한 책을 출간했다. 주로 여성 선교사들의 사역을 소개

하면서 선교지에서의 사회변화와 의료선교들에 대한 내용을 소개하
였다. 몽고메리는 의료선교에 대해 말하기를 이 선교는 '영적인 분야
와 세속적인 분야 사이의 오래된 초자연적 구분을 제거하는 역할'을
한다고 했다.100) 의료선교는 전에는 미국인들에게도 각기 다른 분야
였던 종교적 분야와 세속적 분야에서의 활동이 혼합된 것이다. 이는
전에는 여성 의사들과 간호사들이 여성을 포함한 평신도들이 사역할
수 없었던 선교라는 종교적 사역에 뛰어들 수 있게 했다는 의미와도
일맥상통한다. 다시 말하자면 의료선교는 여성에게 전문직을 허락하
는 기회를 제공하고, 사회에서 자신감을 가지며 살아갈 수 있도록
해준다. 동시에 사회는 또한 전문직 여성들의 능력을 받아들이고 남
성 중심의 사회에서 여성의 전문성에 대한 태도를 바꾸게 되었다.
이러한 패러다임의 전환의 관점에서 몽고메리는 의료선교를 통해 미
국 여성의 지위가 평등의 상태로 발전할 것이라고 믿었다.101)

그러나 우리는 그녀의 주장에 질문을 던질 수밖에 없다. 미국 여
성 선교사들이 진실로 남성과 여성 사이의 평등관계를 수립하려는
데 관심을 가졌을까?

당시 미국 여성 선교사들의 채용, 월급 지불, 관리 등이 남성 선
교사와 매우 차이가 나는 상황에 있었다. 예를 들면, 선교사의 아내
가 전문적인 기술이나 능력을 가지고 있음에도 불구하고 일반적으
로 월급 없이 가사와 선교사역이라는 두 가지 짐을 지고 일하고 있

---

100) H. B. Montgomery, *Western Women In Eastern Lands,* (New York: Macmillan, 1910), p. 126.

101) Hill, pp. 135 - 137.

었다. 또한 여성 선교사들은 결혼 후에는 선교지에서 자신의 권리를 가지고 일하는 것은 거의 불가능했다.[102] 이런 현상은 어제오늘일이 아니다. 우리는 여성이 모든 사회적 영역에서 아직까지도 동등한 권리를 획득하지 못하고 있다는 사실을 간과할 수 없다. 그러므로 미국 여성 선교사와 한국 여성 간의 관계에서 한국 여성의 지위에 관련하여 의료선교의 영향성을 평가하는 것은 유용하다 하겠다.

a. 의료선교의 목적

의료선교는 선교 안에서 두 가지 역할을 한다. 첫째로 현지인과의 용이한 접근을 하는 데 유용하다. 둘째, 환자들이나 환자들의 가족들에게 복음을 전하기가 쉽다는 것이다. 이러한 점에서 의료선교에 있어 미국 여성 선교사들은 특별히 한국 유교사회에서 병으로 고통을 받는 여성들에게 관심을 가졌다.

미국 여성 선교사들이 의료선교사역을 하기 전에는 거의 모든 한국 여성들이 유교적 도덕률의 '남녀구별'에 따라 남성 의사에게 검진이나 치료를 받지 못하였다. 따라서 부적절하고 위험한 치료들을 감행해야만 했다. 예를 들면 남성 의사가 여자 환자를 치료할 때 직접적인 접촉은 금지되어 있기 때문에 그들은 각기 다른 방에서 한 가닥의 실로 연결하여 검진하였다.[103] 이나마 이것은 중상층 여

---

102) Fiona Bowie, Deborah Kirkwood, and Shirley Ardener, *Women and Mission: Past and Present; Anthropological and Historical Perceptions,* (Oxford: Berg, 1993)를 참조하시오.

103) 장병욱, pp. 150 - 151.

성에게나 허락된 것으로 하류 계층의 여성들은 민간치료나 무속의 영적 치유에 의존해야만 했다. 예를 들면, 여성들은 소독을 위해 된장을 바르거나 마을의 영험 있는 무당에게 가서 병을 고쳐달라고 굿을 하곤 하였다. 그리하여 많은 여성들이 이러한 상황에서 병들어 죽음을 당하였다.

여성 의료선교사들의 출현은 이런 의미에서 한국 여성에게 의료혜택을 받는 큰 도움이 되었다. 미국 여성 선교사들이 쉽게 한국 여성들에게 의료선교를 통해 접근할 수 있었고 한국 여성은 선교사들을 통해 병을 치료받으면서 한국 외의 세상에 대해 관심을 갖고 서구 종교인 기독교 복음을 들을 수 있는 기회를 가졌으며, 이 모든 요소들을 통해 한국 여성의 문화적 사고에 전환점을 가지게 되었다.

b. 의료 분야에서의 한국 여성의 교육훈련

왜 미국 여성 선교사들은 한국 여성을 훈련시켰을까?

그들은 급하게 의료와 언어적 자신감을 가진 사람들을 필요로 했다. 즉 의료과정에 있어서 언어문제는 참으로 중요했다. 이 문제에 대해 최초의 한국인 여성 의사인 박에스더는 다음과 같이 이야기하고 있다. "필사적으로 저는 모든 해 동안 제가 가진 전 시간을 병원건물을 건설하는 데 다 쏟아 부었습니다. 그리고 또 하나, 그것은 바로 미스 헬만의 언어 공부를 위해 오전시간을 전부 다 그녀와의 약속으로 예약해 놓았습니다."104) 이렇듯 선교사들의 언어소통 문제

---

104) Mrs. R. S. Hall and Mrs. Esther Park, 'Woman's Medical Work,

는 문화이해, 그리고 선교에 있어서 어쩔 수 없는 걸림돌이 되었다. 이러한 필요 아래서 삼자원칙 (Three-Self Theory: self-support, self-propagation, self-government)을 주장하며 현지인의 자체활동을 강조하는 네비우스(Nevius) 선교정책105)은 선교사들과 한국인들에게 환영을 받았다.

그렇다면 여기서 우리가 깊이 생각해 보아야 할 것이 있는데, 몽고메리의 여성 의료선교적 평가, 즉 현지 여성의 지위향상과 또한 한국 선교현장에서 언어 및 문화 문제로 의료사역의 도움이라는 점에서 여성 문제를 이야기해 볼 필요가 있다. 우선 결론적으로 말하자면, 한국 선교상황에서 당시 미국 여성 선교사들이 한국 여성을 한국 여성지위를 상승하기 위한 목적으로 의학생으로 받아 교육시켰다고 말하기는 좀 어렵다고 생각된다. 1905년에서 1910년 사이의 Korea Mission Field이라는 선교잡지를 보면, 한국 여성의 평등성에 대한 몇 개 정도의 언급들이 있을 뿐이다. 그럼에도 불구하고 여성 의료선교사인 홀 여사(Rosetta Sherwood Hall)는 여성만을 위한 의학과정을 운영했는데, 1890년에 여자 의학반과 간호학교를 열었다. 여기서 최초의 한국 여자 의사 박에스더가 훈련을 받았다.106) 이는 여성이 전에는 허용되지 않았던 의료전문 분야의 한 부분에 참여하

Pyongyang', *KMF*, Vol.V. No.7, 1909, p. 109.

105) 민경배, [한국 기독교회사], (서울: 한국 기독교출판사, 1991), pp. 191 - 195.

106) 'Copy of the Sketch of Woman's Medical Missionary Work Placed in the Corner Stone of the New Hospital, Pyongyang, May 20, 1908', *KMF*, No.7, 1908, pp. 109 - 110, and Montgomery, pp. 120 - 121.

기 시작했다는 것을 의미한다. 결과적으로 우리는 미국 여성 선교사들이 한국 여성의 지위향상에 역할을 했다는 점을 부정할 수는 없다. 하지만 그 사역과정에서 나타나는 여러 가지 발생적 요소들, 즉 언어문제, 문화문제로 인하여 현지 여성을 고용하여 훈련시킬 수밖에 없었던 환경들도 고려해야 할 것이다.

한국 여성의 해방에 대한 미국 여성의 관심에 대한 직접적인 증거는 의료선교에서 한국 여성에게 관심을 가지고 그들을 위해 일했던 홀 여사의 사역에 의해 좀 보이지만 대부분 찾아보기가 어렵다. 홀여사는 처음 사역을 뉴욕 슬럼가에서 선교사로서 일했고 한국에서의 사역은 독신으로 시작하였다. 윌리엄 홀(William Hall)과의 결혼 후에 그녀는 남편과 함께 평양에서 첫 병원을 세웠다. 그녀의 활동은 의료선교 분야에서 탁월하였다. 그녀는 맹인 학교를 한국에서 처음으로 시작하고, 평양부인병원(the Women's Dispensary of Extended Grace of Pyongyang)을 1894년 5월 15일에 열어 운영하였다.107) 이 것뿐 아니라 홀 여사가 청일전쟁 중에 병으로 남편을 잃었음에도 불구하고, 멈추지 않고 병원을 운영했고, 의료 분야에 있어서 한국 여성들을 교육하였다. 그녀의 아들 셔우드 홀(Sherwood Hall)도 어머니의 영향을 받아 한국 의료선교 분야에서 사역하였다. 즉 가족 모두가 한국 의료선교에 헌신한 것이다.108) 독신 여성 선교사로서 사

---

107) '평양에 있는 병원', [대한기독교회보] Vol.2 No.32, 1899년 8월 11일.
108) Rosetta S. Hall, *The Life of Rev. William J. Hall, M.D.: Medical Missionary to the Slums of New York, Pioneer Missionary to Pyongyang, Korea,* (Seoul: The Research Institute of Korean

역하다가 다음에 선교사의 부인으로 사역한 로제타 셔우드 홀은 의료선교 분야에서 중요한 역할을 함으로써 많은 존경을 받았다.

박에스더는 홀 여사의 직접적인 영향을 받은 여성으로 전도부인이었다. 그녀는 이화여자학교에서 의학을 공부하며 1890년에서 1894년까지 보구여관(여성전용병원)과 키홀병원에서 보조 일을 하던 사람이었다. 박에스더가 홀 여사를 도와 일을 하는 동안, 그녀는 가난하고 병든 불쌍한 한국 여성을 위해 열심히 의학을 공부하였다. 그녀는 홀 여사의 격려에 힘입어 여성 의사가 되었고 미국에 가서 의학을 더 공부하였다. 그녀는 남편인 박유산[109]과 함께 1894년 12월에 홀 여사 가족들을 따라 뉴욕으로 건너가서 유학생활을 하였다. 1900년 남편의 외조에 힘입어 발티모어 여성의학대학(the Woman's Medical College of Baltimore)을 졸업했다. 홀 여사의 아들, 셔우드 홀은 그의 어머니 홀 여사와 박에스더의 관계를 다음과 같이 묘사하면서 왜 박에스더를 교육하였는가를 말하고 있다.

> 박에스더는 병원과 성경반에서 일하는 신앙심 깊은 한국인 보조인이다. 어느 날 그녀가 어머니 홀에게 찾아와서 (미국에) 함께 가기를 청하였다. 홀 여사는 미국에서 의학을 공부하는 것을 오랜 기간 생각해 왔는데 마침 때가 되었다는 데 동의하였다.[110]

Christian History, 1984), and Sherwood Hall, *With Stethoscope in Asia: Korea,* (Virginia: MCL Associates, 1984)을 참조하라.

109) 박에스더(본명: 김점동)의 남편 박유산은 1900년에 역병으로 사망했다. 왜냐하면 부인의 공부를 재정적으로 지원하기 위해 미국 농가에서 극심한 노동을 함으로써 결국 건강이 약화되어 전염병으로 사망하게 되었다. 이덕주, [한국의 초기 여성들], pp. 74 - 75.

이러한 제안은 미국 여성 선교사들이 그들이 교육하고 있는 한국 여성들이 더욱 전문화되는 것보다 의료선교를 통해 좀 더 복음화되는 것을 목적으로 하고 있었다는 것을 알게 해준다. 한국 여성들이 의학적 경력이나 능력을 더 발전시키면서 일할 수 있음에도 불구하고 말이다. 여자 선교사 에드문드의 리포트에서 의료선교의 복음화의 영향성에 대해 잘 나타나고 있다.

> 마타는 오른쪽 손가락과 엄지손가락, 코의 일부분을 제거하기 몇 년 전에도 병원에 왔었습니다. 질투하는 남편이 그녀의 사랑스러운 두 아이들을 죽인 일로 그녀는 날마다 눈물을 흘리며 의미 없는 삶을 살아왔습니다. 그녀는 우리에게 처음 왔을 때 무시당하고 고통당하는 여성이었습니다. 그러나 그리스도의 복음의 복된 영향으로 다시금 어둠 속에서 하나님의 음성을 듣는 삶을 시작하게 되었습니다. 또 하나, 주님께 영광을 드릴 것은 환자로서 병원에서 영적인 친구들을 만든 것입니다. 그녀는 완전히 도움을 받을 수 없는 구제불능의 장애자였지만, 노예상태로부터 벗어난 구원받은 자였고, 많은 질병의 저주에서 벗어나게 되었습니다.[111]

이것은 한국 여성의 억압을 인식한 남성 선교사들의 목적과는 조금 차이가 있다. "기독교가 오기 전까지 여성들의 세계에서는 부정할 수 없을 정도로 조직적인 공동체 안에서 현실적인 사역이 금지

---

110) Sherwood Hall, p. 159.

111) Miss M. J. Edmunds, 'Training Native Nurses' *KMF*, Vol. Ⅱ. No. 8, 1906, p. 154.

되어왔다."112) 한국 여성의 억압이 미국 여성의 선교사들의 초기 페미니즘으로부터 해방되기 시작한 것이 아니라 종교적인 위치나 민족중심주의(ethnocentrism)로부터 해방되기 시작하였다는 의미를 강하게 주장함을 우리는 알 수 있다. 즉 한국 여성의 고통은 기독교를 경시 또는 적대관계에 놓는 유교, 불교, 그리고 무속으로부터 발생된다는 것이다.

여성 의료선교사들은 모든 한국인들을 위해 일하는 것보다 한국 여성들만을 위해 일하는 것에 기대를 가졌을까? 루스 브라우어 (Ruth Compton Brouwer)의 한국에서의 캐나다 여성 선교사에 대한 연구는 이런 한국 여성 중심의 의료사역과는 다른 사역형태가 있었음을 보여준다. 그 예로 한국에서 의료선교사역을 담당했던 프로렌스 머레이(Florence Murray)의 사역을 역사적 증거로 제시한다.

참으로 그녀(머레이)는 성별을 고려하지 않고 가난한 사람들이 서구의학의 혜택을 받을 수 있도록 해야 한다는 신념을 가지고 있었다. 따라서 1925년 동문병원의 홀 박사가 캐나다 복음 선교사들인 맥컬리 자매들에게 함께 일하자고 했을 때, 머레이는 '여성의 여성을 위한 사역'에 한계를 느끼고 있었다. 그래서 그녀는 맥컬리 자매와 홀 박사의 제안을 거절했다. (중략) 그러나 머레이와 현지 남성 의사 동료들은 남녀 환자들을 치료했고 중요하게도 그들은 1928년에 함흥병원학교가 세워진 후에 간호학생들을 나누어 가르치기 시작했다.113)

---

112) Rev. G. H. Johns, 'The Capping the Nurses', *KMF*, Vol. Ⅲ, No. 4, 1907, p. 49.

브라우어의 역사적 증거는 우리에게 의료선교에 대한 여성 의료 선교사들의 분명한 생각을 제공하여 준다. 1910년대와 1920년대라는 시대적 차이와 미국과 캐나다라는 선교정책의 차이점이 있을 수는 있지만 우리는 초기 한국 선교에 있어서 미국과 캐나다 선교회의 공동사역의 경우를 고려해 볼 때, 의료선교사역에 있어서 여성 선교사들의 생각이 서로 교환되었을 것이라고 생각된다. 그렇다면 그들은 꼭 '여성의 여성을 위한 선교'만을 주장하고 사역하고 싶지 않았다는 것을 알게 된다. 그렇다면 이 선교전략이 가진 진실은 무엇일까? 이 점에 있어서 우리는 선교 제공자로서 일했던 그들이 선교 수용자들을 위해 취했던 입장을 살펴봄으로써 여성 의료선교사들의 사역의 목적과 업적들을 알아보도록 하자.

c. 의료 분야에서 미국 여성 선교사들의 사업

여성 선교사들이 활동했던 한국 의료선교 분야에서 두 교단이 적극적으로 참여하였다.

장로교 의료선교는 조선왕조 왕실의 상류층을 상대로 이루어졌다. 반면에 감리교의 의료선교 대상은 여성과 아이들을 포함한 하류 계층 사람들이었다.

장로교 선교는 조선왕조와 한국인들에게 기독교의 이미지와 서구

---

113) Ruth Compton Brouwer, Modern Women, Modernizing me; The Changing Mission of Three Professional Women in Asia and Africa, 1902~69, (Toronto: UBC Press, 2002), p. 74.

인들에 대한 이미지 전환을 가져오는 역할을 하였다. 장로교 선교사인 알렌(Dr. Horace N. Allen)은 왕립 광혜원(Widespread Relief House, 王立廣惠院)을 세우고 여성 선교사들이 왕비와 여성 왕족들을 위해 일하도록 하였다.114) 감리교 선교는 스크랜톤 박사와 함께 온 스크랜톤 부인에 의해 조직되었다. 그녀는 남녀구별을 강조하는 내외법 때문에 의료혜택을 받지 못하는 한국 여성 환자들을 위해 여성 의사와 간호사들을 보내달라고 자신의 선교회에 요청을 하였다. 이로 인해 메타 하워드(Meta Howard) 박사가 1887년 감리교 여성 선교회에 의해 한국으로 파송되었고, 보구여관(Salvation for All Women Institution, 保救女館)을 설립하였다.115) 이 '보구여관'이란 이름도 명성왕후가 하사한 것으로 다양한 병으로부터 한국 여성들을 보호하고 치료하는 중요한 역할을 하는 병원이라는 뜻이었다.116)

1892년에 보구여관의 지병원인 볼드윈 병원(Baldwin Dispensary)이 세워졌고, 1899년에는 보구여관과 볼드윈 병원이 통합되어 정동에서 동대문으로 이전하였다. 1909년 한국에서 한국 여성을 위한 최대의 병원이 건립되기 시작하여 1912년에 완공되었다. 이 완공된 병원을 1897년부터 1902년까지 의료선교에 종사했던 여성 의사인 릴리안 해리스(Lillian Harris)의 죽음을 기리기 위해 릴리안 해리스 기

---

114) F. H. Halington, *The Relationship between America and Korea,* (Seoul: Ilzokak, 1982).

115) Sherwood Hall, p. 238.

116) F. E. C. Williams, *The Korea Mission Year Book,* (Seoul: The Christian Literature Society of Korea, 1928), p. 222.

념 병원(Lillian Harris Memorial Hospital)으로 명명하였다.117) 평양에서 광혜여원(Women's Dispensary of Extended Grace, 廣惠女院)이 설립되었으며 1906년 한국 여성회의(Korean Woman's Conference) 자료에 따르면 이 병원에서 박에스더와 함께 홀 여사는 15개월 동안 4,260명의 환자를 치료했다고 나타나 있다.118)

미국 여성 선교사는 한국 여성을 위한 일정 정도 수준의 평등을 이루어내었다 그러나 여성해방을 위한 명백한 전략보다는 선교사역이라는 간접적인 결과로 보이는 수준 정도였다. 이러한 수준이라도 참으로 다행이었다. 한국 여성이 미국 여성 선교사들이 운영하는 병원에서 일하고 전문성과 사회적 인지도를 가지게 되는 것을 통해 점차 내외법의 제한적인 관습이 점차 약해져 가고 있었다.119) 한국 여성들은 가정 안팎으로 자유롭게 드나드는 것이 어려웠으나 치료받는 과정에 있어서 그들은 병원에서 다양한 사람들을 접할 수 있었다. 특히 한국 여성들, 그리고 유교적 관습으로 바깥출입이 어려웠던 상류층 여성들은 미국 선교사들을 통해서 여성 전문 인력을 위한 교육에 기꺼이 참여하였다.

---

117) 'Po Ku Nyo Koan', *The 18th ARKWC*(*ME.C*), Seoul, 8 to 14 June 1906, pp. 9 − 14.

118) 'Medical − Evangelistic Work for Women and Children, Pyong Yang', Ibid., pp. 53 − 54.

119) 장병욱, pp. 157 − 158.

한국 간호사들은 특별히 지칠 줄 모르는 에너지와 능력에 칭찬 받을 만하다. 성별이 다른 사람들에 대하여 한국 여성들의 일반적인 부끄러움이나 소극적인 태도에 대해 걱정했을 때, 얼마나 신중한 훈련의 영향이 있었는지를, 그리고 그들로 하여금 궁극적인 서구식 역량에 대한 사역을 위해 그 의무들을 얼마나 훌륭히 해낼 수 있는지를 알 수 있었다.[120)

의료활동을 통하여 사회적 능력과 자신감을 한국 여성이 얻는 것 대 한국 남성이 얻는 것에서, 미국 여성 선교사들의 공헌은 주목할 가치가 있다. 덧붙이자면 그들이 간접적으로 전도부인에게 이 선교를 통해 그들의 활동영역을 확장시키는 기회를 제공한 것이다. 구체적으로 이야기하자면 모든 기독병원에는 전도부인이 상주했고 거기서 전도부인의 역할은 환자들이 병원을 퇴원하기 전에 복음을 전하고 퇴원 후에도 온전하고 깊은 신앙심을 가지고 기독교인의 삶을 살아가도록 돕는 것이었다.[121)

전도부인 유니스 웅(Eunice Whoong) 씨는 또 하나의 커다란 연말 사역을 이루어 냈다. 그녀는 이 병원에 오는 환자들의 친인척이나 지인들, 300여 명을 전도했다. 그녀는 대기실에서 그들을 만나고 성경

---

120) Mrs. J. W. Hodge, 'A Glimpse of the Wounded in the Severance Hospital', *KMF*, Vol. Ⅲ, No.8, 1907, p. 123.

121) 예를 들면 홀 여사는 다음의 리포트에서 한국 바이블 우먼의 복음적 공헌과 업적에 대해 언급하였다. 'Medical-Evangelistic Work for Women and Children, Pyong Yang', *The 18th ARKWC(ME.C)*, Seoul, 8 to 14 June 1906.

말씀을 가르치면서 4,250명의 집에 심방을 갔고, 400명의 신앙의 이
방인 환자들을 교회 예배에 참석하도록 했으며, 32명이 신학훈련생
(probationer)을 받게 하였다. 29명이 세례를 받았으며 15명이 교회교
인이 되었다. 웅 부인은 643권의 성경을 판매했다. 우리의 선교단체
에 있는 몇몇의 여성들은 중국에서 사역하는 것보다 더 이 사역에
종사하게 되지 않을지라도, 우리의 복음사역이 적절하게 웅 부인의
사역을 지원하기 위해 두 명의 전도부인들이 필요하게 되었다. 122)

전도부인은 병원을 퇴원한 후에 기독교에 개종한 사람들을 돌보
고 교회와 병원 사이를 연결하는 역할을 감당하였다. 그들은 따라서
의료와 복음사역을 잇는 중요한 일꾼이었다.

분명히 미국 여성 선교사의 한국 여성들에 대한 공헌은 헤아릴
수 없을 정도이다. 그럼에도 불구하고 우리는 미국 여성 선교사들이
의료사역과 교육 안에서 평등을 위한 여성의 해방에 대해 신중하게
생각했는지에 대해서는 여전히 의문이 남는다. 그리고 '여성의 여성
을 위한 사역(Women's Work for Women)'이라는 선교정책을 기반
으로 하는 부정적인 결론에 우리는 도달할지도 모른다. 물론 이것은
당시 문화적 장애를 극복하는 아주 효과적인 출발을 가져오는 전략
이기는 하였지만 그와 동시에 남성과 여성을 그들 스스로 구분하여
각 성별에 해당하는 사역과 선교를 구분함으로써 기독교 내에서 성
구별 또는 차별적인 사역 형태를 만들어 냈다는 평가도 받게 된다.

이 부분에서 미국 여성 선교사들의 의료사역이 실제적인 사역으

---

122) Mrs. R. S. Hall and Mrs. Esther Park, 'Woman's Medical Work,
Pyongyang', *KMF*, Vol. V. No. 7, 1909, p. 109.

로서 한국 여성들이 건강과 의료를 인식할 수 있을 만큼 효과적이 었냐는 질문을 우리는 가질 수 있다.

전통적으로 조선시대에 의녀(醫女)라는 직업이 1406년부터 왕실에 존재하고 있었다. 여성 의료 인력들이 존재하기 시작한 것은 한국 유교의 전통적인 관습 때문이었다. 여성은 남성 의사도 포함하여 '내외법'이라는 유교의 윤리 아래 남성과 접촉하면 그것은 불명예가 된다고 믿었다. 그러나 하류 계층의 여성들은 예를 들어 관비(官婢) 나 관기(官妓)들은 천한 태생이라 남성을 가까이하거나 근접할 수 있었다. 결국 태종(1367～1422)의 통치 때, 한 젊은 관기가 상류층 여성을 돕기 위해 의녀가 되기 위해 훈련을 받았다는 기록이 있다. 즉 의녀의 위치는 남성과 접촉하고, 하류 계층의 여성들이 종사하는 직업으로서 인식되어 사회적으로 낮았다. 그러므로 조선왕조에 의해 여성 건강을 위해 일하는 자들인 의녀에 대한 인식이 한국 사람들 에게는 수세기 동안 부정적일 수밖에 없었다.123)

의료교육의 초기에 미국 선교사들은 좀 더 많은 한국 여성들을 의료사역을 위해 고용하기를 원하였다. 한국 전통에 있어 여성 의료 사역자들에 대한 부정적인 시각이 있기에 충분한 종사자들을 찾기 에 어려움이 있었음에도 불구하고 다행히도 몇몇 한국 여성들은 선 교사들의 이런 요구에 기꺼이 반응하였다.124) 초과근무시간에도 의

---

123) 최숙경, [한국 여성사, 고대 - 조선시대], (서울: 이화여자대학교 출판 부, 2001), pp. 533 - 540.

124) 김두종, '근세 조선의 의녀제도에 관한 연구', [아시아 여성 연구] 제 1권, (서울: 숙명여자대학교 연구소, 1962), pp. 14 - 15.

학을 공부하고, 의료 분야에서 일하는 한국 여성의 수가 증가할 정도였다. 보통 이러한 여성들은 보조직으로 일하면서 월급을 받았다. 볼드윈 병원에서 일하는 언스버거(Miss Ernsberger) 선교사는 다음과 같이 보고하고 있다. "보조직들의 월급을 매년 보통 885.00엔으로 한다면, 오늘날 적어도 5명의 보조직을 고용할 수 있을 것입니다."125) 이러한 전문직은 한국 사회 주류에 편승하려는 희망을 가진 한국인들에게는 매력이 있을 수밖에 없었다.

여성 의료선교사들을 통해 서구식 의료가 하류 계층부터 상류층 여성들에게도 받아들여지면서, 한국 전통에서 치유 사역을 하던 무당들과 종교적인 부분뿐 아니라 의료적인 부분에서 충돌이 생겨날 수밖에 없었다.126) 무녀라고 불리던 이 그룹은 하류 계층 여성들을 주로 대상으로 하여 치료를 제공하였다. 한국 전통사회에서 무당들은 그들 스스로가 천민 계층이나 영적으로 그리고 실제적으로 전 계층을 아울러 능력을 발휘해 왔다. 서구 의학의 출현으로 그들의 영역이 좁아지게 되고, 미국 여성 선교사들은 그들의 초자연적 치료 행위들을 미신으로 치부하면서 비난하였다.127) 미국 여성 선교사들은 대부분 보수적인 개신교 교단 출신들이어서 기독교 외의 다른 종교에 대해 거부하는 경향을 띠었다. 한국 여성은 무당의 행위가

---

125) Miss Ernsberger, 'Baldwin Dispensary Report, 1909', *KMF*, 1910, p. 112.

126) 무당의 역할은 다양했다. 특히 퇴마식의 치료방식으로 사람들의 '한(恨)'을 해결해 주었다. 최숙경, pp. 549 – 568.

127) 이우정, pp. 48 – 49.

비과학적이고, 미신적이라는 외부인의 평가를 받아들였다. 그러므로 의료선교의 결과 중의 하나는 한국에서 무당 같은 전통 여성 리더들이 가졌던 주로 중하류층의 지도력이 부분적으로 제거되었다는 것이다. 이를 통해 한국 여성은 미국 여성의 기독교 선교와 한국 전통종교 사이에 종교 문화적 충돌이 생겨나고 자연스럽게 그전에는 구분되지 않았던 종교부분과 의료부분이 나뉘게 된 것이다. 이러한 점이 선교의 복음과 과정에 있어서 제국주의적인 부분이 비춰지는 의료선교의 부정적인 결과였다. 이러한 문화적인 충돌의 사실을 통해, 의료선교 안에서의 내부적인 부분을 들여다볼 때, '평등'이라는 것이 한국 선교에 있어서 미국 여성 선교사들의 사역을 통해 완벽히 이루어질 수 없었다고 생각할 수 있겠다.

그러므로 미국 여성 선교사들의 의료사역은 여성의 평등을 성취하기 위해 장점과 단점을 동시에 가지고 있다고 말할 수 있다. 우선, 우리는 미국 여성 선교사들이 전통적인 한국 간호사, 즉 의녀의 이미지를 바꾸고 한국 여성의 새로운 전문직을 제공하였다는 것을 알 수 있다. 또한 우리는 여성 선교사들이 의도했든 의도하지 않았든 간에 한국 여성들에게 새로운 엘리트 집단을 형성하는 데 동기와 환경을 제공하였다는 점을 간과하지 않을 수 없다. 전통적인 여성 리더십은(전 장에서 우리가 보았다시피) 한국 모든 종교 안에 존재했었고 새로운 여성 리더십은 미국 여성 선교사들의 사역에 의해 나뉘게 되었다. 덧붙이자면 선교사들은 전통적인 여성 집단들 무당들과 의료 분야에서 직면하게 되었고, 종교의 이름 아래 야만적이라며 박해하였다. 또한 여성 선교사들이 평등에 대해 이야기할 동안,

이 평등은 한국 여성들이 보조직으로 의료선교에 헌신하여 사회적 지위가 올랐다는 것 외에는 구체화되지 못했다.

D. 복음화와 여성 리더십

역사적으로 여성 리더십은 교회나 사회에서 잘 드러나지 않았을지라도 모든 영역에서 존재해 왔었다. 지금까지도 논의의 여지가 있지만 그 리더십은 복음주의 영역에는 없었고, 여성의 영역이라고 여기는 무속, 의학(의녀에 의한 분야), 안방의 분야에서는 말할 필요도 없이 존재해 왔었다. 미국 여성 선교사들은 사역위치로, 남성들 밑에서 일하면서 한국 선교 안에서 리더십의 롤모델(role model)이 되었고, 이런 역할이 미국 여성 밑에서 일하는 한국 여성에게 전이되었다. 그러나 독립적인 여성 리더십에 다양한 장애물들이 존재하였다. 이에 허티그 박사는 다음과 같이 한국 교회 상황에 대해 설명하였다.

> 한 손에는 십자가에 못 박힌 예수를, 다른 한 손에는 유교적 가부장주의를 가지고, 여성의 리더십은 교회 안에서 희생, 봉사, 순종이라고 정의되어 버렸다. 여성 리더십의 이미지 이해에 대한 부족 때문에 교회 내의 현대 여성 리더들은 안수를 받았건, 안 받았건 간에, 19세기 전도부인의 굳어진 이미지로 제한되고 있다.[128]

---

128) Young Lee Hertig, 'Without a Face: the Nineteenth – Century Bible Woman and Twentieth – Century Female Jondosa', Robert(ed.), *Gospel Bearers, Gender Barriers: Missionary Women in the Twentieth Century*, p. 187.

리더십에 대한 허티그 박사의 이해는 음(陰)적 페미니즘을 기반으로 한 것으로 한국 기독교 내의 여성 리더십에 대해 모호하고 비실천적인 설명을 하고 있다고 필자는 생각한다. 그러나 우리는 허티그 박사의 설명이나 주장이 오랫동안 남녀 모두에게 당연한 사실로 받아들여져 왔다. 여기에 필자는 여성 리더십이 교회 사역에 있어서 어떠한 위치며 여기서 여성 리더자들의 역사적 위치를 발견하고 조사함으로써 사고의 전환을 가져올 필요가 있다. 그래서 첫 번째로 페미니스트적 관점으로 '평등', 둘째로 한국 내의 복음화 선교에서 여성 선교사와 전도부인과의 관계를 고려하여 여성 리더십의 장점에 대해 논의해 보도록 하겠다.

a. 한국 내 기독교 사회운동과 영적 부흥운동

1880년대부터 여성 선교사들은 한국의 사회적 계몽에 대해 관심을 가졌다. 선교사들은 1898년에 선교사 추방이 제기된 후에 의료와 교육사업으로부터 직접적인 복음화 활동으로 그 영역을 넓혀 나갔다. 가장 좋은 예 중의 하나가 1900년에 프레이 선교사가 첫 번째로 운영했던 보호여관이다. 여기서 주된 활동은 성탄절에 가난한 사람들에 대한 원조, 넘치는 희생자와 환자들에 대한 조력, 복음화를 위한 심방들에 대한 훈련 등이었다.129) 이러한 활동을 기반으로 후에 한국 여성 스스로 교회 안에서 집단적 활동으로 그 영역을 넓

---

129) 감리교 여선교회 편, [기독교 감리교회 여성 교육 60년사], (서울: 감리교 여선교회, 1966), pp. 41 - 42.

혀가게 되었고 또한 한국 여성들은 부인전도회나 여전도회를 운영함을 통해 가정 밖에서 사회적 관계를 형성하는 경험을 갖게 되었다.

1903년부터 1907년까지[130] 있었던 영적 대부흥운동은 집단적 사회개혁으로부터 개인적 구원에 대한 종교적 열정으로 바뀌는 패턴으로 변화하였다 이러한 경향은 급속히 한국 여성에게 영향을 주었다. 대부흥 기간 동안 미국 여성 선교사들은 한국 여성이 지적인 면에서 한국 남성보다 열등해 보이지만 깊은 신앙심, 종교적 경험, 영성인 면에서 월등히 우수해 보이므로, 그 여성들의 종교적인 열정에 놀라움을 금하지 못하였다.[131] 영적 대부흥 기간에 미국 여성 선교사들은 종교적 열정으로 가득 차 활동했고 한국에 기독교 가정을 세우는 것이 옳은 것이라고 생각했다.[132] 이러한 정황들을 더 자세히 알아보기 위해 여성 선교사 힐만(M.R. Hillman)의 증언을 함께 보도록 하자.

---

130) 원산에서 있었던 기도 모임에서 이 대부흥운동이 시작되었다. 그 기도 모임은 세 여성 선교사의 주도로 이루어졌다. 그 여성 선교사들의 이름은 다음과 같다. 힌즈 선교사(Annie Hinds), 캐롤 선교사(Arrena Carole), 노이즈 선교사(Mary Knowles), 하운쉘 선교사(Josephine Hounshell), 그리고 맥컬리 선교사(L. H. McCully) J. L. Gerdine, 'More Pioneers of Korea', Charles A. Sauer(ed.), *Within the Gate,* (Seoul: YMCA Press, 1934), pp. 48 - 49.

131) 김은종, '한국 교회에서 나타난 여성 지도력 고찰', 교회사 석사논문, 고신대학교, 2000, pp. 33 - 34.

132) "우리는 한국 어머니들이 그들의 아이들에게 '날 사랑하심(예수 사랑 하심은)'을 가르치는 현지 기독교 가정을 세우는 것을 봅니다." L. H. Underwood, 'Woman's Work in Korea', *KRP,* Vol. 3, February 1896, p. 62.

우리는 하디 박사가 오기 이전부터 몇 주일 동안 전도부인들과 함께 각 가정들을 방문하였다. 정규예배들에 대해 각 가정의 여성들에게 이야기를 하고, 일주일에 한 번 정도 일을 하러 가기 위해 교회에 오는 사람들에게 할 일들을 알선하려고 하였다. 얼마나 굉장한 주일이었는지! 많은 축복받은 부흥집회를 참여하기 위해 각 가정에서 올지라도 우리는 결코 죄에 대한 깊은 회개 전에는 성령의 임재와 그 영적 힘의 위대한 확산을 볼 수 없을 것이다. (중략) 예배를 드리는 동안에 한 전도부인이 일어나더니 그녀로서는 가장 창피한 고백들을 하였다. 이에 이 적극적인 기독교일꾼으로 말미암아 놀라운 영적인 경험을 그 시간부터 알게 되었다.[133]

개인구원에 대한 강조는 단지 여성 선교사들뿐 아니라 한국 여성들로 하여금 복음전도사역에 집중하게 만들고 또한 교회의 성장에 관심을 가지게 만들었다. 자연스럽게 미국 여성 선교사들은 한국 여성들을 지도하며 교회중심의 사역에 참여하게 되었다. 예를 들면 성경반, 복음전도여행, 주일 학교 등 교회 중심 사역에서 한국 여성들과 일하지 않을 수가 없었다. 그 결과 일부 '신여성'이라고 불렸던 한국 기독교 여성은 적극적으로 교회 복음사역에 참여하게 되었다. 이렇듯 교회 복음사역에 참여하는 가운데 어떻게 미국 여성 선교사들의 복음사역이 이루어졌는가 또한 어떻게 여기서 그들의 리더십을 형성할 수 있었는가라는 구체적인 질문을 우리는 하게 된다. 그리하여 세부적인 주제로서 그 답을 찾아가 보도록 하자.

---

133) Miss M.R. Hillman, 'A Wonderful Week', *KMF*, Vol. II No. 10, August 1906, p. 183.

b. 성경 공부반과 주일학교

여성 선교사는 한국 여성을 한국 교회 내에서 실질적인 사역을 하는 리더로서 열심히 훈련시켰다. 선교회나 한국 교회들은 대부흥운동 이후로 급속히 증가하는 여성 평신도들과 어린이들 때문에 참으로 여성 사역자들이 필요하였다. 선교사 부인들은 가정의 안주인으로서의 가사와 남편사역에 대한 보조적인 역할, 한국 여성들을 대상으로 하는 상담 등 여러 가지 사역에 대한 부담이 있었음에도 불구하고 이런 성경 공부반과 주일학교 운영의 일에 참여하였다. 또한 외국기독교인이나 선교사들에게 한국인들은 교회 내의 여성 복음화 사역과 리더십을 위한 훈련들을 받아야만 했다. 따라서 미국 여성 선교사들의 실질적 상황과 복음적 열정은 한국 교회 내의 여성 리더십 형성에 속도를 가하였다.

몇몇 기록들을 보면, 미국 여성 선교사들의 복음을 향한 열정은 의료나 교육을 향한 열심보다 더 강렬하였다. 예를 들면 스크랜튼 여사는 복음전도의 심각성과 전도부인의 훈련에 대해 다음과 같이 보고하고 있다.

> 경기도는 적어도 두 명 이상의 추가 외국인 사역자들과 주간 학교, 그리고 기독교 가정들이 있는 모든 마을들에 전도하기 위한 한 명의 전도부인이 필요합니다. 전도부인 훈련학교의 긴급한 필요는 긴 말이 필요 없습니다. 저는 생각하기에 모든 이들이 현지 사역자들의 힘이 주저함 없이 증가하여야 한다는 것을 깨달아야 할 것입니다. 그러나 우리가 그들을 가르치기 전에 그들 스스로가(기독교를) 잘 세워나가야 할 것입니다.[134]

미국 여성 선교사는 기도 모임, 여성 성경반, 주일학교, 전도부인 훈련 학교들을 운영하였다. 이는 한국 여성 리더십을 위한 명백한 훈련 기반이 되었다.

첫째, 성경반들은 한국 여성들이 한국 교회 내에서 그리고 부인 권서로서는 선교회의 지도를 받는 여성 기독교 지도자로서 훈련을 받는 장소가 되었다. 1888년 여성 성경 공부반이 처음 시작되어 미국 여성 선교사들은 성경을 다양한 장소와 시간들을 통해 한국 여성들에게 가르쳤다. 길포드(Mrs. Gilford) 여사와 다른 선교사 부인들은 그들의 집에서 이런 성경반을 마련하고 가르쳤다. 언더우드(Mrs. Underwood) 부인도 성경을 목화관에서, 부인들과 소녀들에게 가르쳤다. 또한 스트롱(E. Strong) 선교사는 그녀의 선배들이 사역한 데로 성경을 가르치는 일을 정식으로 책임지게 되었다. 또한 1893년 이후에 월스(Mrs. Wells) 부인도 성경 공부를 강조하면서 한국 선교의 전략으로 포함시켰다.135) 그 시작부터, 많은 한국 여성들이 전도부인으로서 훈련되는 숫자가 증가하기 시작하였고 심지어 1904년에서 1905년 사이에는 그 숫자가 두 배로 증가하였다. 우리가 1899년 서울에 있는 237명의 교회관련 사역자들 중 114명이 여성이었다는 점을 고려해 볼 때, 이것은 미국 여성 선교사들의 복음전도사역이 한국 선교에 있어서 얼마나 중요했는가를 보여주는 것

134) M. F. Scranton, 'Mead Memorial Church and Kyung Keui Do', *The 18th ARKWC(ME. C)*, June 1906, p. 27.
135) 주선애, [장로교 여성사], (서울: 예수교장로회 여전도회전국연합회, 1981), p. 63.

이고 또한 교회조직 안에서 한국 여성들의 현저한 활동이 증가하는데 있어 얼마나 많은 영향을 주었는지도 보여준다.[136]

성경 공부의 패턴은 먼저 기도로 시작하고 성경에 나오는 기본적인 정보들을 암기하는 것이었다. 예를 들면 12사도의 이름을 외운다든가, 이스라엘의 12부족의 이름을 외운다든가 하는 것이었다.[137] 몇몇 성경 공부는 교회 내에서 성경세미나로서 발전되었다. 1910년 '감리교의 한국 여성 컨퍼런스'의 보고에 따르면 성경반이 다양한 시간에 매일 열리고 있음을 보고하고 있다. 성경 공부에 대한 요구가 많아지자 구체적이고 질 높은 공부반이 생겨나기 시작했는데 그 예가 평양에 열렸던 성경반이다. 그 수업내용이 어떻게 이루어졌는지 보도록 하자.

성경학교(Bible Institution)

가을 성경학교는 11월 14일부터 25일까지 열렸다.

거기에서 108명의 부인들과 소녀들이 참석하였다. 선생과 과목에 대한 명단은 다음과 같다.

에스더 김박 박사(Dr. E. K. Park): 누가복음과 위생학(Luke's Gospel and Hygiene)

미스 로빈스(Miss H. Robbins): 야고보서(James)

포웰 부인(Mrs. E. D. Follwell): 성서 역사(Bible History)

---

136) 이우정, 이현숙, [한국 기독교 장로회 여신도회 60년사], (서울: 한국 기독교 장로회여신도회 전국 연합회, 1989), p. 57.

137) Mr. Clark, 'Women's Work', *KMF*, Vol. Ⅵ No. 9, 1910, pp. 230－231.

무어 부인(수잔이 통역함)(Mrs. J. Z. Moore: Susan interpreting): 그리스도의 생애(Life of Christ)

김세지 부인(Mrs. Sadie Kim): 감리교 교리문답(Methodist Catechism)

노블 부인(Mrs. W. A. Noble): 교회사와 구약성서연구(Church History and Studies in the Old Testament)138)

이 성경학교의 선생들은 여성 선교사들과 김세지139) 같은 바이블 우먼과 바이블 우먼 출신인 박에스더140)로 구성되었다는 것을 알 수 있다. 이 커리큘럼은 교회 내에서 운영되었던 이전의 성경반보다 더 진보적이고 발전적인 것이었다. 또한 박에스더와 김세지가 여성 선교사들과 나란히 이 학교의 성공에 커다란 공헌을 한 것은 말할 것도 없다.

이러한 학교들에서 여성 선교사들은 한국 여성의 리더십의 핵심을 이끌어냈고, 이를 기반으로 복음사역의 기본적인 것들을 가르침으로써 현장에서 열정적인 전도사역에서 열매를 얻어낼 수 있도록 하였다. 이러한 실천적인 훈련은 복음을 널리 전하기 위한 전도여행으로 이어졌다. 이런 전도여행은 미국 여성 선교사나 여성들 둘 다에게

---

138) Mattie Wilcox Noble "Report of Evangelistic Work, Bible Institutes, and Three Day Schools, Pyeng Yang", *The 18th ARKWC(ME. C)*, 1906, p. 61.

139) 노블 여사(Mrs. W. A. Noble)는 한 선교 리포트에서 김세지를 최고의 조력자며 바이블 우먼이라고 묘사한 적이 있다. Mrs. W. A. Noble, "Bible Woman Sadie Kim", KMF, Vol. III No. 6, June 1907, p. 8.

140) 김점동이 본명, 서양식으로 에스더 김박(Dr. E. K. Park)이라고 공식적으로 불리었다.

모험적이고 도전적이었다. 이것은 수정된 네비우스 선교정책을 따른 것으로 많은 선교사들이 이 정책을 실행시키고 참여하고자 하였다. 여성 선교사들은 언어, 문화, 기후의 어려움을 겪으면서도 그들의 학생들과 함께 복음의 열매들을 얻는 것에 대해 행복을 느꼈다.[141] 쿠스팔펠 선교사는 전도여행에 대한 인상을 다음과 같이 남겼다.

> 숫자적으로는 전도여행의 결과는 다음과 같습니다. 91명을 만났고 그들 중 20명이 찬양예배에 참석했으며 71명은 성경 공부나 기도 모임에 참석하였습니다. 더욱이 특별한 사람들과 함께한 개인적 대화의 숫자는 더욱 많습니다. 스크랜톤 여사는 모든 공부에 있어서 책임을 맡았습니다. 작가들이 가정들을 방문하고 찬양하는 사람들을 돌보았습니다. 우리는 모두 143마일을 여행했고, 16개 마을을 방문했으며 2주 과정의 성경반을 한 큰 마을에서 열었습니다. 우리가 돌아온 이후 우리는 서울에 있는 세 개의 서울 기독교 여성 그룹이 우리가 방문했던 지역들을 현재 여행하고 있는데 그들이 안전하게 여행할 수 있었습니다. (중략) 그래서 우리는 진행 중인 이 사역에 우리와 함께 즐거워하도록 당신을 부른 것입니다.[142]

---

141) 선교사들에게 어려웠던 점들은 예를 들면 다음과 같다. "저는 진실로 우리가 한국인의 눈높이와 맞추기 위해 스스로 낮아졌다고 믿습니다. 만일 우리가 무식하게 행동하는 관광이나 우상에 대한 호기심 같은 문제들로 받아들인다면 우리는 도움을 주는 제공자는 아니고 복음사역을 방해하는 것입니다." 'Foreign Woman's Evangelistic Work in City and Country', KMF, Vol. Ⅵ No. 10, October 1910, p. 26.

142) M. L. Guthapfel, 'Bearing Fruit in Old Age', *KMF*, Vol. Ⅱ No. 3, January 1906, p. 43.

이러한 활동은 두 가지 결과를 가져왔다. 1) 한국 유교전통 안에 있는 여성 비기독교인들에게 복음을 효과적으로 전할 수 있었다는 것 2) 선교회가 여성 사역의 중요성과 미국 여성 선교사들의 역할과 위치를 받아들이게 했다는 것.

외부적 복음사역이 점차적으로 주일학교 같은 내부적 사역에 영향을 주기 시작하였다. 주일학교에서 사역하는 선교사 아내나 여성 독신 선교사들은 교회 안에서 여성의 리더십이 급속도로 증가하는 것을 인지하였다. 보통 여성 선교사들은 주일학교를 성경반 학생들이나 전도부인 훈련학교를 졸업한 바이블 우먼과 함께 운영하였다. 그들은 복음전도 활동 분야에서 한국 여성들의 지도자가 되었고, 동시에 그들을 상담과 훈련이라는 수단으로 한국 교회 내에서 여성 지도자로 양육하였다.[143]

그러나 미국 여성 선교사들은 기존의 기독교 사상에 사로잡혀 있어서 더 발전된 방향으로의 신학적 사고는 불가능했다. 그들은 계몽을 이야기하면서 한국 여성의 기독교 가정을 주장했다. 그러나 남성 중심적 교회전통의 한계를 넘어서지는 못했다. 한국 여성과의 관계에서 그들 스스로 거의 대부분 남성의 역할을 하였다.

---

143) "우리는 매주 있는 여성을 위한 기도 모임과 주일학교 선생님반을 합쳐야만 했습니다. 그러나 우리가 바라기는 여름방학을 통해 더 많은 시간을 이 사역에 할애하려고 애쓰고 있습니다." L. F. Frey, 'Evangelistic Work in Chong Dong Church', *The 20th ARKWC(ME. C)*, 1910, p. 15.

한 한국인 부인에게 이야기하는 것이 증명된 것이 얼마나 헛된 것
이었는지를 말하십시오. 이 가르침의 중요성에 대해 깨닫는 유일한
길은 한국 여성들이 그들의 남편들이 그들이 필요하다고 그리고 스
스로가 더 나은 돌보아주기를 이야기할 때 나타날 수 있습니다. 목
사들(남성 목회자들)은 이런 면에서 우리를 반드시 도와야 하고 남
성들이 그들의 아내를 돌보아야 한다고 가르쳐야만 합니다.144)

위의 본문을 보면, 샬록스 부인(Mrs. A. M. Sharrocks)은 한국 여
성들이 그들 스스로 변화될 수 없고 그들의 남편이나 남성 목사 같
은 남성들에 의해 바뀔 수 있다고 생각하는 것 같다. 이것은 교회
내의 계급 상황을 보여주는 것인데, 여성→남성→목사의 순으로 이
어져 있음을 알 수 있다. 더 나아가 한국 선교 상황하에서의 계급관
계를 알 수 있게 하는데, 한국 여성→한국 남성→여성 선교사→남
성 선교사의 순으로 나타난다. 그러므로 여성 선교사는 자민족주의
를 복음사역 안에서도 넘어서지 못하였다는 것을 보여주는 것이다.
그렇다면 한국 여성 안에서의 리더십은 어떠했는가? 다음 섹션에서
알아보도록 하자.

c. 한국 여성 내에서의 여성 리더십의 반향(reflection)

한국 여성들 가운데 여성 리더십은 복음사역의 과정에서 발전했
다. 한국 종교에서 유래된 리더십 능력이나 기독교 이전의 삶에서

---

144) Mrs. A. M. Sharrocks, 'Work Among Korean Women', *KMF*, Vol.
     Ⅱ No. 2, December 1905, p. 34.

이야기되던 리더십과는 달리 미국 여성 선교사들은 직접적으로 리더십을 발휘하기 위한 교육을 실행하였다.

> 5명의 전도부인들은 예배 안에서 점차 자리를 잡아가고 있습니다. 그럼에도 불구하고 그 신앙은 식어가기는커녕 더욱 깊어져가고 있습니다. 매주일 보고카드는 그들이 매일 교회성도나 비신도들의 집을 방문하였고 396명이 그리스도께로 인도되는 것을 보여줍니다. 80명의 신학 수습생들은 두 개의 반으로 나뉘어서 세례를 위한 시험을 치르고 있습니다. 579명의 수습생들의 입학이 전도부인의 사역들로 인해 이루어진 것입니다.[145]

전도부인의 복음사역의 업적은 자연스럽게 교회 내 여성 신도그룹과 여성 리더십으로 확장되었다. 선교사들은 한국인들과 여전히 의사소통에 문제가 있었고 남성 목회자들도 한국 유교적 관습을 극복하는 데 어려움이 있었다. 그러므로 전도부인의 활동은 한국 교회의 발전과 선교회의 성공적인 선교사역의 결과를 낳게 된 것이다.

전도부인의 감독 및 치리는 교회에서 활동하는 선교사 부인이나 여성 선교사들이었다. 성경반들, 학교들, 그리고 상담 등을 통하여 그들은 전도부인의 복음사역을 지도했고 동시에 선교사들의 언어적 문제를 전도부인으로부터 도움을 받았다. 이러한 상호관계성은 여성 리더십의 성장과 한국 교회의 양적 성장을 가능케 하였다. 왜냐하면 여성 선교사와 전도부인은 새로운 여성 신도들을 돌보고 주일학교에서

---

145) L. F. Frey, 'Evangelistic Work in Chong Dong Church', *The 20th ARKWC(ME. C)*, 1910, p. 15.

아이들을 가르치며 세례를 받으려는 여성들을 교육했기 때문이다.

　그러나 우리가 미국 여성 선교사와 전도부인이 교회 내에서 가지는 리더십 훈련의 두 가지 부정적인 면을 부정할 수 없다. 첫째로 미국 여성 선교사들은 19세기 선교의 자민족 중심주의에서 자유롭지 못했다는 점이다. 한국 교회에서 미국 남성 선교사나 한국 남성이 아닌 한국 여성과 아이들만을 위한 여성 리더십만이 거의 가능했다는 점이 그러하다. 이 점에 있어서 선교사와 현지인들 간에 자주 발생하는 긴장이 존재하는데 이것은 제한하기 힘든 힘의 불균형 현상이라 하겠다. 따라서 여성 리더십이 미국 여성의 손에 의해 평등으로 보이기는 힘든 상황이었다는 점을 우리는 알아야 한다. 이우정이 지적한 대로 우리는 또한 여성 리더십이 미국 여성 선교사들이 보수적인 교단 출신으로 문화에 대한 이해가 부족한 상태에서 좀 더 기독교의 근본주의적(fundamentalist) 입장을 강조하였다는 사실로 인해 제한받았다는 것도 생각해 봐야 한다.146)

　두 번째로, 여성 선교사들과 한국 여성들은 한국 교회의 남성 중심주의적인 상황을 극복해 보려 하지 않았다는 점이다. 몇몇 한국 페미니스트들의 주장대로, 여성 선교사들은 열정을 가지고 일하였으나 자신의 선교지에 대해 전혀 분석할 생각이 없었다. 여성 선교사들에게 한국 여성의 자유에 대한 기준이 무엇이냐고 한다면, 그들은 기독교식의 결혼으로 서구위생방식으로 가정을 꾸리고, 남편과 시댁의 괴롭힘에도 이겨낼 수 있는 그런 신실한 성도가 되는 것이라고

---

146) 이우정, pp. 24-25.

대답할 것이다.147) 한국 교회 내의 여성 리더십의 가치 하락과 전
도부인의 실제적인 독립성은 미국 여성 선교사와 한국 기독교 여성
이 외부적인 방해보다 여성의 평등성에 대해 소홀히 여기는 것이
원인이 되었기 때문에 야기된 것이다.

이번 섹션은 어떻게 여성 선교사들이 한국 교회 내에서 여성 리
더십을 세웠는지에 대해 보여주었다. 그러나 또한 동시에 그들의 구
조적 상황에서 리더십을 확장하는 데 방해적 요소가 존재하여 한계
를 드러냈다는 것도 우리는 볼 수 있었다. 따라서 미국 여성 선교
사들은 한국 교회 내에 실제적인 리더십을 세울 수 있는 기회와 한
국 교회 내에 전도부인의 지위와 역할을 좀 더 자연스럽게 상승시
켜 줄 수 있는 공헌을 안타깝게도 놓쳐 버렸다고 말할 수 있다.

3) 결 론

우리는 이번 장에서 선교사역 중의 하나인 계몽을 통해 평등으로
향하려는 여성들의 피땀 어린 노력들을 역사를 통해 보려고 했었다.
여기에 우리는 역사적으로 그 과정과 결과를 알게 되었다. 고등교
육, 여성 전문직, 사회와 교회 내에서의 여성 리더십 형성. 그럼에
도 불구하고 한국 여성과 미국 여성 선교사 둘 다 그 당시 현존하
던 제도와 제한적인 사상들로 인하여 활동과 역할에 제한을 받았다.
19세기부터 20세기 초까지의 선교의 목적과 성취는 남녀 사이의 평

---

147) 김영희, '한국 개화기 기독교 여성 운동에 관한 연구', 교회사 석사학
위논문, 한신대학교, 1986, p. 62.

등(equality)이 아니라 복음화(evangelism)였다는 점을 우리는 알 수 있었다. 즉 평등주의(egalitarianism)의 개념이 하나님 앞에서 추상적으로 인간의 평등성에 대해 말하는 것이지 사회적 기회나 역할에 관련된 성 평등에 대해 말한 것은 아니었다.

사회적으로 한국 여성은 봉건주의에서 근대화 사회로 가는 전이 과정에서 활동을 하였다. 정치적으로 그들은 쉽게 20세기 초 독립운동에 참여했으며 기독교가 내포하는 인간평등 사상에 근거하여 한국 현지 여성들은 미국 여성 선교사들의 사역에 감동을 받고 이들에게 매력을 느꼈다. 평등주의에 대한 한국 여성의 열정적인 반응은 한국 선교에서 여성 선교사의 활동영역이 확장되는 것은 자명하였다. 미국 여성 선교사와 한국 여성 사이의 상호관계는 근대사회로의 사회적 변화와 한국 내에서의 기독교 정착이라는 결과를 가져오게 되었다.

그러나 한국 현지인들의 평등주의를 향하는 노력과 한국 여성의 해방을 위한 미국 여성 선교사들의 활동이 중요한 요소였는가에 대해서 필자는 의문을 던지지 않을 수 없다. 그 근거로서 한국 일반 역사가 그것을 증명해 주고 있는데 가장 좋은 예가 명성왕후와 개화파가 미국 선교가 한국에 들어오기 전에 한국 여성의 계몽에 대한 중요성을 강조했다는 사실이다. 그뿐 아니라 동학에서도 평등과 관련된 사상들이 존재했었음을 볼 수 있다. 이러한 사실들은 미국 여성 선교사들의 사역과 연결되는 중요한 배경적 요소가 된다. 또한 이 역사적 사실들은 여성 선교사로 인하여 한국 여성의 평등과 계몽의 문이 열리게 되었다는 주장은 문제가 있다는 것을 나타내 준

다. 따라서 우리는 미국 여성 선교사들이 한국 선교에 있어 명성왕
후나 개화파나, 한국의 전통종교 내 여성의 실천적 리더십 같은 현
지 영향성에 대한 고려함 없이 미국 여성 선교사들의 공헌을 생각
하지 않을 수 없다는 것이다.

해방에 대한 기대들은 좋았다 하지만 그 실천과 결과는 분명치가
않았다. 여성운동의 시작에 있어서 미국 여성 선교사들은 그들의 가
정 중심 이데올로기로 인해 본국뿐 아니라 선교지인 한국에서도 한
계를 드러내었다. '진실한 여성성(true womanhood)'의 개념이 한국
사회 내의 여성의 발전을 방해했다. 왜냐하면 여성의 역할을 한국에
온 미국 여성 선교사가 전부 결혼한 유부녀가 아님에도 불구하고
가정에서의 엄마로서, 아내로서의 역할로 정의하였다. 따라서 사회
속에서의 한국 여성의 희망은 미국 중산층 여성이 가지고 있는 사
고방식을 따라 행동하는 미국 여성 선교사들로 인해 점점 없어져
가고 말았다. 그나마 한국 여성의 새로운 여성 리더십은 선교사역을
통해 '신여성'이라는 이름으로 나타났다. 이는 교육 분야, 의료 분
야, 복음전도 분야로 나타났는데, 한국 전통적 방식과의 충돌이 노
골적으로 드러났다. 결국, 근대사회와 한국 교회 안에서의 한국 여
성의 어떠한 공헌도 매개 변수로 제대로 드러나질 못했다.

이 연구를 통해 미국 여성 선교사들의 초기 선교가 한국 여성의
평등에 공헌했는지에 관하여 평가되었다. 여성 선교사들은 남성 권
위로부터 독립한다는 그런 의미로서의 여성해방의 적극적인 지원자
들은 아니었다. 사실상 한국 여성들조차도 선교사들을 통해 경험되
었던 기독교 안의 '평등'이라는 사상을 온전히 이해한 것도 아니었

다. 미국 여성 선교사들의 이해와 목적은 한국 여성들의 이해와 목적과 달랐다. 이런 차이로 인해 수용자인 한국 여성과 수여자인 미국 여성 선교사들 간의 실제적 긴장감이 생겨났다. 한국 기독교 여성들은 한국 교회의 계급 상황하에서 가장 하위 위치에 있었고, 가장 상위는 미국 남성 선교사였다. 미국 여성 선교사들은 선교의 상황 안에서 이러한 계급 상황을 받아들일 수밖에 없었다. 이런 아이러니컬한 현상은 아마도 미국 구조 안에서 공평과 평등을 위해 일하는 내부 사역이 밖에서는 다르게 나타나는 현상이 자명하게 나타난 경우라고 볼 수 있다.

선교 연구에 있어서 우리는 선교사들과 현지인들 간의 상호관계가 파워 구조 안에 있다는 점에 대해 소홀히 여겨 왔을 수 있다. 그 상호관계에 대한 관심의 정도가 선교 안에서 여성 활동에 대한 평가를 다양하게 할 것이다. 이러한 문제점들로 인하여 필자는 다음 장에서 전도부인의 역사를 살펴보면서 본 장에서 보았던 여성 선교사들의 공헌과 전도부인과의 관계에 대한 고찰에서 그 주 대상자를 전도부인으로 하여 주위의 모든 선교 요소와 다양한 역사적 요소들을 통해 연구하여 기존의 남성 연구자와 서구 중심주의 학자들의 연구결과와 주장들에 대해 문제를 제기해 보도록 하겠다.

Part 2 한국 개신교의 전도부인의 역사, 1892~1945

선교학과 한국 교회사에서 관심을 끌 만한 연구대상이 아니었던 전도부인에 대한 수많은 다양한 이야기들이 있다. 초기에 바이블 우먼(Bible Women) 중 대부분은 '부인권서'라고 불리는 선교를 돕는 사람들이었다. 그러나 곧 그들 중의 많은 이들이 교회 지도 자와 사회개혁자가 되었다. 이 놀라운 여성 집단을 '전도부인(Bible Women)'이라고 사람들은 불렀으며 이 전도부인은 안방이라는 제한 된 공간에서 상당한 영향력을 지닌 역할을 발휘하였고 그 당시 극 심한 유교사회 상황에서 여성을 위한 하나의 좋은 전례를 남겼다.

천주교 선교와는 달리, 개신교 선교는 하나님의 말씀을 알지 못 하고서는 새로운 현지 기독교인의 고백과 믿음에 대한 기대를 할 수 없다는 신념 때문에 그 당시 성경 본문의 중요성을 강조하였다. 이러한 상황 속에서 성경번역사업(vernacular work)과 종교서적행상 (Colportage)은 선교의 가장 중요한 방법이 되었다. 모든 선교지에 서 성경을 판매할 수 있고 현지어로 성경뿐 아니라 기독교 교리를 가르칠 수 있을 뿐 아니라 비기독교인들에게 복음을 전할 수 있는 현지 부인권서가 굉장히 중요한 존재였다. 한국 개신교 선교도 이 경우에서 예외는 아니었다.

이번 파트에서는 본격적으로 부인권서와 전도부인의 이야기들을

다루어 볼 것이다. 이를 다룰 때, 첫째로 한
국 기독교인, 특히 한국 교회역사의 여성들
의 관점으로 살펴볼 것이고 둘째로 전적인
한국 종교문화 상황에서 이를 연구할 것이
다. 이러한 연구관점을 채택한 이유는 그동
안 몇몇 연구자들이 전도부인이나 부인권서
에 관한 중요성을 발견하고 연구를 시도하
였지만 공적 문서 부족이나 구두(oral) 자료
만 존재하는 등의 여성 연구의 어려움으로
한계에 부닥치게 되는 상황을 고려한 것이
다. 사실상 역사적으로 중요한 대상인 전도
부인이 한국 교회나 선교에 있어서 중요한
공헌자임에도 불구하고 참으로 그들에 대한
연구는 미비하여 왔다는 게 현실이다. 그리
하여 이번 파트에서는 이전에 다루었던 한
국 전통종교 안에서의 한국 여성과 기독교
의 문제와 여성 선교사와 한국 기독교 여성
들 간의 주제들과 이어서 현지 한국 여성
그룹을 대상으로 연구한 결과들을 함께 나
누어 보도록 하겠다.

존 로스

1915년 무명의 전도부인

(3) 보조적인 선교 보조자인가? 주체적인 초기 복음전도자인가?:
부인권서로서의 바이블 우먼의 활동과 역할, 1892~1920

1) 서 론

한국 초기 개신교 선교에 있어서 성경번역사업과 종교서적 판매의 역할은 중요한 부분이었다. 현지 종교서적 판매자를 남성인 경우 매서인(賣書人) or 권서(勸書)라고 부르고 여성인 경우, 부인권서(婦人勸書)라고 불렀다.[148] 이 부인권서와 권서들의 의무는 가능한 한 많이 한국어 또는 한자 성경을 판매하고 비기독교인에게 복음을 전하고 기독교 교리를 초신자들에게 가르치는 것이었다.

결국은 여성 성서 판매자들은 자연스럽게 전도부인으로 알려졌는데, 이 전도부인이란 새 신자들을 좀 더 굳은 신앙을 가질 수 있도

---

[148] 1) 한국 성서공회('대한성서공회'라고 불림)가 매서인이나 권서를 1915년에 성서 판매를 목적으로 고용했다. 1925년에 권서는 한국 성서 판매 그룹에서 유래되었다. 그들은 그들 스스로 권서라고 불렀는데 그 뜻은 성서를 사람들에게 읽어주거나 설득하여 성경을 사도록 하는 사람들이라는 뜻이다. 이장식, [대한기독교서회백년사], (서울: 대한기독교서회, 1987), pp. 178-188. 2) 권서에 대하여 385쪽 17번째 줄부터 상세히 나와 있다. The History Committee of the General Assembly of the Presbyterian Church of Korea, *A History of the Presbyterian Church of Korea, 1912-1923,* (Seoul: The Church Historical Society of Korea, 1968). 이러한 상황에서 영국 성서공회(BFBS) 같은 선교회의 리포트들이나 '한국 선교지(Korea Mission Field)' 같은 선교잡지들에 의해 기록된 바이블 우먼(Bible Women)은 종종 한국인들에게 부인권서라고 불리는 사람들이었다.

록 가르치는 일을 주로 하는 여성 지도자들이었다. 이 부인권서들은 개신교 공동체 안에서 발견되었던 어려운 상황들과 사회적으로나 문화적으로나 파장이 크고 혼란스러운 구조 속에서 개신기독교를 전파하고자 노력하였다. 이는 바로 한국 개신교 교회가 성장하기 위한 전초전이었는데, 이 시기에 그들이 사역하였다.

영국 성서공회의 리포트(The Annual Report of the British and Foregin Bible Society, 이후로는 BFBS)는 1892년부터 한국 선교에 있어서 부인권서의 숫자와 활동들을 기재하기 시작하였다. 그러나 그 숫자는 갑자기 1920년에 하락하기 시작하는데, 그 이유를 역사학자 이만열은 한국 교회의 조직형성이 1920년 이후에 성장 궤도에 오르기 시작하면서 교회 공동체가 남성 중심으로 확고히 다지게 되어 한국 교회들이 기초 전도와 성서 판매를 주로 하는 부인권서를 필요로 하지 않았을 가능성을 제시하였다.[149] 그러므로 이번 장에서는 연구 역사기간을 1892년에서 1920년으로 하겠다.

이번 장에서 몇 가지 세부적인 연구 질문을 던져본다면 다음과 같다.

○ 19세기 중반에서 20세기 초 사이에 있었던 아시아 선교에서 바이블 우먼의 역할은 무엇이었는가?

○ 만주에서의 존 로스 선교사의 사역에서 성서번역사업과 부인권서의 관계는 어떠했는가?

---

149) 이만열, [한국 기독교와 민족의식], (서울: 지식산업사, 2000), pp. 356‒374. 그는 그 이유를 다음과 같이 분석하여 제시하였다. 1) 공식위탁 판매자 2) 한국 교회의 안정성 있는 발전 3) 전도부인의 활발한 활동들 등.

○ 여성들이 주로 사용했던 언문과 부인권서의 연결점은 어떤 점
에서 중요한가?

○ 초기 한국 선교의 시작에서 부인권서는 남성 선교사와 여성
선교사와 함께 어떤 역할을 담당했는가?

○ 개신교에 대한 배타적인 사회적 상황에서 한국 교회를 세우는 데
있어서 부인권서의 복음적 영향을 준 부분들은 무엇이었는가?

이러한 연구 질문들을 바탕으로 필자는 초기 선교기간에 부인권
서는 실천적 분야에 있어 서구 선교사들에게 보조적이거나 수동적
이지 않았다는 것을 제안한다. 부인권서의 이야기들이 그동안 소홀
히 다루어졌지만 우리는 이번 장에서 그들의 이야기를 중심으로 다
룰 것이다.

주 자료는 영국 성서공회 자료(1884~1930)이고 다양한 선교회들
의 부인권서에 대한 자료들이다. 필자는 첫째로 영국 성공회와 미국
감리교 선교회들이 전략으로 채택하여 실행했던 '여성의 여성을 위
한 사역(Women's Work for Women)' 같은 선교가 동아시아 지역
에서 존재했었는데, 여기서 주로 활동하던 부인권서[150]에 대한 상

---

150) 덧붙이자면, 필자는 한국어와 영어로 쓰인 원자료를 바탕으로 연구하였
다. 예를 들면, 다음의 자료들이 주 자료들이다. The Korean Mission
Field, The Korean Review, The Korean Repository, The Annual
Reports of the Annual Meeting of Korean Mission in the Methodist
Episcopal Church(1898~1913), Korean Christian Magazine, Korean
Methodist Magazine and Victorious Lives of Early Christian in Korea
(여기에 직접적으로 부인권서나 전도부인에 관한 이야기들을 소개한 자

황들을 소개할 것이다. 이것은 우리에게 전도부인의 기원과 중요성을 알 수 있는 시각을 열어줄 것이다. 이러한 연구 관심으로 또한 부인권서들의 사역을 통해 그들의 리더십을 발휘할 수 있는 기회가 선교현장에서 주어졌다는 점이 강조될 것이며 '원다비다'라는 부인권서의 이야기로서 더 구체화될 것이다.

둘째로, 부인권서의 사역 초기에 한국 여성들이 주로 사용하던 문자며, 만주에서 존 로스 선교사에 의해 성서번역한 글자인 언문의 중요성에 대해 논의해 보도록 하겠다. 존 로스는 스코틀랜드 선교사이며 그는 만주에 있는 피난민들을 위해 일하면서 '고려문(Corea Gate)'에서 만난 한국인들에 대한 관심이 깊었다. 한국과 중국의 국가 경계지역에서 일하면서 한국어 성서번역에 초기 한국인들과 함께 언문을 사용한 성경번역과 배포를 하려고 노력하였다. 주로 언문성경이 있기 전에는 한자 성서를 사용했던 한국인들에게는 양반 이외의 모든 계층의 사람들, 적어도 언문을 읽을 줄 아는 여성, 아이들, 중인 이하의 계층들이 쉽게 성서를 접할 수 있는 기회가 되었다.151) 존 로스와 언문 때문에 성서번역이 큰 성과를 이루었고, 이에 우리는 어떻게 한국 안에서 개종과 여성의 문제가 연결되었는지 볼 것이다.

단지 성서 판매뿐 아니라 분명한 복음화가 전도부인의 초기 사역에서 나타나는 것으로 인하여 우리는 기존의 근대 선교에 대한 평가들에 대해 다시 한번 생각할 수 있을 것이다.

료들도 많다.).

151) 이현희, [한국근대여성개화사], (서울: 이우 출판사, 1978), p. 12.

2) 바이블 우먼(Bible Woman): 동아시아의 새로운 선교의 개척자

19세기 중반에 서구 선교사들은 특히 영어 사용자여서 선교지에서 현지 영어 사용 가능한 사람들을 고용하여 사역에 참여시키기 시작하였다. 대부분 이러한 현지인들은 기독교로 개종하여 기독교 복음전도사로서 남성들이 많았다. 이러한 예들은 상호 문화적 입장에서 쓰인 선교역사에서 주로 사용되어 왔다. 그러나 초기 기독교 확장 시기에 있어서 선교과정을 실명한 리포트들은 이런 부분에 대해 자세히 기록되어 있지 않거나 전혀 언급되지 않은 경우도 많다. 그러나 1860년부터 영국 성서공회 자료들에는 현지인에 대한 사역보고들이 많이 나타나는데 그중에서도 바이블 우먼의 활동 보고도 다수가 발견되었다.

그 당시 동아시아 선교에 있어서 어떤 일들이 벌어졌는가? 동아시아에서 바이블 우먼의 시작은 어떻게 시작되었는가? 이러한 상황에서 바이블 우먼의 활동에 대한 서구 선교사들의 생각은 어떠했는가? 그리고 마침내 어떻게 이러한 경향이 한국 선교 상황까지 확장되었는가? 이러한 질문들에 답하기 위해 우리는 유럽에서 활동했던 유럽 바이블 우먼부터 살펴보면서 개신교 선교에 있어 바이블 우먼의 기원에 대해 알아보도록 하겠다.

A. '성서선교여성(Bible Mission - woman)': 서구 세계의 새로운 복음전도자

1861년 '성서선교여성에 대한 몇 마디 말들(A Few Words to Bible Mission - woman)'이라는 기록을 보면 기독교 여성이 선교에 많이 참여하고 있을 때 그 당시 영국 상황이 잘 묘사되어 있음을 알 수 있다.

> '성령 안에서의 뜨거움, 주를 위해 예배하는 사람'이라는 것이 성서선교여성에 대한 묘사 중의 하나다. '인내하며 영혼을 찾아 소유하는 것'도 또 하나의 묘사이다. 왜냐하면 가장 열정적이고 뜨거운 사람은 실패와 낙담으로 힘들어하는 사람들을 만나는 데 늘 준비되어야만 하기 때문이다.152)

이러한 기록들은 바이블 우먼이 영국 선교에서 얼마나 중요한 역할을 하는지 잘 보여준다. 그들은 많은 일들을 하지만 분명하게 나타나는 세 가지 역할이 있다; 1) 여성들과 아이들에게 성경을 소개하고 그들이 성경을 읽을 수 있도록 하는 것 2) 가난한 자들을 돕고 교육하는 것 3) 복음전도자로서 목회적 책임을 가지는 것153)

자명하게 바이블 우먼의 19세기 중반에 있어서의 사역의 중요성은 서구 선교상황에 있어서 특히 강조되었다. 덧붙이자면 기독교 선

---

152) *A few words to Bible Mission - Women*, (London: Wertheim, Macintosh, and Hunt, 1861), p. 8.
153) Ibid., pp. 7 - 16.

교에서의 여성의 역할을 단지 보조적 역할 수준이 아닌 주목할 만
하고 중요한 역할이었다. 이러한 경향은 선교 안에서의 여성의 위치
를 상승시켰다. 그 좋은 예가 1889년 '바이블 우먼과 간호원들
(Bible women and nurses)'이라는 자료에 나타난 보고이다.

> 바이블 우먼의 사역은 해가 갈수록 환자들을 위해 바느질을 하고
> 물을 제공하는 결과들이 있음이 드러나고 있음에도 불구하고 너무
> 니도 조용하고 겸손하다. 이것은 특별히 외국에서도 일어나고 있다.
> 그러므로 우리의 친구들은 매해 12월이 돌아올 때마다 언급은 적
> 지만 눈에 보이는 실질적인 결과로써 놀라게 한다. 우리는 기꺼이
> 미래를 위해 기꺼이 노동하는 '인내하는 남편(patient husbandman)'
> 이 되어야 하고 아마도 우리는 보이는 것을 허락하는 것이 아니라
> 하나님의 선한 시간에 확실히 도래할 것을 보아야 할 것이다.[154]

자기부인(self-denying)하지만 활동적인 선교사(active agents)로
서 이 여성들은 기독교인이든 아니든 간에 모든 사람들에게 감명을
주었다. 지역적으로도 영국뿐 아니라 베를린, 리스본, 로마, 밀라노
등에서도 이런 여성들의 활동이 존재했고 같은 감명이 모든 사람들
에게 있었다. 프랑스의 브르타뉴에서 남성과 여성이 함께하는 성경
반에서 학생들이 함께 이런 복음전도와 성서 가르침의 사역을 했다
는 기록이 있고, 이것이 확장되어 알제리와 모로코의 탄지어 지방까

---

154) *Bible women and nurses; A Record of the Work of the London
Bible and Domestic Female mission*, Dec. 1889, (London: British
and Foreign Bible Society), p. 1.

지도 영향을 미쳤다고 나타나 있다. 특히 이곳은 이러한 성서 선교 사업이 그 지역 여성 신도들의 몇몇 그룹이 훈련을 받아 이 사역이 지속되었다. 또한 예루살렘의 자파와 하이파지역에서도 이와 비슷한 놀라운 결과들이 나타났다. 더욱이 영국 성서공회는 인도 선교 초기에 16명 또는 17명의 현지 선교요원들을 교육했다는 기록까지 나와 있다.155) 유럽의 바이블 우먼의 사역과 비슷하게 여성 선교사들이 외국에 위치해 있는 선교지에서 현지 기독교인들을 선교지도자로 훈련시킨 것과 많이 유사하고 그 패턴을 따라 선교지에서 사역을 한 것으로 추정된다.

  B. 성경을 읽어주는 사람(Bible Reader) 그러나 단지 읽어주는
     것 이상의 사람; 미국의 아시아 선교

  그 당시 국내 및 해외선교에서 여성의 위치는 상승하는 경향을 보였다. 로버트 교수(Dana Lee Robert)는 1819년에 설립된 미국 감리교 선교회가 있는 뉴욕시를 중심으로 감리교 여성들의 활동에 대한 연구를 하였다. 뉴욕 감리교 선교회에 여성 선교회를 통하여 해외로 파송된 리베리아의 선교개척자인 안나 윌킨스(Anna Wilkins) 같은 독신여성도 소속되어 있었다. 부인들의 중국 선교회(The Ladies' China Mission Society)는 1848년에 마리랜드 발티모어(Baltimore, Maryland)의 감리교 여성들에 의해 설립되어, 세 명의 여성들을 치

---

155) Ibid., pp. 2 - 4.

푸(Foochow)로 보내어 중국에서 선생으로 사역하도록 도왔다. 미국의 회중선교회(Congregaitonalist American Board)는 공식적으로 1862년에 여성들에게 사역의 문을 열었으며 뉴잉글랜드 여성해외선교사협회(Woman's Foreign Missionary Society of New England)를 조직하였다.156)

이러한 선교전략의 반영은 또한 미국 장로교 선교사들의 아시아 선교에서도 나타난다. 그들은 감리교 선교전략 중의 하나인 '여성의 여성을 위한 선교(Woman's Work for Woman)'에 영향을 받은 것처럼 여성 선교 분야에 관심을 나타내었다. 1875년에 보고된 '여성 장로교 선교회(The Woman's Presbyterian Board of Mission)'의 자료에 따르면, 장로교 선교사들은 여성 선교사들의 사역의 중요성과 성서를 읽어주는 사람들(Bible readers)로서의 현지 여성들에 대한 필요성을 느끼고 있음을 알 수 있다.

> 여성들 간에 이루어진 그 사역은 우리가 격려할 만합니다. 눈에 보이는 결과로서도 저는 우리가 아는 이 사실을 매우 잘 알릴 만한 자리인 닝포에서 우리 스스로를 격려해 왔습니다. 제가 하는 모든 것이 거의 대부분 저의 바이블 리더(Bible readers)를 통해 이루어 집니다. 그녀(바이블 리더)는 날씨나 기후가 허락될 때마다 매일 집집마다 돌아다니며 이런 일을 잘합니다. 그녀가 누구를 정기적으로 방문하는지 (중략) 성 부인(Mrs. Seng)은 지난 성만찬 때 세례

---

156) Dana Lee Robert, *American Women in Mission: A Social History of Their Thought and Practice,* (Macon, Ga,: Mercer University Press, 1996), pp. 127 - 129.

를 받았습니다. 이분은 60세가 거의 넘었고 6년 전에 우리의 바이
블 리더로부터 참하나님에 대해 처음으로 들었습니다.[157]

한 선교사 부인의 리포트는 여성 선교사들이 현지 바이블 리더와
함께 선교의 열매를 얻는 좋은 예를 보이고 있다. 첫째로, 여성에게
다가갈 수 있고 일반 여성들을 교육하고 가르칠 수 있는 여성이 바
이블 리더가 될 수 있었다. 여성 선교사들은 그들 자신의 언어적,
문화적 문제와 장애들과 상관이 없는 현지 바이블 리더들을 훈련시
켰다. 이 훈련의 목적은 훈련받은 현지 여성들을 여성 집단과 현지
사회 구성원들에게 보내어 선교활동의 문을 열게 하기 위함이었다.
도드 부인(Mrs. Dodd)은 이러한 점에서 성 부인이라고 불리는 나이
많은 부인의 세례에 대해 자세히 보고할 때, 도드 부인의 바이블
리더는 기독교를 전하기 위해 선교사들에 의해 훈련받고 훈련받은
후 많은 중국인 가정을 방문하였다. 이것은 또한 일본 선교의 자료
들에서도 나타난다.

우리는 전에는 들어보지도 못했던 바이블 리더를 지원하고 있다.
이것은 여성 선교회 중의 하나로부터 이루어진 것이다. 이 여성들
로부터 당신이 들었는지는 모르는 일을 맡고 있는 선교사에게 매우
의존하고 있는 상태이다. (중략) 그 선교사가 그들을 잘 지도하도
록 기도하고 목적의 힘, 의지의 에너지, 인내의 힘, 그리고 불굴의
의지가 바이블 우먼에게 주어지도록 기도합시다.[158]

---

157) Mrs. Samuel Dodd, 'China – Hangchow', *Woman's Work for Woman
    of the Woman's Presbyterian Board of Mission*(이후로 Woman's
    Work), 1875, Vol. V. No. 6, pp. 298 – 299.

여기 리포트에서 캐롯더스(Mrs. Carrothers) 부인은 보고하기를 일본에 있는 바이블 리더가 이미 일본에 다양한 선교계획들에 있어서 중요한 역할을 함으로써 선교사들에게는 그들의 지원과 도움이 정말로 중요하다는 것을 말해 주고 있다. 일본의 문화적 배경과 역사 때문에 선교사들에게는 어려웠던 지역이었던 일본에서 바이블 리더의 활동으로 선교가 가능해진 것이었다. 이러한 효과적인 도움으로 말미암아 많은 서구 선교단체가 이런 현지 요원들의 도움에 의시를 하였디. 이러한 현지 선교요원들의 사역을 적극적으로 받아들인 동아시아에 있는 영국 성공회의 선교에서 바이블 우먼에게 어떤 일이 일어났는가?

　C. 영국 성서공회에서의 동아시아 바이블 우먼의 중요성,
　　 1884～1899

영국 성서공회는 동아시아 선교지에서 바이블 우먼이 1890년대부터 활동하도록 해왔다. 1894년에는 현지 여성의 훈련을 위해 다른 선교단체에 허가를 주었다. 그래서 1888년에서 1889년 사이에 바이블 우먼의 숫자가 급속히 증가하고 있는 것을 볼 수 있다. 예를 들면 1889년의 바이블 우먼의 숫자가 동아시아 쪽에 314명이 존재하는 것으로 보고하고 있다. 209명이 인도에, 57명이 실론에, 9명이 시리아와 팔레스타인에, 13명이 이집트에, 7명이 중국에, 5명이 인

---

158) Mrs. J. D. Carrothers, 'Japan', *Woman's Work*, No.4. Vol.Ⅶ. 1877,
　　 p. 208.

도양 남서부에 있는 모리셔스와 인도양 서부 세이셸 공화국에서 활동한다고 기록되어 있다. 1887년에서 1888년까지 이 바이블 우먼들은 성서 7,070권을 팔았고, 1888년에서 1889년 사이에는 10,615권을 판매했다는 보고를 볼 수 있다. 이러한 뛰어난 사역들은 영국 성서공회가 아시아 여성들 가운데 성서를 가장 넓게 배포하고 판매하는 것이 가능하게끔 하였다.[159)

이러한 리포트는 추가적으로 선교 상황에서 바이블 우먼과 연관하여 사역한 선교의 결과들을 보고하였다. 특히 홍콩 교회선교회(the Church Mission Society of Hongkong)와 인도의 내방 선교(The Zenana Mission of India)에서 많은 바이블 우먼들이 일하는 과정과 그 결과들을 묘사하고 있다. 이러한 리포트들이 가지는 공통성은 여성들과 함께 일하는 선교사들은 바이블 우먼이 기독교를 접하지 못한 자들을 복음화하는 데 있어서 가장 효과적이며 커다란 역할을 하는 선교 요원들이 바로 바이블 우먼이라는 결론이다. 더욱이 '바이블 우먼의 만족스러운 특징과 영향(The Satisfactory Character and influence of the Bible Women)'이라는 1890년 리포트를 보면, 바이블 우먼의 성공적인 사역들이 인용되어 있다. '격려할 만한 결과들(Encouraging Results)'과 '선교사들과 성서공회지부들의 감사하는 표현들(Grateful Expression of Missionaries and societies)'이라는 부분의 보고에서 점점 악화되어 가는 선교현장에서, 선교사들과 함께 희망을 가지고 바이

---

159) Bible Women in the East, *the Eighty-Sixth Report of British and Foreign Bible Society*(이후 The BFBS AR), (London: British and Foreign Bible Society, 1890), pp. 196-198.

블 우먼들이 얼마나 열심히 활동하고 있는지를 보여주고 있다.160)

1895년의 리포트는 다수의 동아시아 나라에서 사역하는 성서공회 지부들에서 바이블 우먼을 지속적으로 지원하고 있는지를 보이면서 바이블 우먼의 성공을 보고하고 있다.

바이블 우먼의 숫자가 계속해서 다시 증가하고 있습니다. 1892년에 서 1893년 사이의 숫자보다 27명이 더 들어왔습니다. 평균적으로 성경을 읽어본 현지 여성들의 숫자는 전보다 한 주에 4,546명으로 증가하였고, 현재는 26,560명입니다. 바이블 우먼의 도움을 받아 성경을 읽거나 가르침을 받아본 사람을 제외하고 적어도 한 번 이 상 그들 스스로 읽을 힘을 길러 성경을 자유롭게 읽는 현지 여성 들은 해마다 549명에 이릅니다. 해마다 성경발행 및 배포는 현재 15,263권에 이르고 있습니다. 429명의 바이블 우먼이 지리적으로 많은 곳에 퍼져있습니다.—인도(310), 실론(76), 시리아와 팔레스타 인(14), 이집트(18), 중국(5) 동남아시아 영국령 해협지역(2), 모리 셔스와 인도양 서부 세이셸공화국(4), 인도에 310명이 각 지역에 골고루 분포되었습니다.—120명은 벵갈(Bangal), 베하(Behar), 코타 (Chota), 나구푸르(Nagpur), 오리사(Orissa), 아삼(Assam) 지역에 89 명은 마드라스 행정지역(Madras Presidency)인 미소르(Mysore), 코 친(Cochin), 트라반코어(Travancore) 지역에, 42명은 봄베이 행정지 역(Bombay Presidency)인 신데(Sindh)에, 25명은 북서부 지방에, 23명은 펀자브(Panjab) 지역에, 8명은 인도 중심지역에, 3명은 버마 에서 사역하고 있습니다.161)

---

160) Ibid., pp. 202 - 209.

161) Bible Women in the East, *The 91st BFBS AR*, p. 232.

이 보고들을 통해 우리가 알 수 있는 것은 동아시아 지역의 많은 선교지에서 선교사들이 이미 인도, 중국 그리고 몇몇 나라들에서와 같이 좋은 출발을 바탕으로 많은 개종을 얻고 있는 바이블 우먼의 역할과 활동을 조직하고 있었다는 것이다. 특히 인도는 내방선교에서의 바이블 우먼들이 성서 판매 및 교육을 통한 복음화 사역이 활발하게 이루어지는 하나의 건전하고 발전적인 선교지로 지속적으로 나타난다. 1895년의 인도의 현황을 비교해 보면, 성서공회 지원의 결과로 나타난 다른 나라들의 바이블 우먼의 숫자와는 현저하게 달랐다. 32군데 선교 가운데 내방 성경 선교(the Zenana Bible Mission) 21명의 바이블 우먼에 의해 2,128권의 성서를 읽는 여성들의 숫자가 매주 상승하여 높았다. 이것은 선교회가 바이블 우먼의 사역에 긍정적이었고, 바이블 우먼의 사역이 주목할 만한 결과들을 얻은 것이라 하겠다.162) 이러한 결과로 인하여 성서공회는 이 제도를 확장시키길 원하여 1900년 9월 30일까지 중국, 한국, 일본에 바이블 우먼이 각 선교지에 중요하고 효율적인 선교요원으로 사역할 수 있도록 기획하였다.163)

중국에 바이블 우먼 제도를 적용하려는 노력들이 1899년 통계 자료에 잘 나타나 있다. 그 통계표는 다음과 같다.

---

162) 'Biblewomen's Reports, October, 1895 – September, 1896', Bible Women in the East, *The 93rd BFBS AR*, pp. 202 – 203.

163) Ibid., p. 205.

<표2>아시아 선교지역의 여성 성서 판매자 현황[164]

나 라	여성 성서판매자 수	성서를 매주 읽는 여성의 수	1897~1898년 성서를 읽을 수 있게 된 여성의 수	성 서		총	1898~1899년 동안의 가격
				판 매	수 여		
i. 인도, &e..	509	30,474	1, 617	13,682	4,768	18,450	£ s. d 3,210 17 9
ii. 중국, &e..	43	1,155	313*	2,305	28	2,333	189 13 5
총	552	31,629	1,930	15,987	4,796	20,783	3,400 11 2

이 리포트에서 "그들의(바이블 우먼) 사역은 또한 중국과 일본에서 성장하고 있다. 31,600명 이상의 여성들이 평균 한 주에 한 번정도는 성경을 읽었고 또한 2,000개의 복사본이 팔렸다."[165]라는 긍정적이고 희망적인 선교 보고가 나타나 있다. 성서공회는 이에 더욱 열정적으로 중국, 한국, 일본에 바이블 우먼 제도를 확장시키게 되었다.

---

164) Bible Women in the East, *the 95th BFBS AR*, pp. 211－212.
165) Ibid.

<표3> 1898년 9월 30일 연말 바이블 우먼 리포트 요약[166]

나라	고용된 바이블 우먼 숫자	매주 성경책을 읽는 여성들의 숫자	복사본들			팔린 복사본들				총배포량	판매구입	증가판매량	보충수량
			신구약성서	쪽복음	총계	성경	신약/구약성경	쪽복음	총계				
중국	28	974	8	20	28	3	87	1,747	1,873	1,865	£ s d 4 6 2	£ s d 90 12 2	£ s d 27 9 8
한국	10	104						390		390	137	32 12 7	12 4 0
일본	5	77				8	28	14		50		17 0 0	9 15 0
총계	43	1,155	8	20	28	11	115	2,151	2,277	2,305	140 9	49 8 8	189 13 5

이 리포트는 성서공회의 외국인 사역자들의 역사에 새로운 장을 여는 것으로서 세 나라에서 그 성경사역이 얼마나 급속히 발전하고 있었는가를 나타내고 있다. 사실상 중국선교가 영국 성서공회 소속의 12명의 바이블 우먼에 의해 지원을 받았음에도 불구하고, 한국과 일본은 바이블 우먼의 사역에 있어서 처녀지와 다름이 없었다. 이러한 성서공회의 노력은 12명의 바이블 우먼이 43명으로까지 증

---

166) Ibid., p. 216. The Society's Agents: in China, Rev. G. H. Bonfield; In Korea Mr. Kenmure; in Japan, Mr. Geo. Bratithwaite.

가하는 결과를 낳았다. 일본에서 5명, 중국에서 28명(12명은 만주에, 4명은 홍콩에, 1명은 포모사에 11명은 중국 전역에 위치함), 한국에서 10명(6명은 본부에, 4명은 서울 근교에 위치함).[167]

따라서 리포트는 보고하길 "동아시아지역에서 오는 보고들은 바이블 우먼이 하는 열정적이고 희생적인 사역을 증명하는 보고에 모두 일치하고 있다. 그들은 주님을 섬기는 봉사에 인생의 모든 기회를 포착하여 기꺼이 선택한다. 선교 상황으로 인해 항구, 가정, 수업, 병원 보건소, 감옥, 도시나 마을에서 잠시 머무는 동안 중국 바이블 우먼들은 하나님의 나라를 알리기 위해 애쓰고 있다. 그들의 길을 개척하고, 조망하며, 그리고 승리하는 것, 그리고 복음의 삶과 마찬가지로 그것을 선포하는 마음들을 이어가려는 것들, 고통당하나 결코 투덜거리지 않음, 완전한 자기희생……. 바이블 우먼이 그리스도의 진정한 사역을 하는 중이라는 것을 알게 해준다."[168]

D. 선교 연계(Mission links): 한국 성서 판매 사역에 있어서의 존 로스와 부인권서 사이의 연결점

1860년에서 1867년까지 중국 지역으로서 한국을 소개하는 보고서가 스코틀랜드 성서공회 연말보고서 (The Annual Report of the National Bible Society of Scotland)에 나타났다. 이와 같은 내용의

---

167) Ibid., pp. 216 – 217.
168) Ibid., p. 217.

자료가 18675년 스코틀랜드 성서공회 연말보고서169)에도 나타나는데 여기서 존 윌리엄슨(John Williamson)의 한국 기독교 상황과 그 당시 신앙상황들에 대한 보고에 따라서 한국이 개신교 선교를 위한 불모지가 될 동안, 중국은 커다란 부흥의 징후를 보인다고 언급하고 있다.170) 이전의 천주교 선교와 다른 선교단체들이 한국인들에게 비슷한 사역을 하였다는 것을 기반으로 하여 대부분의 한국인들은 기독교에 대해서 알았고 몇몇은 그들 자신의 의지로서 개종하였다. 보고들을 종합해 보면, 선교사들은 한국 기독교인들의 도움과 성경 번역 같은 좀 더 선교의 조직적이고 구체적인 전략을 필요로 했던 것 같다.

만주의 스코틀랜드 선교사인 존 로스는 북한지역과 가까운 중국 접경지역에서 만주지방에 온 한국인 난민들과 함께 일하기 시작했다. 그는 성경을 영어에서 한글로 번역했고 이때 한글은 언문을 사용하였다. 그리고 그는 종교서적 판매자들과 함께 복음화 사역에 그 사역의 중심을 맞추었다. 로스 성경은 그 당시 한국 지식인인 이수정이 번역한 한자 성경보다 더 큰 영향력을 발휘하였다.

그의 성경은 특히 내방에서 언문을 사용할 줄 아는 한국 여성에게 의미가 있었다. 어떤 이들은 말하기 안방의 언어라고 불리는 언문으로 번역한 로스 역 성경(신약성서)은 기독교가 직접적으로 잠겨 있는 한국의 여성들의 안방 문을 열게 하고 그들의 인맥을 복음전

---

169) "Foreign Operation – China", *The Annual Report of National Bible Society of Scotland,* (Edinburgh: National Bible Society of Scotland, 1865), pp. 35 – 37.

170) Ibid., p. 36.

도사역을 위해 사용할 수 있게끔 하였다. 이러한 점에서 우리는 로스의 번역과 그의 권서들에 대한 연결점들을 분석할 필요가 있다. 또한 독립적으로 선교사역을 잘 감당한 부인권서도 여기서 동일하게 선교사와의 연결점을 연구해 볼 필요가 있다.

a. 존 로스 역 성경과 한국

로스 역 성경은 일본, 만주, 만주내부지역이라는 세 가지 길로 한국에 유입되있다. 이 성경은 첫 번째로 누가복음과 요한복음이 1882년에 한글로 번역되어 출판되었다. 로스는 1882년 3월 24일에 이 사역에 대해 아딩톤(Arthington)에게 편지 한 통을 썼다.

> 존 로스의 복음서 가격을 50파운드에 당신이 보낸다면 저는 무척 좋아할 것입니다. 만일 당신이 더 요구한다면 성서 판매자들을 더 고용하는 데 있어서 10파운드나 12파운드 정도 더 들 것입니다. 해마다 6,000권의 복음서들이 우리의 해변에서 일본의 해변들로 넓게 퍼져 나가는 것을 통해 배포되고 설교 자료로 쓰일 것입니다. 한국인들이 나에게 말하는 것이 아무도 모르게 배포되는 성경책들을 통해, 그 판매로 인해 여행비용들이 충당될 것을 믿는다는 것이다.171)

로스 역 성경은 일본으로부터 한국으로 들어오는 길을 찾게 되었고 또한 한국에서 성경 판매를 시작할 수 있는 유입의 경로를 마련하게 되었다. 1882년 리포트에 따르면, 로스는 일본에서 사역하는

---

171) *Editorial Correspondence of the British Foreign Bible Society-Inward*, Vol. 17, P. v. 76f.

연합장로교(The United Presbyterian Church) 선교사이며 스코틀랜드 성서공회 요원인 토마스(A. Thomas) 목사에게 누가복음과 요한복음 복사본 1000권을 만주에서 보냈다.[172] 1884년에 한국을 방문한 첫 번째 백인 여성인 토마스 부인과 토마스 목사는 로스 역 성경들을 배포하기 시작하였다. 1885년에 누가복음과 요한복음의 복사본, 1,155권과 1886년에는 1,250권이 배포되었다. 그러나 1895년까지 성경 배포에 대한 보고들이 없었다는 사실을 사실들을 볼 때, 로스 역이 실상 한국에서 보편적으로 상용될 수 있었던 것은 아니였던것 같다.[173] 일본 경로를 통하여 로스 역 성경이 한국에 유입되어 상용화되는 것이 실패한 상황과 비슷한 시기에 사복음서와 사도행전의 또 다른 한국어 역 성경이 당시 일본에 거주하던 이수정에 의해 번역되고 영국 성서공회에 의해 1884년에 출판되었다.

로스 역 성경이 한국에 유입되는 또 다른 경로가 있었는데 그것은 만주를 통해 한국으로 유입되는 것이었다. 김충선(Kim Chung-son)의 경우가 전형적이다. 그는 1882년 봄에 식자공으로서 일하였다. 그리고 한국에 있는 집에 방문했을 때 이 로스 역 성경을 가지고 갔다. 이를 통해 간접적으로 성경이 유입되어 한국인들 손에 들어가서 읽히게 되었다.[174] 두 번째 경로는 좀 복잡하다. 1882년 10월 6일 영국 성서공회 자료에 따르면, 이응찬이라는 첫 번째 성경 판매상과 메

---

172) *ECI-BFBS*, Vol.17, p. 177. and *The BFBS AR* in 1888, p. 287.

173) *Quarterly Record of the National Bible Society of Scotland*, Oct. 1884, 'A visit to Corea'.

174) *The Christian Dawn in Korea*, p. 243 이하.

켄타이어(McIntyre)에 의해 고용된 홍천(Hong Chun)이라고 불리던 전도자 백의주에 대한 이야기가 나타나 있다.175) 이 두 남성들은 선생으로서, 번역자로서, 식자공으로서 존 로스를 위해 일하였다. 그들은 한국으로 돌아와 로스 역 성경들과 단행본들을 성경 판매상으로서 팔기 시작하였다. 로스와 함께 성경을 번역하고 한국어를 가르치면서 그들은 로스의 기독교적 사상과 기독교를 스스로가 문화적 종교적 배경을 바탕으로 이미 해석한 상태였다. 이러한 현지 기독교 사상을 소유한 사람들은 선교사역을 위해 강력한 메신저가 되었다.

1884년 6월, '성서공회월별보고서(Bible Society Monthly Reporter)'라는 잡지를 보면 성경 판매상 같은 한국 선교요원이 그 당시 로스와 함께 성경을 번역하는 것으로 기독교에 대한 이해를 가지면서 성서 판매와 개신교 선교에 어떻게 헌신하였는지가 나타나 있다.176) 당시는 서구세계에 의해 타락하는 종교로서 기독교를 바라보는 배타적 입장이 한국에 만연해 있을 때이다. 이런 때에 이응찬 같은, 로스와 함께 공동 작업으로 성서번역과 판매를 한 한국인들이 한국에 성경 유입을 가장 효과적으로 가능케 하였다. 이러한 유입 가운데 한국에서는 동시에 이수정 번역의 한자 성경이 평가되기 시작하였다.

> 저는 일본에서 만들어진 번역본을 많이 읽습니다. 복음서와 사도행전의 견본들이 저에게 보내지고 있습니다. 이것은 번역이긴 하나 항상 정확하게 표식들이 사용되지 않을지라도 구별 가능한 표식들

---

175) ECI‐BFBS, Vol. 17., p. 177 이하.

176) 'An Open Door in Corea', *Bible Society Monthly Reporter*, July 1884, London: the British and Foreign Bible Society, pp. 127‐128.

이 주어진 한문 역입니다. 저는 이 성경들이 성경본문으로서는 피
해를 주지 않을 수 있다고 보지 않습니다. 동시에 이 역본은 정확
하게 문제가 있습니다. 훌륭한 중국 학자에게는 이 성경들이 별 커
다랗게 문제없는 것일 테지만 한문을 모르는 19세기의 대중들에게
는 그들의 언어로 쓰이지 않은 성경은 어떤 면에 있어서도 그들에
게 읽기 불가능한 것입니다.[177]

존 로스는 자신의 한국어 역 성경과 비교하여 중국어 성경이 문제
점들을 가지고 있다는 것을 지적하였다. 첫 번째로, 한국인들에게 중
국어 역 성경은 한국어 사용만 가능한 한국인들에게 성경에 담겨 있
는 내용의 의미를 정확하게 이해시킨다는 것은 어렵다는 주장이다.
그 당시 '언문' 글자가 있었음에도 불구하고 한국에 있는 대부분의
도서들은 한문으로 쓰였다. 이러한 현상은 한국 상위계층의 남성들은
한문을 중심으로 하는 지식 및 교육방식을 가지고 있었고 그 외의
모든 계층과 성별은 언문을 중심으로 지식 습득의 방식을 취하고 있
었다는 것을 알게 하였다. 즉 한문은 공식적 문자이고 언문은 비공식
적이며 실용 문자였던 것이다. 그러기에 실상 많은 수의 한국인들은
언문을 사용하고 있었고, 이 점을 존 로스는 깨닫고 한국 선교에 있
어서 언문과 한국어 성경에 대한 중요성을 주장하였던 것이다.

한국인들에 대한 저의 관심은 점점 깊어만 갑니다. 즐겁지만 쓸데
없는 많은 시도들 후에 날이 가면 갈수록, 저는 그들의 언어의 단
서를 발견할 수 있었습니다. 저는 부분적으로나 전체적으로나 성경

---

177) *ECI – BFBS*, Vol. 20, 8th March 1885, p. 144 이하.

을 그 언어로 번역해야만 문제들을 해결할 수 있다는 것을 깨달았
습니다. 한국에 있는 모든 사람이 그들의 아름답고 간단한 알파벳
을 알고 있고 '심지어 모든 여성과 아이들도 읽을 수 있다'는 점을
발견하고 나서 더 굳은 확신이 생겼습니다.[178]

한문을 근거로 하는 소수의 한국의 지식인들에 대하여 한문 역
성경은 상위 사람들을 복음화하는 좋은 도구가 되었다는 보고서는
발견되지 않는다. 기독교를 일반 대중에게 대중화시키기 위해 로스
역 언문 성경은 기독교에 관심이 있거나 이미 기독교를 아는 한국
인 독자들을 위해 가장 적절한 성경 역본이었던 것이다.

그러나 몇몇 선교사들은 로스 역 성경은 북한지역 사투리를 근거
로 한 것이라면서 반대했다. 1887년에 '최종본 성서위원회(the
Permanent Executive Bible Committee)'가 로스 역을 제 삼자에게
주어 해석·수정하도록 결정[179]하였으나 1893년에 그 개정본은 1900
년에 새롭게 번역되어 출판되었고[180] 1911년에는 구약성서가 완벽
히 번역되고 나서 최종 한국어 성경역본(the Authorized Korean
Version Bible)이 발행되었다.[181]

---

178) Rev. J. Ross, 'Corean New Testament', *The Chinese Recorder and
    Missionary Journal*, Vol. Ⅹ, Ⅳ, Shanghai, November – December,
    1883, p. 491.
179) Choi Sung – il, *John Ross(1842 – 1915) and the Korean Protestant
    Church: the first Korean bible and its relation to the Protestant
    origins in Korea*, Ph.D. Thesis, University of Edinburgh, 1992, p. 156.
180) Rev. Reynolds, 'Bible Translation in Korea', *The Missionary*, October
    1898, pp. 499 – 500.

b. 여성의 흔적: 성서 판매상과 바이블 우먼의 주제에서 본
   존 로스와 미스 데비이슨(Miss Mary S. Davison)

위에서 언문과 성경에 관한 이야기들을 심도 깊게 다루었다. 그
렇다면 언문과 성경은 부인권서와 어떠한 관계성이 있는가가 이 섹
션에서 필자의 관심이다. 구체적으로 현지 여성들이나 여성 선교사
들이 존 로스의 성경번역 및 판매 사역을 지지하면서 연계하여 사
역했는지 여부에 대해 보도록 하겠다.

'스코틀랜드 연합자유교회의 여성 선교사 잡지(The Women's
Missionary magazine of the United Free Church of Scotland)'
1900년대 초 목던(Moukden)지역에서 한 여성 선교사가 현지 여성
들에게 선교훈련을 시키고 있다는 기사가 발견된다. 그 여성 선교사
는 데이비슨 선교사(Miss Mary S. Davison)로 1900년 이래 그녀의
보고는 정기적으로 이 잡지에 실리게 되었다. 목던 지역은 또한 존
로스 선교사의 선교 지역이었기도 하다. 그리하여 존 로스가 한국어
성서번역사업을 한국 남성들과 함께 하고 나서 복음전도를 위해 한
국과 중국 국경지역을 여행할 때, 그는 그의 아내가 죽었기 때문에
여성 사업을 해줄 수 있는 그 누군가가 필요했다. 왜 우리는 선교
에 있어서 존 로스와 여성 사이의 연관이 이러한 로스의 개인적인
상황에 있어 추측되어 나와야 하냐면 당시 선교 상황이 대부분 선
교사 부인들이 주로 현지 여성에 대한 선교를 맡았기 때문이고, 또
한 남편인 선교사들이 전도여행을 가거나 외부 선교 사업을 하면

---

181) 'Fifty years of Bible Translation and Revision', *KMF*, 1935, pp. 116–118.

부인들이 내부적인 운영이나 성경학교들을 운영하였기 때문이다. 성경번역 사업과 복음전도여행을 주로 한 로스는 현지 여성 특히 한국 여성과 함께 일할 수 없는 상황이었다. 여기서 우리는 질문을 던질 수 있다. 로스가 한국 성서 판매 사역에 바이블 우먼의 열정에 관심을 가지면서 개입했는가? 만약에 그렇다면 데비이슨 선교사와 그는 함께 어떤 사역을 했을까?

데비이슨 선교사는 병원과 특히 목던에서 바이블 우먼을 훈련시키는 학교에 종사하였다. 그녀는 1901년 9월 23일 호너 박사(Dr. Mary C. Horner)와 함께 중국에 도착하였다.[182] 그녀의 사역은 주로 중국 소녀들과 부인들을 가르치는 일이었다.[183] 이 사역은 급속히 발전하고 여학교와 바이블 우먼 훈련학교의 건립 같은 많은 열매를 얻을 수 있었다.[184] 그녀의 사역과 바이블 우먼의 활동을 통해서[185] 그녀는 3년 안에 10명의 여성의 세례를 준비할 수 있게 되었다.[186] 그녀는 다음의 사역에 대한 행복한 감정을 다음과 같이 표현했다.

> 몇몇의 여성들과 함께 우리는 바이블 우먼으로서 그 여성들을 실험적으로 내보내 보았고 그 첫 번째 계획을 그들은 너무나도 잘 해내었다. 그들의 목회사역은 매우 풍성하다는 것이 증명되었다. 이

---

182) *The Women's Missionary magazine of the United Free Church of Scotland*(After WMM), Vol.1 No.10 October 1901., p. 242. And No.60 December 1905 p. 279.

183) *WMM*, Vol. 2. No. 15. March 1902., p. 51.

184) *WMM*, Vol. 2. No. 17 May 1902, pp. 109 - 111.

185) Ibid., p. 108.

186) *WMM*, Vol. 3. No. 35 November 1903, p. 254.

에 전혀 의심이 있을 수 없다. 이 여성들은 사람들에게 그들 스스로가 하는 사역을 통해 얼마나 많은 가정의 여성들에게 접근성을 가지고 복음을 전할 수 있는지 보여준 것이다. 그들은 평범한 사람들이 말하는 것을 알고, 심지어 무엇이 더 중요한가를 안다. 그들은 중국의 삶과 사회적 문화적 교류의 예법에 대하여서도 안다. 그들은 길거리에서, 마을과 마을 사이에서 어떠한 문제를 발생시키지도 않으면서 나다닐 수 있다.187)

데비이슨 선교사의 주요 사역은 바이블 우먼을 교육하고 훈련시키는 것이었다. 1913년까지 자료에 따르면 그녀는 성공적으로 성서 판매사역자로서 바이블 우먼을 훈련시키었다고 나타나 있으며 1910년 자료는 또한 로스와 데이비슨이 만주에 있는 같은 선교회에서 성탄절 선교사업을 했다는 기록을 보이고 있다. 분명치는 않지만 데이비슨의 중국 바이블 우먼 훈련과 존 로스와의 간접적 지원이라는 사역 관계에 많은 가능성을 내포하고 있는 역사적 자료를 바탕으로 필자는 존 로스와 부인권서의 관계가 언문 성경에 관련하여 직접적인 관계가 있지 않을까라는 추측을 갖게 된다.

c. 로스, 부인권서 그리고 선교결과

존 로스가 한국 복음화를 고려할 때, 로스는 단지 언문을 사용할 줄도 알고 동시에 한문도 상용할 줄 아는 한인상인들만을 생각한 것이 아니었다. 그러므로 성서 판매와 상용에 있어서 로스와 한국

---

187) *WMM*, Vol. 1. No. 5 1901 p. 10.

여성 사이에는 직접적 연관이 있었다고 말하는 것은 좀 어렵다. 또한 그의 평양방언으로 번역한 그의 언문 성경은 성서 판매상과 전도부인을 대상으로 하는 훈련에 있어서 그의 공헌은 부정적으로 보일 수 있다. 미국 선교사회에서 한국 선교지에 대한 다른 선교회와의 경쟁이라는 상황 속에서 스코틀랜드 선교사인 그는 한국 선교에 있어 주도권을 잡는 데 실패한 것을 인정하기도 하였다. 중국 바이블 우먼 훈련 분야에서 활발한 활동을 한 데이비슨 선교사의 사역에도 불구하고 존 로스에게 성서번역 사업과 북한지역에서 온 남성 성서 판매자들과의 협력 사업이 있었음에도 불구하고 그는 한국 선교에 있어서 바이블 우먼과의 연대 사업은 하지 않았다.

그럼에도 불구하고, 우리는 그의 사역에 있어서 부인권서와 연관되는 몇 가지 긍정적인 열매들을 생각하지 않을 수 없다. 첫째로 언문은 한국 선교에 있어서 가장 효과적인 수단으로 생각되었다는 점이다. 이것은 서구 남성 선교사들이 한국인들이 일반적으로 여성에게 의해서나 쓰이는 천한 글자라고 여겼던 글자를 고려하게 되었다. 둘째로, 언문 성경을 통하여 많은 한국 여성들이 부인권서의 도움으로 한글을 깨우칠 수 있는 기회를 얻었다. 그 당시 많은 여성들은 1900년에 나온 신약성서 완역본 이전에 종교적인 포교를 경험하였고 이 경험 속에서 그들의 문맹은 기독교 종교생활을 하기 힘든 장애물이었다. 그러므로 1900년 이전에 복음 활동을 한 부인권서들은 완역본을 사용할 수 없었으므로, 한국 내 널리 퍼져 있는 로스 역 성경을 사용할 수밖에 없었고, 1900년에 들어가면서 여러 가지 부흥운동, 교회 설립 및 성장의 기독교 신앙 기초가 되는 자료를 존 로스가 제공한 것이다. 셋째로, 언문 성경을 배포하기 위해 부인권서를 위한 훈련과정이나 학교를 점차적으로 설립하였다. 이러한 점에서 로스 역 성경은 부인권서의 선교에 큰 공헌을 한 것이다.

3) 드러나지 않은 관계: 언문 성경과 부인권서

개신교 선교과정에서 성경 읽기는 중요한 부분이다. 그러므로 언문습득은 한국 여성의 문맹이라는 복음의 장애물을 제거하는 데 아주 유용한 전략이었다. 이러한 배경에서 언문 성경의 주요한 요소 사이에 분명한 연결점들이 있었는데 한국 여성들이 주로 쓰는 언어이고, 부인권서들이 여성들을 훌륭히 훈련시켜 성경을 스스로 읽게 해주어 신앙을 갖게 하는 중요한 선교도구였던 것이다. 이러한 점에서 우리는 부인권서가 어떻게 언문을 선교수단으로 하여 성경 판매 사업 및 복음화 선교를 하였는지 보도록 하겠다.

A. 부인권서의 첫 번째 사역: 문맹 여성에게 언문을 가르치기

1911년 휴그 밀러(Hugh Miller)의 리포트를 보면, 그는 부인권서가 이루어낸 뛰어난 업적들을 앞으로의 부인권서들에 대한 업적에 대한 기대감을 함께 표현하며 기록하였다. 그 내용은 다음과 같다.

첫 번째로, 여성 선교사들은 보통 부인권서들을 고용한다. 부인권서들에 대한 훈련과 지원을 함께하면서 부인권서가 일반 여성들을 만나고 또한 몇몇의 상위계급 여성만을 제외하고 격리되어 있는 상

태나 다름없는 여성들의 집'을 방문하게 하였다.[188] 이것은 단지 한
국 선교에 있어서 중요하고도 효과적인 사역이었다. 심지어 여성 선
교사들도 안방에 들어가지 못하는 경우가 있었다. 왜냐하면 문화적
또는 종교적 배타주의가 그 당시 한국 일반에 널리 퍼져 있었기 때
문이다.[189] 부인권서들은 서구 선교사들이 보기에 기독교 소개와
복음화 전도를 위해 전혀 접근할 수 없는 공간들을 들어갈 수 있었
다. 이는 그들이 복음화를 방해하는 중요 장애물들을 극복할 수 있
었다는 의미이다. 그럼에도 불구하고 우리는 한국 여성들의 네트워
크가 한국 역사 속에서 존재한다는 점을 깨달아야 한다. 다시 말하
자면 한국 여성들의 사회는 사실상 닫혀 있는 것이 아니라 한국의
남성 중심 사회에 의해 전적으로 제한받고 있었던 것뿐이었다. 한국
남성들에게나 서구인들에게나 이런 여성들이 은둔하는 것처럼 보일
있었다. 그러나 내방(안방)에 있는 여성들에게는 이 공간은 항상 열
려 있고 서로의 정보를 나눌 수 있도록 허락된 공간이었다. 그러므
로 우리는 안방의 지역적 네트워크를 이용한 부인권서의 복음전도
가 효과적일 수밖에 없었다는 사실을 추론할 수 있을 것이다.

　그렇다면 서구 선교사들의 선교기대를 바탕으로 안방의 여성들을
위해 일했던 부인권서들의 사역은 구체적으로 무엇이었을까?

---

188) Mr. Hugh Miller, 'Scripture Distribution', *KMF*, Vol. Ⅶ. October.
　　N0.10,

189) *The Church at Home and Abroad*, August 1898, pp. 116 - 117.

그녀들의 사역은 여성들에게 성경본문들을 읽어주는 것, 그들로 하여
금 그 성경본문들을 암송하거나 마음에 품도록 격려하는 것, 어떤 여
성이 스스로 글을 읽지 못한다면 성경을 읽을 수 있도록 글을 가르쳐
주는 것이다. 이를 위하여 부인권서 하나가 마을의 여성들을 조직하여
한 개의 반을 만들어 그들에게 기쁘게 성경을 가르치고 있다.190)

이 리포트에 따르면 그 주요 활동은 '비기독교 여성들에게 성경을
읽어주는 것'이다. 기독교의 한국 초기 유입은 학문으로서 '서학(西學)'
이었다. 이는 성경이 종교성과 학문성을 한국에서 가지는 탁월성이라
고 말할 수 있다. 그러므로 한국인들에게는 식자들의 전유물이라고 생
각했던 서학의 텍스트가 성경이라고 생각했을 것이며, 이에 성경을 읽
는다는 것은 바로 식자들이 읽었던 새로운 세상의 지식을 읽고 경험한
다는 생각을 가지게 되었을 것이다. 그렇다면 부인권서는 그들에게 무
엇을 읽어주었는가? 부인권서는 성경의 인용구들, 본문들, 그리고 성
경에 대한 모음집들을 문맹인 여성들에게 읽어주었다. 따라서 몇몇의
통계보고들은 비유들, 기적들, 여성들의 관심사들을 통하여 예수의 생
애와 공헌들을 매우 잘 묘사하고 있는 성경들, 쪽복음서들과 함께 각
복음서들과 함께 파는 것에 대해 제안하고 있다.191) 그러한 접근들은
무속과 민속불교의 이야기들에 익숙한 한국 여성들을 예수 이야기에
빠져들게 하고 기독교에 대해 흥미를 갖게 하였다. 이는 전도부인의
초기 활동이 무엇이었고 그 밑바탕과 시작이 무엇이었나를 말할 수 있

---

190) Ibid., p. 282.

191) 'Biblewomen at Fusan', *The 94th the BFBS AR*, 1898, p. 270.

는 데 중요한 부분이다. 이것은 후에 더 상세히 다루어보도록 하겠다.
그리고 이러한 부인권서의 '성경 읽어주기'식의 사역은 한국 여성의
구술전통(oral tradition)과도 상통하여 한국 여성에게 기독교를 전파하
고 소개하는 데 있어 전혀 무리가 없었다.192) 전통적으로 모친이나 나
이 많으신 여성들은 많은 이야기들을 안방에서 소녀들이나 젊은 여성
들에게 이야기해 주었다. 부인권서는 선교의 좋은 방법을 선교사회에
보이면서 이러한 전통을 따랐다. 이러한 스타일은 한문도 모르고 언문
도 모르는 여성들을 가르치는 데 아주 효과적이었다.

  한국 여성의 문맹탈출을 위해 부인권서의 사역은 무엇이었는가?
  (호주 장로교 선교회 출신인) 미스 무어(Miss Moore)는 그녀의 학
  생들에게 글 읽는 법을 가르치는 부인권서 중 한 명의 이야기를 서
  술하였다. '은실은 인내심이 깊게 같은 실수를 반복하고 또 반복하
  여 고쳐주었다. 학생들의 얼굴은 마치 땀으로 목욕을 하는 것같이
  흐르는 동안 그녀의 앞머리에 핏줄에 설 정도로 학생들의 문자들을
  쓴 종이를 일일이 살펴보며 수정하였다. 그런 다음 그녀는 몸을 쭉
  펴며 말하기를 "오! 나의 죽음의 날에 나는 배우지 못할 것이다."
  그러면서 또 이어서 말하기를 "오, 너도 그리할 것이다. 다시 한번
  시도해 보아라. 만일 이 아무개(은실을 뜻함)가 배울 수 있다면 그
  리고 그 아무개가 너무 늙었다면 당연히 너희도 할 수 있다." 우리
  가 방문한 한 집에 은실의 이야기에 귀 기울이고 앉아 있는 한 가
  난한 여성이 이에 다음과 같이 말하였다. "네! 그러나 당신은 우리
  가 가지고 있지 않은 한 줄기 빛을 가지고 있습니다." 그녀(은실)의
  눈은 수심이 가득한 얼굴들을 쭉 한번 훑어보았다. "은실은 대답하

---

192) *The Church at Home and Abroad*, August 1898, p. 283.

였다. 나는 예수를 믿는 사람이다. 물론 나의 얼굴은 다르다. 성령
이 나와 함께 사시기에 나의 얼굴은 빛이 나는 것이다." 한숨과 함
께 그 가난한 여인은 말했다. "저는 배우고 싶습니다."193)

이는 부인권서가 왜 언문을 가르쳤는지의 이유를 보여준다. 그 목
적은 아주 간단하다. 문맹인 여성이 성경을 읽고 나서 복음화되는
것이다. 1910년 영국 성서공회 리포트에 따르면 1909년 영국 성서공
회는 "평균 19명의 부인권서들을 고용하였다. 이들은 5,900명의 여
성에게 성경을 읽어주었고, 127명에게 성서를 스스로 읽을 수 있도
록 가르쳤다. 또한 여기에 4,280개의 성경 복사본을 판매하였다."194)
선교사들이나 부인권서들은 성서를 읽는 것 없이 한국 여성들이 깊
은 기독교 신앙에 들어갈 수 없다고 생각하였고 또한 성경은 기독교
의 가장 중요한 경전이어서 선교에 있어서 가장 중요한 요소라고 생
각하였다. 이러한 점에서 부인권서들을 훈련하는 코스를 통해, 성경
을 읽고 언문을 가르치는 목적으로 글을 아는 여성들인 부인권서들
에게 언문은 중요한 부분이었다. 이러한 점에서 우리는 부인권서가
조선 말과 일제시기에 한국 여성의 문맹탈출에 절대적으로 공헌하였

---

193) 'Korea', *The 101st BFBS AR*, 1905, p. 356.

194) 'Korea – Biblewomen', *The 106th BFBS AR*, 1910, p. 353. 같은 장
에 로브(Miss Robb) 선교사의 부인권서에 대한 평가가 실려 있다.
"나는 바라기를, 내가 칭찬받을 만한 나의 부인권서들의 사역을 재미
있게 쓰기를 바랍니다. 그들은 지난해 동안 설교하고 가르칠 기회는
매우 많았습니다. 이제는 또한 사람들이 전보다 더 귀 기울여 듣습
니다. 여러 많은 장소에서 과거에는 전혀 기독교에 대해 몰랐던 사
람들이 기독교인이 되어 신도집단을 이루고 있습니다."

다는 것을 알 수 있다.

이러한 관점은 한 무명의 부인권서의 이야기를 통해 더 자세히 알 수 있을 것이다.

> 김 부인은 가을 초에 특별 복음 집회 기간에 우리가 첫 번째로 주목한 사람입니다. 65세인 그녀는 보통 한국 여자와는 달리 큰 몸집과 검은 피부를 가지고 있었습니다. (중략) 그녀는 부드럽고 여성스러운 것과는 먼 행동을 하였습니다. 그러나 그녀의 눈은 열정으로 빛났습니다. 그녀가 이야기하길, "저는 그저 교회에 다니는 사람일 뿐입니다. 저는 우리 마을에 예수의 교리를 믿는 사람일 뿐입니다. 그래서 저는 모든 이 새로운 것을 배우자고 말하고 싶은 사람입니다. 저는 아직 세례를 받지 않았지만 나는 배워야만 한다고 생각합니다." 이후에, 우리는 김 부인이 나중에 교회에 성실히 다니는 것을 보았습니다. 뿐만아니라, 그녀는 성경책 하나와 찬송가 하나를 자신의 며느리를 위하여 샀습니다. 그리고 간단히 그녀에게 읽는 법을 배우도록 강력히 지도하였습니다.[195]

김 부인은 부인권서의 전형적인 예이다. 그녀는 사회적으로 소극적이나 종교적으로는 적극적인 태도를 가진 평범한 한국의 나이 든 여성이었다. 기독교와 접하게 되면서 그녀는 가족들과 이웃에게 전하는 새로운 교리와 배움을 받아들여 성경을 읽기 시작하였다; "나는 우리의 마을에 예수의 교리를 믿는 사람일 뿐이다. 그래서 나는

---

195) 'Some Shunammites in Korea', *Women's Work for Women*(이후로 WWFW), Vol. XXVII, February 1912, p. 39.

모든 이 새로운 것을 배우고자 말하고 싶은 사람이다. 나는 아직 세례를 받지 않았지만 나는 배워야만 한다고 생각한다." 결국 김 부인은 그녀의 교회를 세우고 복음화 사역을 활발히 계속해 나갔다. 전형적인 부인권서인 그녀는 중요한 지역이지만 접근하기 어려운 지역에 뛰어들었다. 또한 기존의 한국 문화의 구조를 통해 선교 안에 여성의 공간과 영역을 창출하였다.

B. 성서 판매의 여자영웅: 영국 성서공회의 한국 선교 부분에서 나타난 부인권서의 업적(1892~1926)

'이 여성들 없이 우리가 무엇을 할 수 있을까?'는 한국의 부인권서
들의 사역평가에 대한 반응들과 표현들이다. 작년에 우리는 8,884
권을 판매한 33명의 여성들을 지원했었다.[196]

이는 부인권서의 사역에 대한 리포트의 첫 번째 문장이다. 영국 성서공회에서 부인권서의 성경 배포에 대한 공헌은 다른 선교지 즉 일본, 인도 같은 지역 등지의 바이블 우먼들의 사역과 마찬가지로 무시할 수 없는 것이었다. 그럼에도 불구하고 영국 성서공회는 비교적 짧은 기간에 이루어진 부인권서의 놀랄 만한 업적에 대해 놀라고 있었다. 이러한 점에서 영국 성서공회와 부인권서 사이의 관계는 선교과정과 그 결과에 있어서 매우 주목할 만하다.

당시 그 교회들이 배포한 성경은 한문성경이었다. 320개의 신약성

---

196) 'Korea - Biblewomen', *The 109th BFBS AR*, 1913, pp. 361 - 362.

서와 3,560개의 쪽복음들.[197] 그러나 여성들과 낮은 계층의 사람들이 한문성경을 읽을 수가 없었기 때문에 한국어 번역에 관하여 여러 가지 문제를 가지고 있었다. 그 리포트는 이 문제를 한국어 성서번역에 대한 관심을 보이면서 지적하였다. "저는 한국에서 거의 모든 여성이 그 한글 성경을 읽을 수 있다는 것과 대부분의 어머니들이 같은 애국적 열정을 가지고 아이들을 가르친다는 것에 대해 선교사들이 한국에서 거주하면서 알아야 한다고 말하곤 합니다."[198]

선교사업에 있어서 현지 여성의 역할을 심각하게 고려한 영국 성서공회는 선교회를 통하여 부인권서를 고용하기 시작하였고, 이후, 빅토리아 장로교 선교회(the Victoria Presbyterian Mission Society) 같은 서구 국가 출신의 교단들도 점차 부인권서를 고용하기 시작하였다. 1896년 92번째 리포트에서 부인권서에 대한 소식이 첫 번째로 나타났다. 영국 성서공회의 첫 번째 부인권서는 한국에서 가장 큰 항구도시인 부산에서 사역하는 신앙심 깊은 한 여성이었다.

그 부인권서는 이따금 상당히 거리가 떨어진 섬들을 부산 및 그 부근 지역에 그녀의 노력과 역량이 지배적임에도 불구하고 여행하였습니다. 그녀는 당시에 상당한 괴롭힘을 당하였음에도 불구하고 두려워하지 않고 굉장한 성실과 열정을 보였습니다. 단지 그녀가 성경책들을 파는 것뿐만 아니라 기회가 주어질 때마다 가가호호 방문하여 성경을 읽어 줄 수 있는 같은 성의 사람들에게 복음의 이야기를 들려

---

197) 'Korea', *The 88th BFBS AR*, 1892, p. 249.
198) Ibid., p. 250.

주었습니다. 12월 31일 통계로 그녀는 67권의 쪽복음을 판매하였습니다. (중략) 부인권서들은 초기에 한문으로 된 성경보다는 언문으로 된 성경책들을 판매하기에 용이해 보였습니다. 12월 31일까지 전체 판매량은 쪽복음을 300권을 판 것으로 나타나 있습니다. 또한 100권의 한문성경도 판매되었고 언문 성경의 나머지는 다른 선교회에 지원되었습니다. 저는 부인권서들이 그 일에 속히 익숙하여져서 더 많은 판매를 위해 효과를 올릴 수 있는 능력을 갖기를 바랍니다.[199]

무명의 부인권서의 사업영역은 참으로 넓었다. 부인권서는 단지 자신이 사는 가까운 지역뿐 아니라 먼 지역도 그녀의 선교지역으로 삼았다. 만일 그녀가 문맹인 한 사람을 만났다면 그녀는 성경이야기를 통하여 또는 직접적으로 성경의 유명한 장들을 직접 읽어서 위에 나타난 바와 같이 기독교를 설명했을 것이다. 부인권서의 분별력 있는 선교전략이 영국 성서공회와 함께 일하는 선교사들에게 감명을 주었다. 이러한 진술에 따라 우리는 또 다른 점, 부인권서가 언문 성경을 사용하기 시작함으로써 활발히 활동하였다는 것이다. 부산에서 부인권서들이 사용했던 성경은 어떤 성경일까? 1895년 성서공회 실행부는 92번째 연말 리포트를 통하여 한국의 복음서들과 사도행전의 새로운 역본 1,500부가 배포되었다고 보고하고 있다.

언문 성경이 필요한 곳에서 행하여지는 많은 성공적인 사례들을 통해, 영국 성서공회의 번역담당 회의는 1898년에 배포문제를 해결하였다. 그들은 각자 복음서와 사도행전의 최종 번역을 나누어 완성

---

199) 'Korea – with the colporteurs', *The 92nd BFBS AR*, 1896, p. 244.

해 내었다. 그리고 나서 인쇄 및 출판 담당부서가 전체 신약성서를
거의 전부를 인쇄하기 시작하였다.[200] 그 당시 갈라디아서, 베드로
서, 야고보서는 언문으로 번역되어 6,800부씩 인쇄 출판되었다.

<표4>부인권서에 의한 영국 성서공회 성경 판매 및 배포현황[201]

년 도	성 경	신/구약성서	쪽복음	총 계
1896			258	258
1898			512	512
1899	–	–	509	509
1900	–	–	918	918
1902	–	–	1,933	1,933
1903			3,998	3,998
1904			5,253	5,253
1905	6	1	5,246	5,426
1909	–	619	3,661	4,280
1913	237	591	8,056	8,884
1925	9	105	16,308	16,422

이 인쇄된 출판 성경들을 가지고 부인권서들은 한국 전 지역을
돌아다니며 성경을 판매하고 복음을 전하였다. 1896년에서 1926년
까지의 리포트를 통한 부인권서의 성서 판매 및 배포 상황을 보면

---

200) 영국 성서공회의 개정역은 단지 2/5 부분을 영국 성서공회가 3/5는
미국 성서공회와 스코틀랜드 성서공회가 번역하여 완성된 것이다.
'Korea‐Translation and Printing', *The 94th BFBS AR*, 1898, p. 265.

201) 이 현황은 1896년에서 1926년까지의 영국 성서공회 리포트 중에서
한국 부인권서에 대한 수치보고들을 정리한 것이다.

앞의 도표와 같다.

이 도표는 너무나도 자명하게 영국 성서공회의 성서 판매 및 배포에 있어 부인권서의 영향들을 나타내주고 있다. 로스 역 성경은 1897년 이전의 부인권서의 사역에 사용되었고, 심지어 최종본이 나온 후에도 일부 사용되었다. 이러한 현상에 대한 주된 이유는 부인권서에 의한 성서 판매의 급속한 증가수치가 보여주는 바와 같이 좀 더 효과적인 성서 판매가 가능했기 때문이다. 1897년부터 1904년까지 부인권서에 의해 판매되었던 쪽복음의 수치는 매년 두 배로 증가하는 경향을 보였다. 258→512→918→1,933→ 3,998→5,253. 이러한 급속한 성장은 선교사들과 심지어 한국 기독교인들에게도 매우 놀라운 것이었다. 부인권서들의 성실하고도 열정적인 사역으로 인해 신약성서와 다른 책들은 점차 낮은 계층과 여성들에게 판매되었다. 1909년에 그 수치가 낮아지는 것을 보이는데, 아마도 이것은 정치적인 불안정과 전쟁의 여파 때문인 것 같다. 1913년 이 수치들은 다시 급속도로 증가하는데, 8,884권으로 총 성경 및 쪽복음들이 판매된 것으로 보고되고 있다. 이는 1909년 수치와 비교할 때 두 배 정도 증가한 것으로 부인권서들의 노력과 헌신을 이 수치를 통해 우리는 알 수 있을 것이다.

부인권서의 역할은 점차적으로 성서 판매뿐 아니라 한국의 복음화로 그 영역이 넓혀지고 있었다. 이것은 전도부인이 한국 교회와 학교 그리고 병원들의 사역에 좀 더 연관되어 일할 수 있었던 이유가 바로 부인권서가 기초적으로 복음사역에 있어서 많은 공헌과 업적이 있었기 때문이라는 것을 보여준다. 이러한 과정은 다음에 좀 더 자세히 다룰 것이다. 또한 우리는 '상업적 판매(commission – based sales)'가 주로 마을에 가게를 열고 성서를 팔았던 남성 성서 판매자들에 의해 운영되었다는 것도 수치를 통해 알 수 있을 것이다.[202)

4) 없어서는 안되는 존재: 부인권서의 선교사역의 방식

여성 선교사는 한국 여성의 직접적 복음화에 있어서 많은 실제적인 문세들을 가지고 있었다. 언어적 문제뿐 아니라 문화이해에 대한 부족이라는 문제도 있었다. 이러한 상황에서 선교사들은 현지선교요원의 도움과 지원을 절실하게 필요로 했다. 그럼에도 불구하고 부인권서가 되는 기준은 까다로웠다.

A. 부인권서, 한국 선교지의 피할 수 없는 요구

1890년대부터 1938년까지 선교사들의 문서나 보고서들에 많은 부인권서들의 명단이 나타나 있다. 그들은 보통 한국 선교를 위한 서구 선교단체에 의해 고용되었다. 다음 도표는 그 좋은 예가 될 것이다. 이것은 한국의 효과적인 선교를 위해 많은 부인권서들 중 37명의 명단과 소속, 사역들을 정리해 놓은 것이다. 사실상 명단 외에도 많은 부인권서들이 알려져 있지 않다.

---

202) 이만열, '권서에 대한 연구', [한국 기독교와 민족의식], p. 118.

<표5> 한국 개신교 선교에서의 부인권서 명단, 1914~1938 [203]

성 명	사역기간	소 속	활동내역
고수은	1917~1938	북장로교	
권덕은	1914	캐나다장로교	
김로데	1917	캐나다장로교	
김리디아		캐나다장로교	
김마리아	1917~1938	장로교	1938년에 전북 남원의 전도부인이 됨
김미리암		장로교	
김세선	1917~1938	장로교	
김신경	1922	장로교	1923년 제주도 고산리 교회 여성 전도사
김안나	1917~1938	캐나다장로교	
김애선	1917~1938	빅토리아장로교(호주)	
김한나	1917~1938	캐나다장로교	
김해관	1917~1938	감리교	
박광주	1917~1938	캐나다장로교	
박두레	1917~1938	감리교	
박춘신	1917~1938	장로교	
신마리아	1917~1938	장로교	1923년 중국과 한국의 접경 지역에서 활동
신율리아	1917~1938	장로교	
손경신	1917~1938	장로교	
안홀다	1917~1938	장로교	
오경신	1917~1938	장로교	

성 명	사역기간	소 속	활동내역
오실비아	1917~1938	장로교	
원다비다	1917~1938	장로교	1916년 63세의 나이로 267 마일을 걸어 40권의 복음과 5개의 신약성서, 1권의 구약성서를 판매함 1918년 3000명 앞에서 설교를 하고 1,750권의 성경을 판매함
윤마르다	1917	장로교	
여부가	1917~1938	장로교	
이녹원		장로교	
이드릴라	1917~1921	장로교	
이미리암	1918	장로교	1930년 6월 13일 함북 장로교의 여성 전도사로서 임명됨.
이수잔나	1921~1927	감리교	
이춘심	1917	남장로교	1930년 3월 19일에서 20일까지 전남 강진군 병영교회에서 바이블 우먼 훈련반을 열고 운영함.
이희정	1917~1918	북장로교	
임마리아	1917~1918	캐나다장로교	
정기반	1915~1935	장로교	
정혁신	1918	장로교	
최에바	1917~1938	장로교	
한미리암	1917~1938	캐나다장로교	
한선경	1926		
허회	1917~1931	장로교	

203) 이 도표 통계는 [한국 기독교전도부인자료집], [기독신보], [영국 성서 공회의 한국 선교에 대한 보고서들, 1914~1938] 등의 자료들을 통해 정리한 것이다.

부인권서는 그 당시 신종교인 기독교를 열정적으로 전파하였다. 이것은 부인권서들에게 전과는 다른 매력적인 것이었다. 그들은 성경에 있는 놀랍고 재미있는 이야기들을 언문으로 쓰여 있는 성경책을 통해 읽고 또 많은 사람들이 이것을 들었다. 또한 기독교를 통해서, 서구인들의 문화를 접할 수 있었다. 예를 들면, 1901년 선교자료에 보면, 한 나이 든 한국 부인이 베스트(Miss Best) 선교사에게 그녀의 외모며, 옷차림이며, 성경책들을 보고, 어떻게 이런 생활을 할 수 있느냐고 관심을 보이자, 이 부인이 "어디서 여성이 집을 떠나 우리와 같은 사람들에게 와서 이렇게 좋은 일들을 할 수 있을까? 아이들을 먼저 가르치기 전에 우리가 (기독교를) 배워야 한다."[204]고 말한 일화를 통해서도 그들은 점점 기독교에 빠져들기 시작하였다는 것을 우리는 알 수 있다. 이러한 점에서 사람들이 새로운 종교인 기독교의 교리를 충분히 이해하지 못할 수도 있는 상태와 종교적인 박해의 위험 속에서도 많은 계층의 한국 여성들이 모험적이면서도 아주 용감하게 기독교에 심취하였다. 또한 아주 놀라울 정도의 용기를 가지고 부인권서로 훈련받고 뽑히게 되었다.

그렇다면 왜 그들은 부인권서가 되기로 결심하였을까? 또 당시 부인권서는 선교 상황이나 한국 교회 상황에서 어떤 위치였을까? 어떻게 그들은 일했을까? 그들이 사역했을 당시, 무엇이 언문을 사용하는 이 부인권서들의 성서 판매의 목적은 무엇이었을까? 부인권서들이 실제 선교 상황에서 한국인들이 가진 종교적 관점과 독창성

---

204) Eliza M. Nowell, *WWFW*, Vol. 16, 1901, p. 303.

을 이용하여 복음의 열정을 어떻게 불태웠을까?

부인권서들의 명단들과 선교 자료에 나타나는 무명의 부인권서들에서도 보았듯이, 우리는 그들의 삶과 활동들을 연구하면서 역사 안에서 다시 한번 그들의 목소리들을 듣게 될 것이다.

a. 새로운 선택: 부인권서들의 직업선택 동기

대부분의 부인권서들은 결혼하고, 아이들을 기르고, 시부모를 봉양하고 남편을 보조하는 여성들이었다. 이러한 평범한 삶 가운데 많은 구별되는 기준들이 있었다. 예를 들면 계급, 경제적 상황, 가족역사 등이 있다. 또한 동기라는 주요한 요소가 있었다. 그 이유들은 다음과 같다. 남편의 첩살림이나 시부모의 시집살이, 경제적 가난 등 개인적, 부부의, 그리고 친인척 문제들이었다.

개인적 신앙과 증거들을 함께 시작하자!
신판석, 하나님과 예수 그리스도의 은혜를 통하여 다시 태어난 그는 이 이야기를 한 미국 목사에게 말하기를 원하였습니다. (중략) 제가 12살 된 이후로, 무당으로 살아왔습니다. 그리고 나는 내 스스로 악마숭배를 해왔을 뿐만 아니라 많은 사람들을 속이고 또 그들이 이 악령들을 섬기도록 가르쳤습니다. 더욱이 무당으로서 나의 신체를 던져, 간통하고, 탐욕하고, 모든 악한 종류의 짓은 다 했습니다. 저는 52살 될 때까지 이런 짓을 해왔습니다. (중략) 저는 구원을 받아들이게 되면서 많은 사람들이 귀머거리며 어둠 속에 있다는 사실이 저를 한숨 짓게 하고 슬프게 한다는 것을 알게 되었습니다. 저는 말하기를 "걱정하지 마세요. 왜냐하면 인생은 참으로

짧습니다. 그러나 하나님을 거스르는 당신의 죄의 처벌에 대해 걱정하십시오. 서둘러 깨어 회개하세요!"[205)

1897년에 신씨 성을 가진 부인에 의해 쓰여진 글이며 여성 선교사라고 추정되는 무명의 선교사가 영어로 번역한 글이다. 신 부인은 그녀 자신이 선택한 새로운 종교, 기독교 구원의 명백한 개념을 알고 있었다. 더욱이 그녀는 자연스럽게 구원으로 옮기어졌고, 죽음으로부터 한국인 친구들을 구원하려는 의지를 굳히고 있음을 위 자료 인용을 통하여 알 수 있다. 그러나 한편으로는 성직자나 선교사들에 의해서가 아니라 개인적인 경우로부터 오는 이러한 개종들은 때때로 이러한 개종자들이 세속적인 구조에서 사역하는 데 진정한 신앙을 가지고 일하느냐에 의심을 가질 수 있다.

그렇다면 또한 부인권서가 되기로 결심한 두 번째 동기는 무엇일까? 그것은 바로 가족문제이다.

우리가 많은 기대와 희망을 가지고 있는 젊은 여성이 한 명이 있습니다. 그녀는 불행히도 능력 없는 남편, 별로 그와 다를 바 없는 시부모에게 괴롭힘을 당하고 있습니다. 거의 이 의존하는 모든 사람들을 부양하느라 이 젊은 여성은 열심히 일해야 할 뿐만 아니라 그녀의 술 취한 남편으로부터 갖가지 폭력과 괴롭힘을 참아내야만 했습니다. (중략) 우리의 친애하는 김낸시가 죽었을 때, 우리는 그녀를 잃은 것을 커다란 손실로 이야기했습니다. 이것은 정말로 생

---

205) 'Experience of a Korean sorceress told by herself', *WWFW*, Vol. ⅩⅧ, November 1902, p. 316.

각하기도 어려운 것이었습니다. 우리는 더 이상 그녀의 행복하고 빛나는 얼굴을 볼 수 없습니다. (중략) 그녀는 가족 중 유일하게 종교에 관심을 가진 사람이었습니다. 그러나 그녀의 마지막 숨과 함께, 그녀는 그녀의 아들에게, 물론 이전에도 여러 번 말하였지만, 기독교인이 되라고 간청하였습니다.206)

두 번째로, 결혼한 한국 여성의 어려운 삶이 이미 불교나 무속에서 시도해 본 자신들의 문제들을 극복하려고 하는 새로운 종교에 대한 신앙으로 그들을 기독교로 이끌며, 그 신앙이 깊어지므로 부인권서의 길을 걷게 했던 것이다. 신흥종교의 과잉양산 상황 중에서 기독교는 언문 글자와 함께 남녀평등을 강조하고 근대문화 습득을 할 수 있는 정보제공 및 활동을 통하여 쉽사리 한국 여성들에게 매력적으로 보일 수밖에 없었다. 그러나 그들의 상황은 쉽지 않았다. 아들에게 기독교 신앙을 가지라는 유언을 한 김낸시가 신앙을 통해 오랫동안 가족들의 괴롭힘과 고통을 인내하였던 것을 위 자료를 통해 알 수 있다.

세 번째로, 몇몇 여성들은 그들의 가족들과 친인척들을 통해 기독교로 개종하였다. 전형적인 예가 바로 유명한 부인권서며 나중에 전도부인으로 발전하여 전도부인 초창기에 활발한 활동을 한 김세지이다.

---

206) Mrs. Scranton, 'Missionary Work Among Women', *KRP*, Vol. 5. September 1898, p. 314.

내가 쳐음으로 예수밋기를 시쟉한해는 一八九三년이다. 이해는 남산재례배당안에 쇼학교가 임에셜립이되엿슬때니 우리내외는 아직밋 지아니하엿슬지라도 아해들은 다 그례배당학교에 입학을식혓셨다. 하로는 나의八촌시아우되는 오셕형씨가 영감을차져와셔 예수밋기를 권하다가 관청에출입함을 빙쟈하고 밋기를거졀하니 그는맛침내 나를보고 밋으라하고 권면하엿다. 나는 그의권고하는말을듯고 뭇기를, 『그래, 당신의말과갓치 예수를밋으면 엇더하단말이요?』하니 그 대답이, 『만일, 나의말한대로 예수를밋을것이면 집안이 평안할것이요. 남자는 주색잡기를버리고 살님을힘써하야 내외간화슌하게되리이다』 하엿다. 맛침그때나는 남편의외도로인하야 걱정이만히된느때엿다. 그의말을듯고 곰히생각하니 내가먼져밋은뒤라도 엇더케던지 남편이 맘을잡도록하는것이, 상책이겟다하고 나부터례배당에단니기로 씌을 셰웟다.207)

일련의 여성들은 가족, 친구, 이웃들과 같은 가까운 사람들이 가족의 평화를 위해 기독교를 선택하라는 설득을 많이 받았다. 유교와 불교를 비교하자면, 기독교는 남편의 거칠고 잘못된 행위, 아이들의 건강 또는 시부모와의 좋은 관계 같은 가족문제 해결에 대해 새로운 해결책들을 제공하였다. 가족 중 한 사람이 기독교로 개종함을 통하여 다른 이들도 기독교인이 될 수 있다는 실낱같은 희망을 가질 수 있게 되었다.

---

207) Mrs. W. A. Noble, 'Sadie Kim; one of the finest Bible Women in Korea', *Victorious Lives of Early Christians in Korea,* (Seoul: The Christian Literature Society, 1927), pp. 130 - 131. 여기에 한글본이 함께 붙여져 있다. 김셰듸, '나의 과거생활', 三七쪽.

'승리의 삶'이라는 부인권서를 포함한 전도부인의 회고록이나 체험기들을 살펴보면, 9명의 바이블 우먼 중 5명이 과부였다. 또한 9명 중 6명은 극심한 가난 중에 있었다. 그리하여 감리교 여성 선교회나 영국 성공회 같은 몇몇 선교단체가 부인권서에게 월급을 지적한 기록이 나타나 있다.

> 작년 6개월 동안, 현지 여성인 한나는 성서공회의 부인권서로서 우리의 시도 아래 시역하였습니다. 네 달 동안 그녀의 월급은 한 달에 1엔 정도로 원산 교회에서 지급되었습니다. 그리하고 나서 원산 교회 여성 성도들은 스스로가 복음을 전하러 보내지기를 바랐고, 그들의 공헌으로 말미암아, 우리는 세 달 반 동안 선교지에 있는 루디아를 사역할 수 있게 되었습니다. 지켜낼 수 있었습니다. 1월부터의 원산교회 여성 성도들의 지원은 196량(약 30달러)이었습니다. 그들의 월마다 내는 봉헌이 아직까지는 충분히 한 여성 사역자를 지원하는 데 부족하지만 우리가 교회 여성 성도들로부터 더 큰 공헌을 볼 수 있을 때까지 성서공회로부터의 부분적인 지원을 받을 수 있도록 하려고 하고 있습니다.[208]

1902년 보고서는 선교지에서의 부인권서의 재정적 상태를 보여주고 있다. 친절하게도 이 보고자는 부인권서의 불충분한 월급에 대해 지적하고 있다. 그럼에도 불구하고 적은 돈으로나마 가난한 부인권서를 도우려는 손길들이 있음을 보여주고 있다. 그 당시 가난한 과

---

208) 'Bible Women', *The Annual Report of the Foreign Mission Committee*, 1902, p. 143.

부들은 생존과 자식들을 양육해야 하는 심각한 삶의 문제에 직면하며 싸우고 있었다. 보통, 그들은 바느질을 하고 부잣집에 가서 허드렛일을 하면서 생계를 유지하였다. 이러한 점에서 성경 판매와 선교사역은 그들에게 좀 더 가치 있고 안정적인 일이 될 수 있었을 것이다.

요약하자면 부인권서의 사역동기에서 우리는 다양한 이유들과 배경들을 발견할 수 있었다. 그러나 한 가지 공통점이 있었는데, 그들은 모두 삶을 바꾸고 한국에 기독교를 정착시키고 발전시키자는 목표를 가지고 있었다는 점이다. 다음으로는 훈련, 자기 사역개념화, 독특한 전도방식 등, 부인권서의 일하는 패턴 등을 알아보도록 하겠다.

B. 초심자, 세례자, 그리고 부인권서

> 부인권서들이 집사, 여선교회 지도자, 전도자의 일을 하는 동안, 그들의 가장 주요한 목적은 성서 판매 및 배포와 그들이 가지고 있는 기독교 지식을 전파하는 것이었다.[209]

영국 성서공회 연말 리포트의 한국파트는 선교사들의 기대와 현지 기독교인들의 요구들을 중심으로 잘 나타나 있다. 이 선교사와 현지 기독교인들은 한국 선교현장에서의 언어적 문제와 좀 더 심도 깊은 이슈인 종교적 이해에 대한 어려움을 발견하였다. 그래서 부인권서들이 성경책을 판매하고 기독교 교리를 가르치는 일을 위하여

---

209) *The 109th BFBS AR*, 1913, p. 199.

그들은 기독교에 대한 새로운 정보와 지식들을 배울 필요가 있었다. 이것을 어떻게 감당하였을까?

a. 부인권서 훈련

언제부터 부인권서 훈련을 시작했을까? 기독교 내의 한국 여성에 대해 연구하는 학자들은 부인권서의 필요성이 스크랜톤 여사가 1885년 '여성의 여성을 위한 사역(Women's Work For Women)'을 시작하면서 부인권서의 훈련에 대해 관심을 갖게 되었다고 말한다. 1883년과 1888년의 실제 자료들을 보면, 여성을 위한 성경반이 열린 것을 볼 수 있다.

> 우리는 요 근래에 막 여성을 위한 사역을 시작하였습니다. 여성들이 와서 예배를 드리고 성경 공부를 할 뿐 아니라 성서사역을 위한 훈련들을 할 수 있는 복음 센터가 필요함을 느껴왔던 터였습니다.[210]

여성 선교사들에 의한 초기 훈련을 바탕으로 헤론(Mrs. Heron) 여사는 1889년 복음사역을 시작했다. "이번 주는 제가 한 부인권서를 훈련시키기 시작했습니다. 성경을 판매하거나 선물로 주는 것, 그녀가 어디 있든지 듣는 사람들을 발견하여 성경을 가르치는 것들을 위해서 말입니다."[211] 헤론 여사의 부인권서 훈련에 대한 보고서는

---

210) 'Work For Women', *The Church at Home and Abroad*, Vol. 3, Jan -June, 1888, p. 196.

211) 'Korea', *Women's Work for Women and Our Mission Field*, Vol.

1891년에 나타난다. 여성 선교사들에 의해 운영되었던 훈련과정은 매주 주일 저녁(Sunday evening)에 이루어졌다. 여기서 헤론 여사는 기독교 복음과 성서 이야기들, 한국 기독교 여성들을 대상으로 하는 세례입문(Catechism) 과정을 운영하였다.212) 이 개인적인 훈련은 1892년부터 1895년 사이의 자세한 보고들을 통해 복음사역에 대한 훌륭하고 놀랄 만한 결과를 보고할 만큼 성과가 좋았다. 헤롯 게일 (Harriot G. Gale) 선교사는 1892년 선교 보고를 '복음을 듣고 나와 함께 사역하는 여성들(The Women who labor with me in the Gospel)'이라는 제목으로 보고했다. 이러한 점에서 게일 선교사는 다섯 명의 여성들, 백 부인(Mrs. Pack), 장 부인(Mrs. Chang), 이 부인 (Mrs. Yi), 전 부인(Mrs. Chun) 그리고 은게니(Unlge-nie)의 기독교인으로서의 삶을 소개하고 있다.213) 그들은 다른 이야기들을 가지고 있다 하지만 그들의 신앙은 동일하게 열정적이고 위대한 복음전도자들이라고 헤롯 게일 선교사는 말하고 있다. "그녀는 배우고 또한 열심히 모든 그녀의 친구들에게 가르치고, 나를 도와 모임을 조직하여 운영하고, 매 순간마다 성경 공부에 모든 시간을 바치는 일을 합니다."214)

Ⅳ, April 1889, (New York: Woman's Foreign Missionary Societies of the Presbyterian Church), p. 101.

212) Ibid, Vol. Ⅵ, September, p. 28.

213) 'The Women who Labor with me in the Gospel', *WWFW*, Vol. Ⅶ, 1892, pp. 215-216.

214) Ibid., p. 217.

b. 성경반(Bible Class): 부인권서의 초기 학습과정

부인권서반들은 세례를 받기 전의 세례입문반에서 이루어졌다. 각 선교사들의 성경반을 사경회라고도 불렀는데, 이 성경반은 기독교인들에게도 또한 비기독교인들에게도 기도와 성경 공부라는 두 가지 틀로 이루어져 세례를 결심하게끔 하는 역할을 하였다. 이러한 사경회들은 정기 예배 외에 선교사나 현지 기독교 지도자들에 의해 열리게 되었고, 많은 기독교인들과 열성신자들에게 크나큰 영향을 주었다. 1898년 서울에서 스크랜톤 여사와 헤론 여사가 첫 여성반을 열었다. 한국의 많은 선교단체구역에서 성경반을 준비했고,[215] 2년 후에는 50개의 성경반이나 사경회가 정기적으로 열리고 운영되었다.[216]

그 당시 성경반의 중요성은 열정적인 신앙을 가진 기독교 여성들을 위해 여성만을 위한 많은 크고 작은 성경반들이 생겨났다는 사실로 우리는 알 수 있다. 이 성경반들은 때때로 여성 선교사나 부인권서 또는 전도부인들에 의해서 운영되었다. 이것을 증명하기 위해 1910년 리포트에 나타난 두 가지 예를 소개하고자 한다.

---

215) 주선애, [장로교 여성사], pp. 65 – 65. 성경반의 주요 내용은 주로 사복음서나 바울의 서신들, 주기도문, 세례입문, 사도신경 안에서 보이는 예수의 삶의 이야기들이 대부분이었다.

216) The History Committee of the General Assembly of the Presbyterian Church of Korea, *A History of the Presbyterian Church of Korea, 1912~1923*, p. 15.

1) 김 부인 "(중략) 그녀의 성서 판매는 놀랍기만 하다. 그녀는 적어도 주일 예배에 정기적으로 40명의 새로운 여성 신자를 데리고 온다. 그리고 많은 이들에게 성경을 읽도록 글을 가르친다. 지난 두 달 동안 그녀는 거의 30명 정도 되는 새 신자반을 2주째 함께 운영해 왔다."217)

2) '한 명의 부인권서에 대한 승인', "(중략) 나는 며칠 동안 부인권서 한 명도 없는 마을에서 성경반을 운영해 왔다. 그 마을 사람들은 자주 그들 스스로 그들 가운데 사는 한 사람에게 이익을 주기로 말하여 왔다. 그러나 이에 대한 아무런 준비가 없는 그런 일꾼을 쓸 수는 없다."218)

많은 한국 기독교 여성들이 선교사들이나 부인권서들에 의해 운영되는 성경 공부반에서 기독교를 배웠다. 그리하고 나서 그들 가운데 세례를 받기 원하는 신앙심 깊은 여성들 몇 명이 생겨나게 되었다. 만일 그들이 이 세례입문 과정을 선택한다면, 그들은 첫 번째 단계를 통과한 것을 의미하였다.

c. 세례입문반: 부인권서가 되기 위한 두 번째 단계

몇몇 성경반 여성들은 그들의 기독교 신앙을 고백하였고, 선교사들과 교회에서 세례를 위해 조직하여 기독교 교리, 성서 지식, 기독론, 성령론 등을 가르치는 세례입문반에 참여하기 시작하였다. 예를 들면, 전주에 있는 여성반은 10일에 한 학기로 조직되었다. 221명

---

217) 'Korea-Foreign Transactions', *The 106th BFBS AR*, 1910, p. 354.
218) Ibid., p. 355.

이 참석했고, 그중의 80%가 시골에서 왔고 나머지는 도시 여성이었다. 그들 중에 오직 52명만이 세례입문을 하게 되었다. 이 공부과정은 성서 세례입문, 창세기, 그리스도의 삶, 요한복음, 출애굽기, 사도행전, 구약성서의 비유와 기적들, 심리학적 요소들과 위생적인 면들(이 부분은 한국인의 근대화를 위한 과정인 듯하다)에 대한 것이었다.219) 이러한 과정과 공부를 통해서, 여성 세례입문자는 쉽게 세례를 받고 기독교 열성신자로서의 삶에 익숙해지기 시작하였다.

그 당시에 몇몇 여성 세례입문자들은 불행히도 그들의 가족과 사회에 의해 박해당하기도 하였다.

기독교 안식일을 지키려는 경험을 통해 많은 신앙인들의 이야기를 알려면 모펫 부인의 세례입문반에 있는 한 젊은 여성에 대한 이야기를 들어야만 합니다. 양씨(Yang-si)는 일 년 이상 훈련과정에 있어왔습니다. 그녀의 남편과 시어머니는 극심히도 기독교를 싫어했고 예배를 참석하는 것을 갖가지 방법으로 아주 어렵게 만들었습니다. 이 훌륭한 젊은 여성이 가정에서 안식일을 지키려고 할 때, 그녀의 시어머니는 만약에 안식일에 다른 사람들처럼 바느질과 세탁을 안 한다면, 아무것도 먹을 수 없다고 말했습니다. 양씨는 시어머니에게 안식일에는 아무것도 먹지 않는다고 대답했고, 이러한 방식으로 주의 날을 네 달 동안 지키었습니다. 때때로 그녀가 음식을 먹든지 안 먹든지 간에 교회예배에 참석할 때마다 교회 여성들과 함께 음식을 좀 먹으면서 집으로 돌아가곤 했습니다.220)

---

219) Mrs. Mattie Ingold Tate, 'The Women's Class at Chunju, Korea', *The Missionary*, June, 1911, pp. 299-300.

220) 'Faithful Korean Women', *WWFW*, Vol. XVI, No.11, 1901, pp. 299

한국 사회와 가정들에서 여성들은 기독교 교리와 기독교적 삶의 형태들을 유지하면서 세례입문반에서 교리를 배우기가 어려웠습니다. 안식일을 지키는 것은 양시와 같이 비기독교 가정에서 며느리로 지내는 여성들은 거의 불가능한 것이었습니다. 몇몇은 신앙생활이나 안식일을 지키는 것을 실패하였으나, 몇몇 여성들은 훌륭히 지켜낸 경우도 있었습니다. 모든 부인권서들은 그들의 모든 환경적 요소들에서 기독교적 삶의 방식들을 지켜내며 이 어려운 과정을 통과하였습니다. 이러한 결과들을 통하여 결국 이 세례입문반은 점차적으로 평양지역뿐 아니라 한국 전 지역으로 퍼져 그 수가 증가하였습니다. 1901년 모펫 여사의 리포트에 따르면, 91명의 남녀 세례입문자들이 4월 21일에 세례를 받았다고 나타나 있다. 베른하이젤(Mr. Bernheisel) 선교사에 따르면 10명의 세례자와 15명의 세례입문자들이 5개 반에 나뉘어 있었는데, 그가 이 반들을 방문하였다고 보고하였다.[221] 1901년 리포트에서 우리는 주목할 만큼의 많은 여성 기독교인들이 더 깊은 신앙을 위해 좀 더 기독교 지식을 알려고 하는 열정들을 표현하면서 그들의 숫자가 정기적으로 증가하고 있음을 추측할 수 있다. 선교사들에게 이러한 현상들은 한국의 복음화에 대한 가장 큰 희망이 되었을 수밖에 없다. 이러한 반들의 긍정적인 영향 때문에 많은 여성 열성신도들이 나타났고 그들 중에 많은 이들이 부인권서가 되었다.

－300.

221) 'Korea', *WWFW*, Vol. X Ⅵ, September 1901, pp. 259－260. 이 수치들은 남녀 모두에 대한 합계이다.

d. 성경학원(Bible Institute): 부인권서의 전문성(Profession)

부인권서의 필요성을 고려한 몇몇 선교사들은 전문가들을 훈련시키기 위한 전문 훈련 과정들이 조직되고 성경학교를 설립해야 하는 중요성을 피력하기 시작했다. 훈련학원을 통해 선교지역 사무소들은 영어와 지도력, 영적 지식, 교회정책, 자립자치 같은 과정으로 운영하였다.

1900년 부인권서를 위한 첫 학교는 북감리교 선교회에 의해서 세워졌다. 스크랜톤 목사(Rev. W. B. Scranton)는 켄무어(Mr. A. Kenmure)에게 '성서공회 리포트(Bible Society Reporter)'라는 잡지를 통해 다음과 같이 말하였다. "우리의 부인권서들이 현재의 능력에 따라 선한 봉사를 하면서 우리의 바람대로 사역에 빠져서 열심히 일하는 것을 알고 있습니다. 우리는 그러므로 적절한 방법 내에서 부인권서학원을 시작합니다. (중략) 현재 우리는 평균 10명 내지 12명이 이 학교에 참석하고 있고, 좀 더 심도 깊은 공부와 가르침에 대해 만족해하고 있습니다."222)

감리교 선교사들은 따라서 선교지역에서 선교사들의 지원역할을 감당하고 좀 더 전문적인 훈련을 원하는 선교사들의 요구를 만족하는 부인권서들의 성실하고 충실한 활동에 신뢰를 가지고 있었다. 예를 들면 1898년 이전에 감리교와 장로교 선교사들은 성경 공부 형태의 여성을 위한 학원들을 개설하려고 했었다.223) 단지 10명 또는

---

222) 'Our Biblewomen in Korea – Mr. A. Kenmure's Report for 1900', *The Bible Society Reporter*, April 1901, p. 88.

12명의 부인권서가 이 학교에서 공부할지라도, 그들의 열정은 미래를 위한 희망을 주었다. 특히 남성 권서들이나 남성 목회자가 접근하기 어려운 어린아이들이나 여성들을 위한 사역에 부인권서들의 활약이 대단히 희망적이었기 때문이다.[224]

더욱이, 1901년 컨스 목사(Rev. C. E. Kearns)는 신천에 있는 여성들을 위한 반에 대해 보고하였다.

> 남성들을 위한 성경반과 같이 대부분의 여성 성경반들은 현재 너무 커져서 한 사람의 지도하에 운영이 어렵습니다. 채스(Miss Chase) 선교사와 사무엘스(Miss Samuels) 선교사는 함께 16개 반 중에 6개 반을 운영합니다. 가장 큰 성경반은 237명의 학생이 있습니다. 신천반은 나뉘어 있는데, 각 지역 여성들이 214명이나 되고, 4지역 지방 여성들은 341명이나 됩니다. 모두 합쳐서 2,602명의 여성이 이번 해에 외국인 교수법 아래 배움을 가졌습니다. 점차적인 증가가 이러한 여성들의 상황들을 관심 있게 보게 할 것입니다. 그들은 열정적으로 훈련을 받고 있으며 빠르게 성장하고 있습니다.[225]

이 학교가 부인권서들에게 일반적 지식과 지도력, 그리고 복음사역의 기술들을 제공함으로써 그들의 능력을 더 향상시키려는 목적

---

223) "아직까지 감리교와 장로교 여성들의 노력으로 서울에 소녀들을 위한 학교를 열었으나 적은 숫자만이 참석할 뿐이어서 성공적이지 못합니다." WWW, Vol. XⅢ, September 1898, p. 242.

224) Ibid., pp. 88 - 89.

225) Rev. C. E. Kearns, 'More and Yet More', KMF, Vol. Ⅱ, No. 9, July 1906, p. 172.

을 가지고 있다는 것이 분명히 보고를 통해 나타나고 있다.226) 다
음 통계는 여성해외선교회(the Woman's Foreign Society)에 의한
자료로 1905년부터 1907까지의 현상을 보고해 주고 있다.

<표 6> 부인권서의 교육
(여성해외선교회, Woman's Foreign Mission Society)227)

연 도	부인권서 훈련학원	학 생	성경 학교	배우는 여성 수	성경반 수 (3~7일)	출 석	주간학교선생으로서 부인권서의 수
1904 - 1905	1	9	4	348	26	550	26(63)
1905 - 1906			2	348	26	906	33

성경학교의 수가 줄어드는 대신에 좀 더 많은 배우려는 사람들
과 더 많은 부인권서들이 이 성경학원의 수업과 강의에 참여하고
있음을 위 도표를 통해 알 수 있다. 1907년에 '부인권서 훈련반
(Bible Women's Training Class)'이 5월에 성진 지방에서 열렸
고,228) 그 다음 해에는 일반 대중들과 성경훈련학교에 있는 복음전
도자들을 대상으로 두 개 반으로 나누어 운영하였다.229) 1910년에

---

226) 이덕주, [감리교 여선교회 60년사], (서울: 기독교 대한 감리회 여선
    교회, 1991), p. 89.
227) 이 통계는 1905년부터 1907년 사이에 있었던 감리교회 한국 여성
    컨퍼런스 연말 리포트(Annual Reports of the The 18th ARKWC
    (ME. C) 1905 to 1907)의 자료를 기초로 한 것이다.
228) *The Annual Report of the Foreign Mission Committee*(이후 ARFMC),
    1907, p. 119.
229) *ARFMC*, 1908, p. 129.

몇 개 센터에서 여성만을 위한 성경반이 개설되었고, 참석자의 숫자는 대구에 500명, 김해에 150명, 서울에 300명, 재령에 500명, 평양에 600명, 선천에 650명으로 나타났다. 더욱이 1911년에 캐나다 장로교 선교회에 의해 감독을 받고 있는 연합 여성 성경학교가 석 달 과정으로 많은 여성들을 위해 개설되었다.230)

이 학원의 중요성과 훈련과정은 한국 선교 상황에서 많은 기대를 받으며 성장하고 있었다. 1910년 한 선교잡지에서 부인권서 훈련의 중요성을 잘 나타내 주고 있다.231) 이러한 중요성의 강조는 소외된 위치에서 활동했던 부인권서들이 한국 선교와 교회에서 실제적 지도력의 위치가 수면 위로 확실하게 나타난 것이며, 또 이것을 헌신적이고 열정적인 그들의 노력으로 인하여 얻어낸 것이라고 하겠다.

'성경학원'과 부인권서에 대한 질문은 매우 현재에 있어 지금 절박합니다. 대부분의 선교지역본부는 급속도로 발전하는 데 있어 공급보다 더 훨씬 많은 요구로 압박을 주고 있습니다. 많은 여성들은 열성신자나, 세례입문자, 또는 교회신자들로 인하여 교회로 오는 실정입니다. 이런 교회신자들은 결코 어떤 것도 배운 사람들이 아니라 단지 기독교 교리 기초만을 배운 사람들입니다.232)

요약하자면, 모든 선교지와 교회의 복음화 지역에서 부인권서에 대한 긴급한 요구는 좀 더 많은 훈련 과정과 학원들을 양산해 내는

---

230) *ARFMC*, 1912, p. 93.

231) 'Native bible woman', *KMF*, May 1910, pp. 119 – 121.

232) Ibid.

결과를 가져왔다. 작은 성경반에서부터 성경학원까지 부인권서들은 선교요원으로서 체계적으로 훈련되었다. 그렇다면 이렇게 훈련받은 부인권서들은 어떤 활동을 했는지 자세히 알아보자.

C. 단지 도우미(supporter)라기보다는 훨씬 그 이상: 부인권서의 활동

여기서 우리는 부인권서가 단지 선교사 도우미나 성경 판매자인 가의 여부에 대해 생각해 볼 것이다. 많은 선교 보고서들은 부인권 서를 효과적인 도우미며, 선교 보조자라고 소개했고, 선교사들의 복 음사역의 중요성에 대해 설명했다. 위에서 우리는 선교사들이 부인 권서의 사역의 가치를 인정하였다는 것을 알게 되었고, 이로 인해 각종 다양한 훈련 코스들이 나타난 것을 보았다. 그러므로 이번에도 선교 리포트의 설명으로 인해 우리는 한국 선교에 있어서의 부인권 서의 실제 상황과 모습들을 알 수 있게 될 것이다.

첫째로, 부인권서의 주체적인 사역에 대한 증거는 월급(salary)에 대한 문제에서 발견될 수 있다. 스월른(Mrs. Swallen) 부인은 이러 한 부인권서의 월급문제에 대해 선교 보고서에서 언급하였다.

우리는 네 명의 부인권서에게 외국돈으로 그 월급을 지급하고 있습 니다. 그들 중 한 명은 외국 펀드에서 월급의 반을 받고 나머지 반 은 영국 성서공회에서 받고 있습니다. 또한 성서와 쪽복음을 판매 하면서 충당하는데, 그 충당금은 사는 사람의 조건에 따라 받습니 다. 우리는 영국 성서공회에 의해 성서 판매자로서 지원되는 월급을 전적으로 받는 부인권서 두 명도 있습니다. 네 명은 전적으로 현지 교회에서 월급을 받고 있고, 두 명은 영국 성서공회에서 1/4 을 받고 나머지는 현지 교회에서 받습니다. 부인권서들의 평균 월급은 약 7엔(3.50달러 금)입니다. 그러나 이들은 그나마 다행입니다. 많은 수의 여성들이 월급을 받지 않고 일하고 있습니다. 이들은 성경반을 가르치거나 교회를 위해 복음사역을 하는 동안 그들의 도움을 받는 교회가 지불하는 돈은 그들 소속 위원회에서 결정되고 제공됩니다.233)

이들의 월급은 일본 돈으로 평균 7엔이었다. 그리고 많은 부인권서는 이나마도 받지 못하고 보수 없이 어려운 상황과 가족과 사회의 종교적 박해 속에서 성서를 판매 및 배포하며 사역하였다. 이만열 교수의 연구234)에 따르면, 성서 판매(Colportage)에서 대부분의 부인권서는 선교단체 같은 지원단체로부터의 월급 하나 없이 성서들을 판매했다고 한다. 보통 그들은 쌀 같은 물건으로 성서와 쪽복음을 교환 판매하였다. 한 부인권서는 성서공회와 교회에서 월급을 제공하였을 때, 다른 남성 권서보다 그 월급이 낮았음을 알 수 있다. 1899년 권서와 부인권서의 월급은 16실링이었다. 그러나 켄무어의 1900년과 1901년 보고서를 보면 권서의 월급은 12.6실링으로 하락되었고, 부인권서는 10실링을 받은 것으로 나타나 있다. 이 월급의 추이를 도표로 보면 다음과 같다.

---

233) Ibid., p. 119.
234) 이만열, '권서에 대한 연구', [한국 기독교와 민족의식], pp. 116 - 119.

<Table 7> 부인권서의 월급, 1899~1902[235]

연도	부인권서수	한 명당 월급(실링)	자 료
1899	15	16	켄무어(Kenmure)의 편지 1899년 4월 26일
1900	30	12.6	켄무어(Kenmure)의 편지 1900년 4월 29일
1901	15	10	벌크웰(Burkwell)의 편지 1901년 11월 9일
1902	19	8	벌크웰(Burkwell)의 편지 1902년 12월 12일

이것은 권서와 상업적 성서 판매 사이의 구분의 시작이며 부인권서
의 증가를 보여주는 것이다. 부인권서는 많은 선교 자료들에서 보이
듯이 독립적으로 사역하였고, 많은 복음적 열매들을 성취하였다. 어떻
게 그들이 이러한 경제적 환경의 어려움 속에서 사역을 해나갔을까?

한 여성 선교사 잡지는 미국 여성 선교사 에스테이(E. M. Estey)[236]
의 부인권서의 힘겨운 사역들에 대한 보고서를 1912년에 실었다.

길시, 이 여인은 그녀의 시간의 2/3을 주님을 위해 바치고 있습니
다. 그녀는 지난해 몇천 리를 여행했고, 그때 아무도 그녀와 동행
하는 그룹도 없고, 혼자서 기독교 신자들이 살지 않은 곳으로 다녔
습니다. 그러나 우리는 행복한 그녀의 얼굴을 보았고, 그해 동안

---

235) Ibid., pp. 118 - 119.
236) 이 선교사는 영변과 평양에서 1900년과 1923년 사이에 미국 감리교
    선교사로 사역하였다. 김승태, 박혜진, [내한선교사총람], p. 246.

한 번 또는 몇 번 이상 그녀의 열정적인 선교를 들었습니다. "내게 주신 하나님의 은혜를 생각할 때 나는 결코 쉴 수가 없습니다. 나는 가서 다른 사람들에게 하나님을 알게 해야만 한다는 생각밖에 없습니다." 매번 반복하여 그녀의 대답을 우리는 생각해 보곤 합니다. 첩첩산중으로 다니는 먼 여행 후에 그녀는 또다시 새로운 여행길에 오릅니다. 그녀와 또 다른 여성 하나가 800리 여행으로부터 막 돌아와서 위험했던 산행 길에서 반란군을 만난 소름 끼치는 이야기와 기도를 통해 잃었던 길을 다시 찾은 이야기, 많은 사람들에 의해 종교적 탄압을 받았으나 하나님의 은혜로 모두 극복한 이야기들을 우리에게 들려주었습니다.[237)]

부인권서의 사역은 모든 상상력을 불러일으키게 한다. 그녀는 모든 한국지역의 오지를 혼자 또는 그녀의 동료와 함께 여행하였다. 다른 부인권서는 몇백 리부터 심지어 몇천 리까지 성경책이나 교리서 또는 찬송가를 들고 복음전도여행을 했던 것이다.

또 다른 부인권서인 관특은은 성서 판매 및 배포를 중국과 한국 국경을 넘나들며 하면서 여러 번 위험에 처하였다. 관택은은 1912년 석 달 동안 성경학원에서 훈련을 받은 후 성경 판매와 복음전도를 위해 서만주 국경을 넘나들면서 여행을 하였다. 한 선교사가 그녀에 대해서 보고서에 쓰길, "그녀는 최고의 성서 판매자입니다. 지난해에 심지어 중국에서 선교하기 가장 힘들고 어려운 지역의 여성들에게 성서와 복음을 가져다 준 것입니다. 그녀는 여성들에게 가장 어려울 수

237) E. M. Estey, 'Korean Biblewomen', *WMM*, Vol. XII, No. 134, February 1902, p. 66.

있고 여행하기도 힘든 산들을 다니면서 사역하고 있습니다."238)

다른 보고자들은 반복해서 부인권서들이 사역에 있어서 매우 열심이고, 굉장한 자가 훈련되어 좋은 결과들을 보여주고 있음을 이야기하고 있다. 그리고 그들의 열정에 감사하며, 오지에 있는 사람들에게 성서를 판매 배포하고 기독교를 소개하는 것을 또한 자세히 보고하고 있다. 성서 판매 과정에서 부인권서 스스로 또한 기독교 해석과 종교적 활동을 이루어내기도 하였다.

이번 해에 시도되고 이루어낸 모든 사역에서 저는 저의 부인권서들의 큰 도움을 언급하지 않을 수 없습니다. 그들은 제가 계획하고 지시하는 것을 따라 사역하는 데 늘 준비되어 있습니다. (중략) 리드루실라(Mrs. Drusila Ni) 부인은 전부터 자신의 사역을 계속해왔습니다. 즉, 그녀는 우리와 함께 몇몇 일을 함께 합니다. 김사라(Mrs. Sarah Kim)와 정한나(Mrs. Hannah Chung)는 가가호호 다니면서 세례입문을 가르치고 있고, 두 번째로 필요한 교리서들을 가지고 가르치고 있습니다. 사라는 병든 사람들의 집을 방문하는 사역을 하고 있습니다. 그녀는 '믿음의 기도로 병든 자를 구원하고' 악마들을 쫓는다는 굳건한 믿음을 가지고 이 사역을 열심히 하고 있습니다. 그녀가 노래할 때 정확한 음정을 내지는 않지만 그녀에게나 그녀의 노래를 듣는 사람들에게 문제가 되지 않습니다. 그녀는 그녀가 가지고 있는 모든 재능을 열정과 기쁨으로 실천하고 있습니다.239)

---

238) 'Biblewomen', *The 110th BFBS AR*, 1914, p. 336.
239) Mrs. Scranton, 'Missionary Work Among Women', *KRP*, p. 316.

성경을 가지고 복음전도여행을 하는 동안 기독교 가르침과 치유 사역은 복음화를 위해 한국의 다종교 상황에서 비기독교인들에게 종교적 힘을 보여주는 가장 확실한 방법이었다. 기독교 교리에 대한 관심은 부인권서에게 있어 매우 보편적인 반응이었다. 왜냐하면 기독교는 독특하였지만 지적으로나 문화적으로 일반 기독교인들에게도 이해하기 어려운 부분들이 있었다. 일신론에 대한 개념, 메시아로서의 예수 그리스도의 기적, 사도들의 편지 등은 한국인들에게는 굉장히 익숙하지 않은 이야기들이었다. 기독교를 향한 긍정적 인식을 위해 또는 비기독교 신자들의 개종을 위해 부인권서의 역할은 한국 선교에 있어서 중요하였다. 종교적인 역할에서 볼 때, 그들은 여성 선교사들이나 한국 남성 목회자들과는 구별된 역할을 가지고 있었다. 여성 선교사들의 사역은 남성 선교사들의 사역을 지원하고 현지 기독교인들에게 선교사역들을 넘겨주는 일들을 하였다. 남성 기독교 사역자들은 복음화 과정에 있어서 아이들과 하층 여성들과 관련되지 않은 범위에서 특별한 역할을 하였다(물론 한국 유교적 상황에서 몇몇 장애물이 있었다.). 이런 점에서 부인권서의 복음화를 위한 기초적 사역은 흥미로운 것이었다.

또한 부인권서는 성서 판매 및 배포 과정에서 치유 활동(health activities)을 조직하였다. 이것은 한국 기독교 여성의 강한 기독교 신앙을 보이면서 복음활동을 하는 것의 한 부분이었다. 부인권서 사라의 치유 사역 같은 경우 위의 인용문을 보면, "그녀는 '믿음의 기도로 병든 자를 구원하고' 악마들을 쫓는다는 굳건한 믿음을 가지고 이 사역을 열심히 하고 있습니다."고 묘사되어 있다. 영적인 치유 사역은 선교사들의 사역, 특히 감리교회 사역과는 반대되는 것이었다. 즉 감리교 선교사들은 여성의 위생(hygiene) 또는 병원사역을 복음화의 방법으로 집중적으로 해왔다는 사실에 사라의 치유 사역은 어쩌면 미신적인 것일 수 있는데, 선교 보고를 쓴 선교사는 자연스럽게 부인권서의 활동업적으로 소개하고 있다. 이러한 상황에서 우리는 사라의 영적인 치유를 어떻게 이해해야만 하는가? 분명히 이것은 한국 전통종교와 기독교 사이의 혼합 현상의 전형적인 예라고 볼 수 있다.

이러한 활동들은 선교현장에서 부인권서의 리더십을 세울 수 있게 하였다. 밑으로부터의 리더십은 단지 한국에서의 선교사역에 공헌할 뿐 아니라 한국 교회의 성공적인 성장을 가져오게 하였다. 이러한 부흥을 분석하면서 필자는 한 부인권서의 삶과 공헌을 소개하도록 하겠다.

D. 원 다비다(Tabitha Won): 선교의 전설 그리고 평안의 어머니

이러한 발전에 있어서 원 다비다에게 모든 공헌이 있습니다. 그녀는 말하길 그녀의 단 한 가지 소원은 잃어버린 영혼들에게 그녀가 죽는 날까지 하나님의 말씀을 들고 가서 전하는 것입니다. 하나님께서 성서공회를 축복하시고, 모든 '어머니들'이 그런 것처럼 이 '평안의 어머니'는 어디에서든 알려져 있습니다.240)

---

240) 'Biblewomen', *The 112th BFBS AR*, 1916, p. 297.

캐나다 장로교 선교사 영 부인(Mrs. L. L. Young)의 부인권서이며 평안의 어머니라고 불렸던 원 다비다. 그녀는 1850년쯤에 출생하였다. 결혼은 하였으나, 아이가 없었다. 유교사회에서 불임인 여성이거나 불임이라고 여겨지는 여성은 정서적으로나 육체적으로 시부모나 가족들에 의해 학대당하기 일쑤였다. 자녀 없는 유부녀는 가족 내에서 제대로 된 역할을 할 수 없었다. 이뿐 아니라 상황은 더 나빠져서 원 다비다는 또한 남편까지 잃게 되었다. 이것은 그녀가 이 세상에서 엄마로서의 타이틀을 얻지 못하였을 뿐더러 과부로서 재가(remarriage)도 못한다는 의미였다. 아이도 없고 남편도 없는 이 불쌍한 젊은 과부는 짙은 외로움을 견뎌내야만 했다. 사회에 의해 소외되고 폐쇄된 상태에서 그녀를 돌봐줄 가족도 없기에 가난할 수밖에 없었다. 자녀 없는 과부들은 경멸당하고 스스로의 생존을 책임져야만 했다.

60세 되던 1910년에 그녀는 기독교인으로서 새로운 삶을 시작했다.[241] 희망 없는 삶에 있어 주님은 이제 그녀에게 안식이 되었다. 한국에서 사는 기독교를 모르는 모든 사람들은 그녀의 잠재적 목표가 되었고, 복음화를 위하여 그녀의 인생을 바쳤다. 때때로 그녀의 육체가 점점 시들어가는 시기에 그녀는 성경책을 읽고 비기독교인들에게 복음을 전하기 위해 언문을 배우기 시작했다.

1912년 62세 또는 63세의 나이에 그녀는 영국 성서공회가 임명한 부인권서가 되었다. 운 좋게도 그녀는 정기적으로 적지만 월급을

---

241) Ibid.

받을 수 있었다. 그녀는 심지어 첩첩산중이나 오지마을 등 아무 곳이나 가리지 않고 복음을 전하기 위해 여행하였다. 그녀는 첫 번째 달에 267마일의 모든 산길을 추운 가을바람을 맞아가며 걸어서 다니며 40권의 복음서와 5권의 신약성서, 1권의 구약성서, 그리고 쪽복음들을 팔았을 뿐더러 79명의 사람들에게 설교로 복음을 전하였다.242) 이것은 엄청난 공적이다. 거의 60세가 넘은 늙은 여인이 한 달 안에 이 모든 것을 해내었다는 것은 거의 믿기 어려운 사실이다. 대부분의 선교사들과 현지 목회자들은 그녀의 성경 배포와 복음화에 대한 놀랄 만한 활동과 공헌을 칭찬하고 존경하였다. 심지어 어떤 현지 목회자는 "그녀는 그녀의 입을 (복음을 위해) 결코 다물 줄을 몰랐다."라고 이야기할 정도였다.243) 또한 그는 어떻게 원 다비다가 주 예수 그리스도를 모르는 많은 수의 한국인들이 말씀을 읽고 듣게 하는지를 월마다 보고서에 나타나고 있다.

그녀의 선교는 주로 깊은 산과 골짜기가 많은 한국의 북쪽 지방에서 이루어졌다. 또한 이런 지방에서는 전통종교의 세력이 강해서 무속의 굿판이나 불교의 승려들의 예법들이 이런 산속에서 자주 이루어졌다. 그러기에 그녀의 복음사업이 이들과의 갈등을 가져오는 것은 당연했기에 그녀의 사역이 얼마나 어려웠는지를 우리는 알 수 있다.

그럼에도 불구하고 이러한 위험은 기독교를 모르는 한국인들에게

---

242) 'Biblewomen', *The 109th BFBS AR*, 1913, p. 362.
243) Ibid.

복음을 전하려는 그녀의 목적에 전혀 걸림돌이 되지 않았다. 부인권서 사역의 네 번째 해에 원 다비다는 65세를 맞이하게 되었다. 생일을 축하하기 위해 모인 자리에서 또한 원 다비다의 부인권서로서의 사역을 축하하였다. 그동안 3,000명 이상의 사람들이 이 부인권서의 성경낭독을 통해 복음을 들었고, 1,750권의 성경책과 쪽복음이 판매되었던 것이다.[244] 원 다비다의 사역기간 동안 그녀의 희생, 따스한 마음, 영적인 열심, 성실함, 그리고 헌신 등은 많은 사람들을 감동시켰다. 선교사, 목사, 여자, 아이들을 포함한 모든 사람들이 그녀의 가치 있는 업적들로 인하여 그녀를 '평안의 어머니'로 불렀다. 결국 그녀의 꿈은 실현되었다. 그녀는 육체적으로 자신이 낳은 아이는 한 명도 없었지만, 그녀는 많은 사람들을 평안이라는 이름으로 영적인 자녀들로 삼은 것이다. 더욱이 그녀는 선교사회와 초기 한국 교회에 여성 리더십의 상징이 되었다. 그녀의 진심 어린 소망대로 그녀는 1925년 6월에 죽는 순간까지 복음을 전하였다.[245]

원 다비다의 인생은 전형적인 부인권서의 삶이었다. 성경을 판매하기 위한 오랜 견디기 힘든 전도여행 하기, 읽어주고 읽고 쓰는 법을 가르쳐주기, 들어주고 상담하기, 여성이나 과부라는 위치에서 겪는 문화적 충돌과 갈등, 설교와 리더십을 통해 기독교 해석하기 등의 일을 하였다. 원 다비다와 같이 오랫동안 한국 선교역사에서 나타나지 않았던 부인권서들이 많이 있음을 보게 된다. 그러나 한국

---

244) 'Biblewomen', *The 112th BFBS AR*, p. 296.
245) 김승태, 양미강, [한국 교회 전도부인 자료집], p. 255.

교회를 위한 그들의 경험과 초기 봉사는 영원히 묻혀 있어서는 안
될 것이다.

4) 결론: 한국 복음화의 기초 다지기

1800년대 중반부터 바이블 우먼은 세계선교에서 중요한 존재로
인식되어 왔다. 서구사회에서 성서선교여성(Bible mission－women)
을 새로운 전도자들로 불렀다. 미국의 아시아 선교 상황에서도 선교
사들은 때때로 현지 여성 선교요원이나 성서를 읽어주는 사람 또는
바이블 리더(Bible reader)라고 불렀다. 여기서 중요한 것은 영국 성
서공회가 바이블 우먼을 인도나, 중동, 그리고 동아시아에서 전략적
으로 고용했다는 사실이다. 특히 인도에서의 제나나 선교(Zenana
Mission)로 1800년대에 커다란 성과를 이루자, 각 성서공회 선교지
에 바이블 우먼을 고용하여 성서 판매 및 배포사업을 활발히 이루
어나갔다.

한국 선교에 다행히도 한국 글자인 언문으로 성서번역사업이 이
루어졌다. 그 첫 단계로 존 로스(John Ross)라는 스코틀랜드 선교사
는 중국의 만주지역에서 성서번역 사업에 착수했다. '고려문'을 방
문하게 된 이후로 한국 선교에 대한 필요성을 깨달은 그는 행상출
신인 한국 기독교인들과 함께 성서를 번역하고 남성 권서들을 통해
성서 판매와 배포의 길들을 개척하였다. 여기서 바이블 우먼들과의
연관성이 제기되는데, 중하층민과 여성의 언어였던 언문으로 성서를
번역하는 데 있어서 여성들과 아이들도 읽을 수 있는 성경 번역이

되어야 한다는 선교철학을 나타냄으로써 1900년 성서공회에 의한 최종번역본이 나오기까지 많은 부인권서들은 이 로스 역 성서를 통해 복음사업을 진행하고 많은 결실을 얻었다.

한국 개신교 선교에 있어서 두 가지 종류의 바이블 우먼이 있었다. 부인권서와 전도부인으로 나뉠 수 있는데, 그 역할과 사역은 어느 정도 겹치나 부인권서가 먼저 출현했으며 그들은 성서 판매 사역과 기초적인 복음전도사역을 주로 하였다. 또한 특징적인 것은 언문 성경을 기독교에 관심을 보이는 사람들이나 비기독교인에게 읽어주고, 문맹인 여성들에게 언문을 가르치는 일들을 통해 성서나, 기독교 교리책, 찬송가 등을 판매하며 한국인들에게 새로운 종교인 기독교를 한국 문화에 맞게 해석하여 소개하는 역할을 하였다. 이러한 언문을 가르치는 문맹퇴치의 교육적 역할과 초기 기독교 정착을 위한 종교적 역할이 바로 전도부인의 확대된 역할과 활동의 밑거름이 된 것이다.

부인권서들의 초기 선교사업은 여러 성서공회나 선교회들의 리포트를 통해 소개되었으며, 거의 모든 선교 보고에서 그들의 놀랄 만한 사역들과 그 결과들에 의해 칭찬해 맞이하지 않았으며, 나중에는 부인권서들을 훈련하는 과정이나 학원들을 설립하고자 노력하며 또 하나 둘씩 전문과정과 훈련기관들이 생기기 시작하였다. 이러한 부인권서들의 한국 기독교 내의 기초적 리더십과 활동들은 후에 한국 교회부흥운동이나 교회 성장 발전, 그리고 한국 사회근대화에서 주도적으로 활동했던 전도부인들의 리더십과 사회적 위치들의 기초가 되었다.

평양 장대현교회

마포삼열과평양여자사경회

(4) 교회 조력자(Church Supporters)인가?

교회 지도자(Church Leaders)인가?

한국 개신교회의 토착화 발전에 있어서 전도부인으로서의 바이블
우먼의 실제적 역할, 1907~1945

이번에는 1907년에서 1945년 사이 한국에서 개신교 기독교가 가
장 급속하게 성장했던 시기에 전도부인의 독립적인 지도력 역할에
대하여 개념화하고 이야기해 보도록 하겠다.

연구기간은 1907년, 영적 대부흥운동의 절정기부터 일제강점기가
끝나는 1945년까지이다. 이 기간이 중요한 이유는 한국 개신교의 토
착화를 위해 가장 중요한 사건이 바로 영적 대부흥운동 기간에 이
루어져 일제 말기까지 한국 교회 초기 발전에 영향을 주었다고 할

언더우드 가족   주일학교 소녀들

1907년에 사용한 성경책   김활란

수 있으며, 또한 1930년대 말 태평양전쟁과 함께, 일제강점기 말기에 대대적인 종교탄압 속에서 한국 교회가 양적으로는 주춤했으나, 이를 통해 교회의 갱신과 발전이 이루어진 사실이 있기 때문이다.

이를 고려해 볼 때, 전도부인이 이 시기에 한국 교회의 토착화와 성장에 있어서 어떤 역할과 얼마나 많은 활동을 했는지, 그리고 어떠한 주도적인 영향성을 끼치었는지에 관심하지 않을 수 없다. 그러므로 부인권서의 계승자로서 전도부인이 한국 교회 초기 발전에 있어서 얼마만큼 그 영역을 넓히고 여성 지도력의 위치를 굳혔는지에 대하여 알아보고, 또한 이 과정에서 전도부인이 영적 대부흥운동에서 주도적인 역할을 감당했으며 이미 한국 문화에 존재했던 종교적 중계자로서의 여성 활동의 전통에 따라 이러한 역할은 한국 교회의 성장에 커다란 공헌을 가지고 오게 했다는 것이 필자의 주장이다.

구체적으로, 여기에서 우리는 전도부인의 지도력 확장의 영역을 살펴보는 동시에 또 그 한계를 보게 될 것이다. 한국 교회의 초기 성장에서 전도부인의 역할을 긍정적으로 받아들이던 한국 교회와 선교회들이 어느 정도의 성장에 이르자 한국의 유교적 문화 배경과 남녀 간의 사회적 파워관계가 교회와 선교현장에서 적용되어 교회 조직 안에서 그 지도력 범위의 한계(glass-ceiling)를 형성하게 되는 점을 보게 될 것이다. 전도부인의 기관위치(institutional level)의 상승은 불가능하였지만, 실질적인 활동과 지도력의 팽창과 상승은 자명하게 한국 교회 토착적 성장에 있어서 나타나는 점을 여러 근거들을 통해 밝히고, 또한 일제강점기 한국 교회 박해시기에 전도부인들의 종교적 결단과 지혜로운 해결책들을 제시하므로 또한 어려운 시기에 한국 교회의 생존에 있어서 어떠한 역할을 했는지도 살펴볼 것이다. 이러한 근거와 사실을 분석함에 있어 김세지와 같은 전형적인 전도부인의 이야기를 통해 이 사실을 더욱더 구체화하도록 하겠다.

20세기 초반의 한 20년 동안은 한국의 개신교 기독교가 급속히 성장하는 시기였다. 이것은 교회에 참석하는 회중의 통계를 보고 한 선교사들의 열정적인 칭찬과 갈채의 리포트를 보면 쉽게 알 수 있다. 1910년 영국 성서공회의 리포트가 바로 전형적인 이런 보고의 예다.

한국에서 기독교 성장을 지켜보는 사람들에게 여기는 용기와 희망을 가지게 한다. 사역에 있어서 가장 큰 힘은 사람들의 중생(regeneration)이다. 정부의 고위관료들은 한국 사람들에게 기독교의 영향이 긍정적이고 유익하다는 것을 깨닫기 시작했다. 해마다 교회의 성장이 안정적으로 이루어져 가고 있다. 통계에 따르면 10,000명 이상이 교회 정식 멤버로 더 등록되었다. (중략) 선교사들은 나날이 증가하는 영혼에 대한 열정을 가지고 그들의 사역으로 돌아갔다. 그리고 다음 회의 때까지 적어도 일백만 명의 영혼을 얻고자 하는 노력으로 한국 기독교인들을 참석시키고자 하는 명확한 목표를 가지고 그들은 흩어졌다.[246]

'일만 명의 영혼'에 대한 언급은 '일만 명의 영혼을 주님께로(One Million Souls for Christ)'라는 모토 아래 복음선교 총협의회(the General Council of Evangelical Missions)에 의해 시작된 '백만인 구령운동'을 뜻하는 것이다. 6개의 선교회 연합회, 즉, 미국 북, 남

---

246) 'The Growth of the Korean Church', *The 106th BFBS AR*, 1910, p. 347.

장로교 선교회(American Presbyterian Mission(North and South)), 미국 북감리교와 캐나다 감리교 선교회(Methodist Episcopal mission (Americans and Canadians)), 남감리교 선교회(Methodist Episcopal church(south)), 캐나다 장로교 선교회(Canadian Presbyterian mission), 호주 장로교 선교회(Australian Presbyterian Missions)가 모여 이 협의회를 시작하였고, 이것은 미국 감리교도들이 10년 일찍이 이런 협의회를 실행하려고 시도하려고 했던 노력들이 모델이 되었다. 많은 한국 사람들이 이 운동에 참여하기 시작하였고, 이 운동에 참여하는 사람들의 목적은 당시 만 명으로 추정되는 기독교인의 숫자를 일백만으로 증가시키려는 것이었다. 이러한 복음화 캠페인은 1903년 한국의 개신교도들이 시작한 영적각성운동에서 최고조를 향해 올라갔으며, 1907에는 이 운동이 클라이맥스에 이르게 된다. 이미 세례를 받은 사람들의 신앙 갱신을 중점적으로 하는 북미와 유럽의 영적 부흥운동과는 달리 한국에서의 이 운동은 비기독교인들을 복음화시킬 뿐 아니라 첫 한국 개신교도들의 세대의 신앙을 깊게 하려는 명확한 목표가 있었다. 이런 이유로, 한국 교회의 '영적각성'은 유럽 기독교의 전통적인 의미에서의 '부흥운동'과는 좀 더 다른 구분이 있었다.

이러한 영적대각성의 특성과 결과는 학자들의 연구 주제로 오르게 된다. 백락준 박사는 한국 기독교 역사 연구의 개척자인데, 그는 [한국 개신교회사, 1832~1910]에서 영적 대부흥운동을 연구하면서 주로 선교사적 입장에서 이 대부흥운동의 중요성을 강조하였다. 민경배박사는 [한국 기독교 교회사]에서 한국 교회의 성장과정 중에서 중요한 요소를 민족적 정체성으로 정의하였다. 이덕주박사는 [한국 토착교회 형성사, 1903～1907]에서 한국에서의 개신교주의의 형성이 영적각성을 통해 선교사 중심이었던 기독교 신앙형성이 한국인의 심성을 담은 깊은 기독교 신앙으로 발전하였다고 해석하고 있다. 이러한 몇몇 학자들의 주장에 따라 영적 대부흥운동은 한국 기독교인들에게 처음으로 한국 전통종교나 서구 선교사들의 가르침과는 다른 기독교 신앙적 전통을 소유하고자 하는 의식을 형성하게 되는 중요한 계기를 마련하였다. 이것은 한국 토착적 해석으로 한국인들이 복음을 소유하게 되고, 점차적으로 서구 선교사들의 지배에서 벗어나 독립적으로 자신들의 신앙을 이야기하고 지켜 나가게 되었다는 것을 뜻할 뿐 아니라, 한국 사회의 넓은 영역으로 정치적, 사회적 행동이 긴밀하게 이러한 운동으로 연관되어 있다는 것을 뜻한다.247)

현대 학자들은 한국의 필요에 의한, 한국 사람들이 주도적으로 이끈 운동으로서 한국 개신교의 '영적인 탄생(spiritual birth)'의 시작을 강조하고 이 부흥운동의 보충적인 해석들을 영적각성의 관점에서 받아들이고 있다.248) 이것은 토착화 운동으로서 영적각성은 선교사들과 현지인들의 긴장관계를 형성하였다는 점을 말할 수 있다. 또한 많은 비그리스도인들이 반응하고 있는 이 신앙적 열정과 함께 자신들의 문화적 가치들을 따라서 한국인들에게 자신 스스로

---

247) 이덕주, [한국토착교회 형성사], (서울: 한국기독교역사연구소, 2000), pp. 91－92.

248) J. Orr, *Evangelical Awakenings in Eastern Asia,* (Minneapolis: Bethany Fellowship, 1975), p. 33.

를 표현하고자 하는 커다란 계기가 될 수 있다. 한국인들은 일제의
압제에서 벗어나는 자유를 향한 갈망과 성령의 자유롭게 하는 힘
사이의 연결점을 인식하였다. 이러한 영적각성의 연구는 한국 여성
에 대한 영향성을 연구하면서 판에 박힌 학자적인 해석을 피하고
남성 학자들이 연구 중 소홀히 하기 쉬웠던 여성의 영적 대부흥운
동에 있어서의 영향성에 대해서 깊은 관심을 가지고 연구한 내용들
을 펼쳐 나갈 것이다. 다시 말하면 한국 토착복음화의 기초였던 영
적 대부흥운동이 전도부인에게 한국 교회 안에서 리더십 역할을 가
능하게 했고 이것은 누구나 거부하기 어려운 사실이라는 점에 필자
는 관심을 가진다.

A. 다시 태어난 기독교인들: 한국 토착교회들의 복음신앙의 폭발성

영적각성은 실제로 1903년 북한의 평양 근처인 원산지역의 여성
선교사들의 성경 공부 및 기도 모임에서 시작되었다. 그때 당시 남
감리교 소속인 휫트엄(C. Whitem), 캐롤(A, Carroll), 노이즈(M.
Knowles), 하운셀(J. Hounshell)과 캐나다 장로교 소속인 맥컬리(L.
H. McCully)가 1903년 8월 24일부터 30일까지 모임을 가졌다는
기록이 있다.249) 이 모임의 목적은 원산지역에서 5년 동안 사역하
였지만 별 성과가 없자 여성 선교사들이 이를 극복하고자 기도회를
가진 것이었다. 이를 위해 캐나다 의료선교사였던 하디 박사(Dr.

---

249) William Scott, *Canadians in Korea*, 1975, p. 5

Hardie)를 초청하여 특별 성경 공부와 기도회를 인도하도록 부탁한 것이다. 이는 여성 선교사들 가운데 영적인 갱신의 불을 지피게 된 경우가 되었으며, 다른 선교사들이 복음화를 위한 그들의 에너지를 재충전하기 위해 영적인 갱신을 추구하자는 동일 전략을 급속히 받아들이기 시작했다. 초기에 전통적인 부흥의 특징으로 한국의 복음화가 좀 더 성공적으로 이루지리라는 희망을 영적으로 갱신한 서구 선교사들로 한정되었다. 그리하여 초기단계에서 한국인에게 영적각성이 별로 영향을 끼치지 못했으므로, 백락준은 선교사 운동으로서 이를 해석하였다. 그러나 1906년, 한국 기독교인들은 부흥의 영성을 경험하기 시작하였다. 이 첫 번째 사건은 평양의 장대현 교회에서 일어났다. 이 교회의 목사였던 존스톤(Dr. H. A. Johnston)이 웨슬리 스타일의 부흥을 설교하였고, 회중들에게 '사람의 영혼 안에 있는 하나님의 생명'을 마음으로 회심한 신자들이 점점 더 소유하고 있음을 강조하였다. 동시에 신자들의 의무가 기독교인의 날마다 삶 속에서 중생하는 신앙을 복음화에 적용하면서 중생의 삶은 곧 전도의 실천으로 나타난다고 강조하였다. 이러한 메시지를 통해 존스톤은 이미 복음의 경험이 있어 교회에서 신앙생활을 하고 한국 사회에 그 복음의 열정을 그들 스스로 펼쳐 나가는 한국 신자들에게 용기와 도전을 주었다.[250] 장대현 교회에서의 결심이 이 심장을 꿰뚫는 신앙적 결과들을 통해 선교사들은 많은 한국인 전도자들을 비복

---

250) 'The Holy Spirit in Korea', *KMF*, Vol. Ⅲ No. 2, February 1907, p. 25. And Rev. J. R. Moores, 'A Great Awakening', *KMF*, Vol. Ⅱ No. 3, January 1906, p. 51.

음의 상황과 지역에 보낼 수 있었다. 가장 좋은 예로는 최초의 한국 선교사로 제주도에 파송된 이기풍 목사를 볼 수 있다.251) 1907년 평양에서 4개의 교회가 이 부흥운동에 더 참여하게 되었으며 이 운동은 동시에 서울과 한국 전역으로 퍼져 나갔고 심지어 중국의 경계지역인 만주까지도 퍼져 나갔다.252)

이러한 발전의 결과는 1910년 '백만인구령운동'으로 절정에 다다르게 되고, 한국 기독교인들은 선교사들이나 선교회의 도움에 의지하기보다는 한국 교회의 현지 한국인 목사나 지도자들을 중심으로 한국 개신교를 발전시키게 된다. 이러한 점에서 민경배 교수와 이덕주 교수는 민족의 정체성과 한국 교회의 토착화로서 이 영적 대부흥운동을 해석하고 있다. 가장 좋은 예가 길선주(1869~1935) 목사이다. 그는 평양에서 영적 대부흥운동에서 주도적인 역할을 한 목사였고, 영적으로나 양적으로 한국의 토착적 성격을 부각시키면서 한국 교회의 성장을 가지고 온 인물이다. 21살의 나이에 길선주는 사도 바울과 같은 영적 전환을 가졌다. 그는 원래 어려서부터 영특하여 사회적 신분을 극복하지 못하는 자신의 처지를 한탄하며 각종 한국의 전통종교에 심취하였다. 마지막으로 도교에 심취하였는데, 미국의 유명한 선교사 사무엘 모펫(1864~1939)이 그의 기독교 신

251) 백락준, [한국 개신교 교회사 1832~1910], (서울: 연세대학교 출판부, 1993), pp. 383 - 402. 민경배, [한국 기독교 교회사], (서울: 연세대학교 출판부, 1993), pp. 249 - 262. 이덕주, [한국 토착교회 형성사, 1903~1907], pp. 91 - 168.

252) 전택부, [한국 교회발전사], (서울: 기독교문서선교회, 1987), p. 159.

앙으로의 전환의 계기가 되었다. 영적인 혼란 가운데, 그는 이 선교사로부터 신앙의 진실성을 알게 되었고, 이것을 자신의 신학적 글들로 나타내었다. 예를 들면, [말세학(末世學)]이 있다. 여기서 그는 '새 하늘'의 성서적 개념을 전통적인 한국 신앙인 무속과 도교의 개념으로 바꾸었다. 그리하면서 당시 선교사들이 주장하던 전천년설을 이러한 전통적인 사상의 이해로 바꾸어 한국인들에게 새로운 창조의 원리들을 설교나 저서로 나타내었다. "자연세계의 요소들은 내적인 전환에 의해 변화한다. 따라서 이 세상의 모든 것들은 하나님에 의해 창조되었고 조금도 파괴될 수 없으나 그 형태는 변화할 수 있다"고 주장했다.[253]

길선주의 이해는 다른 기독교인들의 신앙에 커다란 도움을 주었다. 한국 문화적 이해를 가지고 기독교 신앙을 한국인의 영성에 맞춘 그의 신학은 영적 대부흥운동에 있어서 빠져서는 안 될 중요한 것이었다. 영적 대부흥운동 기간 중에 그의 설교는 매 순간마다 성공적이었으며 이것은 1920년에서 1930년대의 일제강점기라는 어려운 시기를 겪는 한국 기독교인들이 한국 교회가 한국 민족의 정체성을 지키며 한국인의 신앙을 발전시켜 나갈 수 있게 하는 큰 동력이 되었다. '조선신학'이라고 불렸던 그의 신학은 7만 명의 기독교 헌신자들에게 중요한 요소가 되었다.[254] 이 예를 일반화하는 것은

---

253) 길선주, '말세학', [영계 길선주 목사 유고전집] 1권, (서울: 한국 기독교 문서 선교회, 1968), pp. 29 – 137.

254) 김인수, [한국 순교자와 그의 설교집], (부산: 신앙생활사, 1962), pp. 74 – 75.

위험성이 있기는 하나, 한국의 영적 대부흥운동을 이끌었던 한 설교자의 신학이 토착적 특징을 가지고 있고, 그 영향성이 자명한 이유로 이 대부흥 시기에 있어서 한국 기독교 선교와 교회 성장에 있어 커다란 전환이 있었다는 역사적 평가가 받아들여질 수 있다고 필자는 판단하는 바이다.

영적 대부흥운동의 발전에서 토착적 리더십의 증거들이 선교사들의 전적인 사역에 대한 평가를 상쇄하는 점은 있지만, 이는 당시 선교사들이 한국 기독교인들이 가지는 영적각성의 나타나는 결과들에 대하여 찬성하면서 깨달은 점이라는 데 우리는 주목할 필요가 있다. 무어 목사(Rev. J. Z. Moore)가 평양의 상황에 대해 1906년에 쓴 리포트에서 이러한 점이 잘 나타나 있다.

> 평양지역에서 해마다 엄청난 열매들이 한국인 자신들의 노력과 지원으로 나타나고 있습니다. 사람들이 기독교적인 공급을 하는 데 있어 훈련이 부족하고, 해를 거듭하며 어려운 일들을 함께하면서 여러모로 부족함이 있다고 생각했을 때, 한국인들의 교회를 지원하기 위한 한국 기독교인들의 도움을 주는 방법들은 실지로 놀랍기만 합니다. (중략) 지난해에 주어진 803엔을 비교해 볼 때에 이 멤버십이 백퍼센트 증가하였을 동안 자전(self-support)으로 인한 공급은 400퍼센트 증가하였다고 볼 수 있습니다. 그들은 사역을 통해 월급을 받고 있는 8명의 조사들은 그중 3명 반은 선교회에 의해 지원을 받고 있으며 4명 반은 현지 한국인 교회에서 지원을 받고 있습니다.[255]

---

255) Rev. J. Z. Moore, 'A Record of Self-Support', *KMF*, Vol. Ⅱ No.10, August 1906, p. 195.

이 리포트로부터 우리는 어떻게 평양에 있는 교회들이 선교사의 도움은 줄이면서 이미 토착화의 의무를 실행하였는지를 볼 수 있다. 평양의 가난한 환경 속에서 한국 기독교인들은 자신들의 힘으로 자신들만의 교회를 설립하려고 노력하였다. 이것은 부흥운동의 영성이 땅의 흙이 되고 이미 그저 이름뿐이었던 기독교인들의 부흥이 뿌리가 되어 한국에 기독교의 바람이 불게 된 것이다. 무어 목사의 리포트는 어떻게 평양의 기독교인들이 존 네비우스(John Livingston Nevius, 1829~1893)가 한국에 소개한 삼자원칙(Three‒Self theory)이 부흥운동과 함께 어우러져 서구 선교회의 도움 없이 교회 성장으로 실천되었는가를 보여주고 있다.

B. 영적 갱신: 한국 기독교 여성의 종교적 열정

김화에서 있었던 영적각성 부흥회 때에 있었던 사건을 한 한국인 참석자가 다음과 같이 썼다. 그날 저녁 예배시간에 가정에서 있었던 그녀의 투기와 오해들을 회개하고 난 뒤에 그녀는 열정적으로 입고 있던 겉옷을 벗어 던지면서 "이와 같이 나의 죄를 벗소!"라고 외쳤다. 그녀의 이런 행동을 통해 다른 형제자매들이 감동을 받고 울고 불며 자신들의 죄를 고백하였다.256)

이 리포트는 신베시라는 한 한국 여인이 전 세계의 한 나라인 한

---

256) 이원화, '김화 디경터 손화서 부흥회', [그리스도 신보], 1906년 3월 15일(한글로 번역함), p. 260.

국에서 영적각성운동 과정의 특징인 종교적 열정을 보이고 있음을 언급하고 있다. 이것은 그저 수동적인 관찰자가 아닌 열정적인 영적 갱신의 주도자로서 영적 대부흥운동 과정에서 영적 갱신의 특징인, 성령의 강한 힘에 사로잡힌 여성들이 거의 동일하게 느끼고 행동한 많은 전형적인 이야기들 중의 하나이다. 또 다른 리포트에서 무어 부인(S. F. Moore)은 설교 도중에 일어나 저녁예배 때 자신의 죄를 고백하는 한 여성의 모습을 묘사하고 있다.257)

대중들 앞에서의 죄에 대한 고백과 회개의 행동들은 부흥집회에서의 전형적인 특징이었다. 한국 여성들은 자주 선교사들의 이러한 사건들을 보고하는 리포트에 인용되었는데, 그 내용은 남성들과 마찬가지로 여성들이 개인적인 영적 체험을 솔직하게 나타냄으로써 이 부흥운동의 이 독특한 면으로서 특히 중요하다는 것이었다. 다른 문화적 상황에서 부흥운동의 예들을 보면, 이것은 부흥운동의 주동자들을 자주 꼴사나운 행위로서 인식되는 다른 사람들의 경멸을 받는 것으로 그려지곤 했다. 만일 어떤 사람이 조선의 유교전통이 있을 그 당시 한국 여성의 문화적 상황을 고려한다면, 여성이 한국 사회의 계층문화와 가부장적 사회가 지배하는 공공장소에서 자유롭게 그 스스로의 감정을 표현하기를 기대한다는 것은 불가능함을 알아야 할 것이다. 이런 여성의 열정적인 공적 표현은 상당히 그 당

---

257) S. F. Moore, 'The Revival in Seoul', *KMF*, Vol. II, No. 5, April 1906, p. 116. "평양과 비교하여 비록 적은 결과를 얻는다 할지라고 전에 이와 같은 연합 복음성회를 시도해 보지 않았다는 것에 대해 참으로 아쉬움을 가지고 있습니다." p. 115.

시 충격적인 모습이었음을 우리는 상상하기 쉬울 것이다. 그러나 선교사들은 이런 현상들을 교회 성장을 가져오는 주요한 기독교 신앙의 증거로서 환영하였다. 하지만 한국 남성 또는 양반계층은 기존의 사회구조에 대한 위협으로 여겼을 수도 있다.

> 이것은 영적 대부흥운동 기간 동안의 성경반과 기도를 위한 성별 구분의 모임의 발전으로 설명될 수도 있다. 한 선교회에 고용된 한국인 남성인 이씨(Mr. G. Lee)는 한 선교 보고서에서 평양 대부흥운동에서 놀라운 결과를 낳은 남성 그룹에 대해 언급한 반면 여성 그룹은 이보다 적게 언급하였다. 이러한 그의 보고서의 언급에 대한 부분은 이성을 잃고 고통으로 몸부림치면서 성령에 사로잡힌 많은 결혼한 여성들을 생각할 때 그를 불쾌하게 만들었기 때문이다.258)

부흥회 모임을 위해 함께 모인 여성들은 여성 부흥사들의 지속적인 네트워크를 발전시키는 결과를 낳았다. 또한 이러한 네트워크는 여성 지도력을 통해 이러한 채널들은 한국 기독교인들이 교회를 운영하는 데 이어서 책임을 가짐으로써 실행되었다. 한 여성 선교사 캐더린 워드볼트(Miss Katherine Wambold)는 1908년에 여성 모임의 성장에 대해 다음과 같이 보고했다.

---

258) G. Lee, 'How the Spirit came to Pyeng Yang', *KMF*, Vol. Ⅲ, No. 3, March 1907, pp. 33 - 37.

교회는 매일 저녁 여성으로 가득 차 넘칩니다. 성경본문 읽기와 기도, 그리고 복음서를 이야기하는 것과 함께 찬송 하나가 끝나면, 이 모임은 한국 여성들이 좀 더 이해하기 쉬운 것으로서 자신들의 개인적인 이야기를 하면서 자신들의 문제와 고민들을 풀어나가게 합니다. 많은 사람들이 신앙을 가지기를 결심하고, 그들의 이름들이 주일 아침 예배 후 조사들에게 주어지게 됩니다.259)

거의 항상 있는 예배, 아침기도들, 저녁 성경 공부 모임들에서 이와 같은 비슷한 보고들은 영직각성이 한국 기독교 여성들에게 급속한 사회화 영향을 주고 있음을 알려주고 있다. 그들은 함께 모여 복음서 이야기를 듣고, 서로가 함께 이야기하고 기도한다. 이러한 형식들에서 그들은 영적인 힘에 대해 자신감을 가지면서 성장하기 시작했고, 전체적으로 교회 안에서 영향력을 발휘하기 시작하였다.

이러한 점은 한국 여성들에게 전혀 새로운 경험이 아니었다는 점에 주목할 필요가 있다. 전통적인 무속, 또는 불교문화에서 여성들은 여성 활동의 제한된 공간과 가정의 한계 안에서 가정적 영성의 근거지가 되어왔다. 대부분이 사회의 공식적인 부분으로부터 또한 숨겨져 있었다. 이러한 전통적 상황과 다를 바 없이 영적 대부흥운동에 있어서 한국 개신교 여성들은 이러한 그들의 영적인 열정을 지속하여 보였으나, 가정적 영역의 한계를 더 이상 넘지는 못하였다. 고백과, 회개, 그리고 새로운 삶을 나누면서 함께 모임을 갖는

---

259) Katherine Wambold, 'Thirty – Three Days of Country Classes', *KMF*, Vol. Ⅳ, No. 12, December 1908, p. 179.

것으로 그들은 기독교 신앙 안에서 새로운 정체성을 가지게 되었다. 그리고 교회 안에서 넓어진 삶의 영역에 천천히 배어드는 집단적 방식으로 나타나기 시작하였다. 그렇다면 이러한 배경하에서 부인권서에서 전도부인으로 어떻게 발전적 형태로 한국 교회 성장 안에서 어떻게 나타났는가를 살펴보도록 하겠다.

C. 부인권서에서 전도부인으로

앞에서 한국 개신교 교회 초기에 활동했던 부인권서를 살펴보았다. 그들은 언문으로 된 성서와 쪽복음, 기독교 서적을 배포 판매하고, 성서들을 읽어주면서 기본적인 글을 익히는 법과 교리들을 가르쳤다. 이러한 점에서 필자는 선교 보고와 후대의 역사가들의 글들을 보며, 부인권서와 전도부인의 역할을 구별하지 않고 있음을 발견하였고,[260] 영어로 '바이블 우먼(Bible Women)'이라고 언급한 영어 선교 보고들이 이 두 개념을 함께 사용하고 있었기 때문에 크게 구분하는 데 의미를 두지 않았음도 볼 수 있다. 사실상 초기 한국 선교에 있어서 이 둘 사이의 겹치는 역할이 있었다. 그러나 필자는 여러 자료를 조사하고 연구한바, 영적각성 전까지 부인권서들과 전

---

260) 이만열은 부인권서 연구에서, "여기서 'biblewoman'이란 용어는 부인 권서와 여교역자(전도부인)에 대하여 두루 쓰이는 용어였기 때문에 해석에 혼란을 야기한다. 그러나 선교회에서 설립한 이런 유의 기관 은 일차적으로 자기 선교회에 소속된 전도부인을 교육 양성시키는 기관이었다."라며 Kenmure의 보고서에 나온 바이블 우먼의 용어에 대한 부가적 설명을 다음과 같이 하였다. 이만열, p. 132.

도부인의 역할이 구분되지 않았지만, 이 대부흥운동을 기점으로 교회가 성장하면서 또 다른 특징적인 여성 지도자의 역할이 나타나는데, 이것은 부인권서의 근본 사역과 역할의 특징과는 다른 것이었다. 이에 전도부인은 영적 대부흥운동을 통해 복음전도와 교회 성장 분야에 특별한 역할을 한 인물로서 결과적으로 한국 교회 내에 특별한 기독교 리더십을 발휘하였다고 볼 수 있다. 이것은 외국 선교단체 소속으로 여성 선교사들과 함께 선교 개척자였던 부인권서로부터 토착 한국 교회의 여성 지도사로서의 전도부인으로의 발전으로 볼 수 있으며, 이 발전과정은 한국 개신교가 한국에서 정착, 토착, 발전, 성장하는 과정과 맞물려 생각해 볼 수 있다.

이러한 발전과정의 예로서 이름이 '한나'라는 부인권서의 이야기가 실려 있는 선교 보고서에서 더 확인해 볼 수 있을 것이다.

저의 바이블 우먼 한나에 대해 작년부터 이렇게 보고서에 소개하게된 것이 저에게는 큰 기쁨입니다. 저의 이야기는 전의 이야기와 많이 다를 것입니다. 저는 여러분이 저의 이야기에 큰 관심을 보일 것이라 믿습니다. (중략) 일원 첫 주 동안 그녀는 함흥에 있는 부흥회에 참석하였습니다. 그리고 첫 번째로, 예배 중에 성령세례를 받았다고 외쳤습니다. 이후 예배 중에 이러한 경험들은 더욱더 깊어 그 강력하고 비밀스러운 힘에 놓여 그녀는 하나님에게 그녀 스스로를 완전히 내려놓게 만든 것을 그 어디서도 전에 결코 배우지 못했습니다. 봄에, 그녀는 다양한 선교지에서 전도여행을 저와 함께 다녔습니다. 이것은 그녀에게 극복하기 힘든 커다란 변화라는 것을 우리는 어렵지 않게 보았고, 그녀의 사역을 시작함에 있어서 열정적인 성령의 역사가 그녀를 사로잡는 것도 그와 동시에 볼 수 있었습니다. 그녀 스스로가 그녀가 무엇을 경험했는지를 이야기함으로써 그녀는 말하기를, "나는 전에는 육신을 따라 살았습니다. 그러나 이제는 내가 얼마나 육신의 것을 죽이고 성령의 힘에 따라 살아야 함을 알았습니다." (중략) 이러한 일반적인 모임에서 그녀는 헌신적인 기도와 그 증거들을 말함으로써 커다란 도움이 되고 있습니다. 심지어 한국 남성들도 그녀에게 존경을 표하고 있습니다. 한 곳에서는 남녀 모두가 모인 한 가정에서 그녀는 기도 모임을 인도하였습니다. (중략) 한나는 426권의 복음서를 판매하였고 3,000명이 넘는 여성들에게 작년 한 해 동안 설교를 하였습니다. 또한 한 도시에서 주일 학교에서 아이들을 가르치기도 하였습니다. 저는 우리의 기도가 그녀가 계속해서 은혜 안에서 그리고 주 예수 그리스도 우리 구원자의 지식 안에서 성장하는 것으로 향하기를 바랍니다.261)

이 이야기는 1906년 북한 지역의 영적 대부흥운동 초기에 있었던 이야기이다. 한국 이름이 정확히 나와 있지 않는 '한나'라는 전도부인은 여성 선교사 맥컬리(Miss McCully)의 보조자였다. 그러나 여기서 그 역할과 능력이 정확히 나타나 있지는 않지만 그녀는 아마도 부인권서 중의 하나였을 것이라고 추정된다. 부흥회 참석 결과, 그녀는 분명히 더 깊은 하나님을 향한 복종과 헌신으로 영적인 변화를 경험하였다. 전형적인 부흥주의자 감정적 언어로, 그녀는 '육적'인 생활에서 '영적'인 생활로 변하였다고 스스로 표현하였다. 새로운 사람으로 거듭난 그녀는 한 과정을 졸업하고 다음 과정으로

261) Miss L.H. McCully, 'Fruit of the Revival', *KMF*, Vol. Ⅲ, No. 6, June 1907, pp. 83 - 87.

업그레이드되었다는 느낌을 받은 것이다. 성령의 역사하심으로 그녀는 그녀 스스로 기도 모임을 이끌고, 복음서를 팔며, 많은 여성에게 설교하고, 아이들을 가르치는 복음전도자로서의 삶을 확신하게 된 것이다. 이러한 일들에서 그녀는 더 이상 어떠한 지시 아래서나 선교사들의 명령 아래서의 사역이 필요 없게 되었을 뿐 아니라 그녀 스스로의 힘으로 전도자가 된 것이다. 이러한 과정 후 그녀는 함흥 지역을 복음화하는 데 주목할 만한 성공을 거두고 있다는 것을 맥컬리 선교사가 보고서 말미에 쓴 것에 대해 우리는 한나의 부인권서에서 전도부인으로서의 과정에 관심을 가져야 할 것이다.

그녀의 이야기를 분석하자면, 우리는 영적 대부흥운동에서 전도부인의 역할에 대한 부분에 한 통찰을 생각해 보게 되었다. 첫째로, 그들은 현지인으로서 외국 선교사들이 직접적으로 할 수 없는 복음화의 새 영역을 열 수 있는 전도자들이었다. 그들은 기도와 증거를 강조했던 작은 부흥주의자들의 모임에서 시작하였다. 선교사들의 기록들에서 전도부인의 이러한 모임에서 능력을 발휘하는 사역들을 자주 언급하고 있다. 예를 들면 1903년 평양에서 활약했던 마드린(Mardrine)을 포함하여[262] 1908년 4월부터 1910년 6월까지 주산리 교회에서 복음활동을 한 박수화[263] 그리고 1907년에 한 달에 6명에서 10명 사이의 새로운 신자들을 얻으며 평양 인근지역의 한 마을에서 복음전도활동을 위해 정기적인 모임을 조직했던 살로메[264] 등,

---

262) 여성사연구회, [한국 교회전도부인 자료집], p. 201.
263) Ibid., p. 225
264) Ibid., p. 229.

여러 기록에서 보이고 있다. 이는 한나와 같은 많은 전도부인들이 주로 여성들과 아이들 사이에서 일하였다는 점을 분명히 해주고 있다. 그러나 한나의 이야기는 특별히 소규모의 모임에서 그녀의 역할이 한정된 것이 아니었다는 점에 흥미로운 부분이 있다. 즉 남녀가 모두 자리한 '일반 모임'에서 활동하였을 뿐 아니라 이 자리에서 남녀 모두의 존경을 받았다는 점도 참으로 다른 일반 전도부인의 활동과 비교하여 볼 때 그리 흔한 경우는 아니라고 할 수 있다. 그러나 이것은 아마도 초기에 여성 부흥주의자들에 의해 영적인 열정들이 공적인 장소에서 보이게 되는 점을 남성들이 싫어하였고, 한국 사회의 기준으로 인하여 관습적으로 충돌이 있었다는 점을 일반화하는데 무리가 있음을 나타내준다. 또한 만일 즉흥적으로 모이는 지역적 작은 모임보다 조심스럽게 부흥의 목적을 가지고 기획되고 준비된 더 큰 공적 모임의 증거들로서 '일반 모임'을 우리가 언급한다면, 사실상 위에서의 여성 리더십에 대한 사회적 관습의 인식문제는 자연스럽게 이해되고 해결될 것이다. 두 가지 흐름을 가지고 있는 부흥주의자들의 경험들을 한 흐름으로 생각하면서 한국 영적 대부흥에 있어서의 나타나는 특징들을 생각해 보지 않을 수 없다. 하나는 성령의 '비처럼' 내리는 경험들의 자연스러운 특징들을 강조하는 것이고 다른 하나는 부흥회가 미리 기획되고 사람들이 준비되며, 간증자들을 준비하고 부흥회를 미리 계산된 순서대로, 조직하는 방식이다. 1906년에 한 작은 마을에서 있었던 한 부흥회에 대한 선교사의 보고가 이 두 가지 부흥회의 패턴을 보여주는 좋은 증거라고 하겠다.

우리는 몇 주째, 그분이 오시는 것(예: 부흥 설교자), 정해진 예배에
서 여성들이 간증하는 것, 그리고 한 주마다 교회에서 사역하게끔 여
성들의 사역을 조정하는 것에 대해 가가호호 다니면서 전도부인과 함
께 이야기하였습니다. (중략) 한 신앙심 깊은 전도부인이 감정이 폭발
하여 흐느껴 울면서 자신의 질투심과 사랑의 부족을 고백하였습니다.
그녀의 죄의 자각에 대한 괴로움은 곧 이해할 수도 없는 평화로 바
뀌었고, 그녀의 삶은 성령의 열매로 다시 태어나게 되었습니다.[265]

이는 부흥회가 기획되고, 특별히 부흥강사를 공식적으로 초대한
한 마을의 여성들이 그들 스스로 격정적이고, 열정적인 모임에 모였
으나 이 부흥회 자체가 있기 전에 몇 주 전부터 한 전도부인에 의
해 좀 더 큰 부흥회를 준비하고 있었다는 등의 선례들이 분명이 있
었음을 나타내주고 있다. 이러한 준비는 성경 읽기나 교리 학습, 기
도 모임뿐 아니라 실습을 포함한 것이었다. 맥컬리 선교사의 전도부
인 한나에 대한 리포트에서 나타나는 것처럼, 남성과 여성이 다 모
인 제법 큰 사이즈의 부흥회에서 지도자적인 역할을 하면서 여성신
자들뿐 아니라 남성 신자들에게 존경을 받았다는 사실을 우리는 알
수 있다. 또한 위에서 언급되는 이와 동일한 경우들이 다른 전도부인
의 경우에서도 나타나는 것을 많은 선교 자료에서 찾아볼 수 있다.

부흥사의 방문을 위한 마을 사람들의 준비처럼, 전도부인의 사역
은 현지지방 교회들이 조직적인 교회 공동체를 통해 영적각성운동
을 지속하려는 의도 아래 그 부흥의 기초를 놓는 장기간의 조직,

---

265) Miss. M. R. Hillman, 'A Wonderful Week', *KMF*, Vol. Ⅱ No. 10
    August 1906, p. 183.

준비, 운영의 역할로서 한국 교회 부흥현장에서 나타나 있었다. 이 것은 결국 영적 대각성의 목적, 즉 이미 존재하는 교회의 영성이 다시 부흥되어 교회의 개혁이 일어나며 복음이 전해지지 않은 곳에서 새로운 기독교 공동체가 수립되어 교회가 세워지는 이 두 가지 목적을 성취하기 위함이었다. 이 두 가지 목적에 있어서 전도부인은 어떠한 공헌을 했는지 자세히 알아보도록 하겠다.

1) 한국 교회의 설립

신생 교회 설립에 있어서의 전도부인의 흥미로운 예는 피어폰트 (Miss Pierpont) 선교사의 선교활동에 나오는 한 안동 지방의 방골 (Pang Kol)이라는 마을에서 생긴 '부인교회(Ladies Church)'의 예일 것이다. 사실상 안동 지역은 한국 전통적으로 유교문화가 지배적인 지역[266]으로 이 예는 한국 사회와 종교문화를 잘 아는 사람들에게는 20세기 초에 이러한 교회가 생겼다는 것은 정말 충격적인 사실이다. 그렇다면 어떻게 이 예를 보고서가 기록하고 있는지, 1906년 웰번 부인(Mrs. A. G. Sadie Welbon)의 보고를 보도록 하자.

---

266) 안동대학교 안동문화연구소, [안동역사문화기행], (서울: 푸른역사, 2002)를 참조하라.

우리가 웰번 목사[267])가 전에 방문해 본적이 없던 방골에 있는 신
생 교회를 발견하였습니다. 거기서 우리와 접촉하여 예수 믿는 즐
거움과 친절함을 보여준 사람들은 여섯 명의 여성 성도들이었습니
다. (중략) 바라미(Paramie)는 '부인교회(Ladies church)'로 잘 알려
져 있었습니다. 윤 부인의 딸이 결혼하여 4년 전에 복음을 가지고
안동근방의 이 교회로 왔습니다. 현재는 15명의 여성 성도들이 있
으나 기독교를 믿는 남성이 단 한 명도 없습니다. 교회를 설립하기
위해 집 한 채를 완전히 구입하기 며칠 전에 우리는 그날 밤 첫
예배를 드렸습니다. (중략) 부인들은 그 노인(old gentleman)의 이
야기에 대해 불쾌감을 느꼈고, 반복해서 만일 내가 다른 곳으로 곧
돌아가지 않는다면, 그들이 내가 매우 편안한 밤을 보내지 못할 것
이라는 것을 확신한다고 말하였습니다. 예배가 끝난 뒤에(이 예배
는 거의 밤 11시까지 있었습니다.) 모든 부인들은 들어가서 아이들
이 자는 것을 보고 와도 되겠냐고 물어봤습니다. 잇달아 그들은 조
그마한 등불을 들었고, 아이들 침대로 갔습니다. (중략) 우리는 12
교회들을 방문하였고, 개인적으로 393명의 기독교 여성 성도들을
만났습니다. 그 교회들 중 오직 4교회만이 여성 선교사가 전에 방
문한 적이 없었던 교회였습니다.[268])

이 리포트 통해 분명히 알 수 있는 것은 방골의 교회가 초창기에
한 젊은 여성인 윤 부인의 딸이 결혼으로 인해 '복음을 들고' 이

---

267) 웰번 선교사(Arthur G. Welbon)는 1900년부터 경북 안동지방에서 활
    동하던 미국 장로교 선교사로서 1917년에 평양으로 이주하여 한국
    선교를 지속하였다. 김승태, 박혜진, [내한 선교사 총람], p. 519.

268) Mrs. A. G. Sadie Welbon, 'Two Weeks on the Road', *Woman's
    Work*, Vol. XXX, February 1915, pp. 28–30.

마을로 이주함을 통해 세워진 것이다. 그녀는 4년 동안 마을의 여성들을 복음화하는 데 전도사역을 하였고, 피어폰트의 1906년의 방문으로 초기 교회 설립에 14명의 여성들을 모았다. 마을 여성들을 대상으로 하는 4년 동안의 전도활동은 그 당시 개인적으로는 그들의 집에서, 더 자세히 말하자면 한국 전통 가정문화의 공간인 안방에서 이루어졌을 것이다. 그래서 이러한 활동이 결실을 얻어 피어폰트 선교사의 방문시기에 여성들은 그들 스스로가 돈을 모아 집 하나를 사서 교회를 그들 스스로를 위해 세워나가는 시기였음을 우리는 알 수가 있다.

이 선교 보고서에서 우리는 이 교회에 두 가지 특징이 있음을 알수 있다. 첫째로는 '아직 한 명의 남성 신도가 없는' 오직 여성들로 인해 구성된 교회라는 것, 둘째로는 교회 설립에 있어서 어떠한 선교사의 개입이 없었을 뿐더러 피어폰트 선교사가 오기 전에 결코 어떠한 선교사도 방문한 적이 없었다는 것이다. 또한 흥미로운 사실은 이 리포트에서 '노인의 이야기(the gentleman's speech)'로 여성들은 매우 화가 났으며 이것을 피어폰트 선교사와 함께 온 남성 선교사인 웰번 선교사에게 이야기한 점이다. 그 노인은 여성들만의 교회 설립에 반대하였고, 이것은 한국 유교전통 하에서 이러한 모험을 감당할 만한 권위가 여성들에게 부족하다는 그 노인의 판단 때문이었다. 이 때문에 여성들은 여성인 피어폰트 선교사에게 나중에 잊지 않고 다시 한 번 그들을 방문하기를 간청하였다는 부분이 리포트에 상세히 나타나고 있다. 이것은 마을 여성들이 한국 남성들과 서구 선교사들 둘 다 독립적으로 활동하지만 여성 선교사들은 전략적으로 기꺼이 남성들의 방해를 막아주는 역할을 충분히 해낼 수 있을 거라고 생각하였음을 내포하고 있는 것이다. 즉 그만큼 그 마을 여성들은 자신들 스스로가 세운 교회와 그 교회 안에서의 자유로운 신앙생활을 보장받고 싶어 했다는 것을 알 수 있으며, 남성 선교사나 목회자들이 이 '부인교회'의 존재와 발전에 실제적으로 인내하며 지켜보았을 것이라는 것을 논리적으로 추측해 볼 수 있다.

이 리포트의 마지막은 방골의 교회가 안동지방의 12교회 중의 하나임을 밝히고 있고, 방골교회처럼 비슷한 유교환경 속에 있는 교회들에서 393명의 여성 성도들을 만난 것을 보이고 있다. 이것은 '바라미(Paramie)'라는 이름의 발음이 독특하지만, 아마도 한국 여성들에 의해 또는 이 여성들을 위해 전적으로 조직된 부흥된 교회들 중의 하나라고 추정된다. 이것은 전도부인이 복음전도자로, 성경선생으로, 교회 설립자로, 기도회 리더로, 예배의 각종 부분에서 조직 또는 섬기는 자로서 사역했던 부분들이 사실로서 보이는 부분이다. 이러한 방골 이야기의 놀라운 배경적 요소는 유교문화가 극심했던 안동지역에서 선교 리포트에서 나타난 여성들의 공적인 역할과 사역들로 인해 교회를 중심으로 이루어진 여성기독문화가 형성되었다는 점이다. 이러한 점이 바로 초기 한국 기독교 정착시기에 유교적 성차별의 사고방식을 가진 남성들 중의 하나인 노인의 분노로 나타났을 것이다. 이러한 배경적 요소들이 전도부인의 복음전도 활동이 사회와 문화변혁의 방향들을 제시하는 것으로 보였을 것이다.

A. 교회 설립 및 성장을 위한 소모임들

어떤 이들은 교회 내에서 여성들을 위해 전도부인이 사역한 기본
적 활동영역은 어디 있었냐고 질문할 수도 있다. 그 답은 이 섹션
에서 소개할 기도 모임과 성경 공부 모임, 그리고 이와 유사한 모
임들을 중심으로 한 그들의 사역영역이라고 할 수 있겠다. 이러한
소규모의 헌신된 집단들은 많은 세포들이 하나의 몸을 이루는 것처
럼 교회형성에 있어서 아주 중요한 요소였다. 이러한 소규모 모임의
구성원들이 친밀하게 서로 인맥을 형성하면서 그들의 공동체성이
더욱 강화되었다. 이에 그들은 다른 사람들을 자신들의 공동체로 적
극적으로 이끌면서 교회의 양적 성장에 공헌하게 되었다.

이 섹션에서는 이러한 소규모 집단모임에서의 전도부인의 중요성을
1911년에서 1919년까지의 남감리교 선교 리포트(the Annual Reports
of Board of Missions of Methodist Episcopal Church, South)를 분석
하여 설명할 것이다. 이 선교단체를 특별히 선택한 이유는 한국의 중
심부인 서울을 중심으로 사역했던 선교단체이며, 특히 이 중심부는
선교전략이나 활동에 있어 북쪽 부분의 선교와 긴밀히 연관되었고 또
한 감리교 선교는 특히 '여성을 위한 여성의 선교(Woman's Work for
Woman)'에 대한 특별한 관심이 있었기 때문이다.

이 '여성을 위한 여성의 선교' 리포트는 직접적으로 우리가 관심
하는 주제에 맞는 보고들을 하지만 또한 이 책에서 고민하고 있는
주제를 보이기도 한다. 그것은 보통 미국 선교사들의 활동 보고들과
한국 여성들의 공헌이 함께 소홀히 다루어지거나 배경적인 설명들

이 쉽게 무시되어 있기 때문이다. 필자가 1915년과 1916년 선교 보고로부터 인용해 온 다음의 세 보고내용들을 잘 살펴보자.

(i)지방에 있는 여성들을 위한 사역은 노이즈(Miss Noyes) 선교사와 터커(Miss Tucker) 선교사에 의해 돌보아지고 있습니다. 여성을 위한 사역은 별 고통과 문제없이 이루어지고 있습니다. 사실상, 노이즈 선교사는 모든 지방의 교회들을 방문해 왔고, 많은 성경반들이 열려왔으며, 이 가운데 시골교회에서 올라온 200명의 여성들이 가정학습을 위해 단축코스를 들으며 그들의 하나님 말씀에 대한 열정들을 불태우고 있습니다.[269]

(ii) 노이즈(Miss Noyes) 선교사는 지방에서 여성을 위한 사역에 책임을 맡고 있습니다. 그녀는 넓은 지역을 여행하고, 여성을 위한 많은 성경반을 열었습니다. 그녀와 그녀를 돕고 있는 전도부인들은 매우 이 사역에 있어 귀한 사람들입니다.[270]

(iii) 순회 성경반을 독립적으로 운영하면서 함께 기대어 자는 5명의 전도부인들은 날씨에 상관없이 마을과 마을을 다니면서 낮 동안 교회성도들과 함께 모임을 가지고 있고, 밤에는 비기독교 신자들과 함께 모임을 가지고 있습니다. 전도부인들은 5, 6일 동안 이러한 모임을 만들고 옮겨 다니면서 사역하고 있습니다. 전도부인들의 기록에 따르면 387개의 마을을 방문했으며 3,182명의 비기독교 신자들에게 설교 및 복음을 전하였으며, 4,872명의 기독교 신자들을 심방하였고, 211개의 기도 모임들을 이끌었고, 5개의 성경반과 50개의 성경반에 참석하였습니다.[271]

---

269) 'Evangelistic', *The 69th ARMEC, South,* May 11 - 14 1915, (Nashille, Tenn: Publishing House of the M. E. Church, South,), p. 171.

270) 'Wonsan West District - Rev. C. T. Collyer, Superintendent', *The 70th ARMEC, South,* May 2 - 5 1916, p. 148.

앞의 두 개의 보고서(i), (ii)는 두 명의 여성 선교사, 노이즈와 터커의 사역에 대해 보고하고 있다. 이 두 선교사 중 노이즈 선교사는 1910년 9월에 한국에 와서 1918년 미국에 돌아갈 때까지 8년 동안 강원도 춘천지역에서 한국 여성 사역을 한 남감리교 선교사이다.272)

첫 번째 보고서는 성경반과 여성 모임들을 유지시키며 춘천지역의 대부분의 교회들을 방문하면서 단지 "여성을 위한 사역은 별 고통과 문제없이……" 하고 있는 노이즈 선교사의 사역만을 전형적으로 언급하고 있다. 선교회가 선교지에서 소속 선교사들에게 가지고 있는 기대가 무엇인지 정확히 보여주는 것으로 북미선교사들의 관점이 그럴듯하게 포장되어 헌신되고 성공적인 선교사역처럼 보고되고 있다. 그러나 중요한 점이 빠져 있는데, 그것은 전폭적인 선교적 활동에 대한 지지와 도움을 제공하고 있는 현지 기독교 리더인 전도부인의 역할과 활동사항이다. 왜냐하면 노이즈 선교사가 8년을 지내는 동안 한국어와 문화에 있어서 성경반을 스스로 운영하고 여성 모임을 주체적으로 이끌어갈 만큼의 현지 지도력과 언어구사능력이 불가능했음이 분명하였기 때문이다. 이 리포트는 마치 사실인 양 이야기하지만 상식적으로 거짓말일 수밖에 없는 문장을 다음과 같이 마지막으로 써놓았다. "사실상, 노이즈 선교사는 모든 지방의 교회들을 방문해 왔고, 많은 성경반들이 열려왔으며, 이 가운데 시골교회에서 올라온 200명의 여성들이 가정학습을 위해 단축코스를 들으며 그들의 하나님 말씀에 대한 열정들을 불태우고 있습니다." 이 문구에서 노이즈 선교사가 각 지방

---

271) Mrs. J. P.Campbell, 'Evangelistic Work, Seoul District', Ibid., p. 156.
272) 김승태, 박혜진, [내한 선교사 총람], p. 401.

교회나 선교에 큰 도움을 주었고, 그 증거로 200명의 시골여성들이 교육을 받는다는 사실을 언급하고 있는 이 부분은 기독교 신앙과 삶의 기본적 요소들을 가지고 있는 이 여성들에게 과연 한 여성 선교사의 어눌한 말투와 한국 문화의 몰이해적 관점에서의 복음 활동이 가능했을까 하는 데 의문을 갖는다면, 이 선교 보고는 포장되어 있다고 말할 수 있으며, 이 선교사 외의 현지 리더들의 역할이 있었다는 것은 자명하게 판단될 일이다. 그렇다면, 그 현지 리더는 누구일까? 바로 전도부인들인 것이다. 이것을 뒷받침해 주는 것이 바로, 세 번째 캠벨 부인 (Mrs. J. P.Campbell)의 사실적인 선교 보고의 내용이다.

세 번째 보고(iii)에서 '5명의 전도부인'의 사역에 대해 특별히 언급하고 있음을 보게 된다. 이 5명의 전도부인이 노이즈 선교사와 함께 일했다는 구체적인 언급은 없으나, 캠벨 여사의 서울 근교지역의 복음전도에 선교 보고와 보고내용으로 인한 전도부인들의 활동 영역이 노이즈 선교사가 관활하고 책임지고 있었던 부분과 동일하며, 그 연대도 일치하고 있음을 알 수 있다. 그러므로 위 남성 선교사가 노이즈 여성 선교사의 선교업적이라고 보고한 선교활동들이 바로 이 전도부인들과의 사역과 일치되는 부분들이 있을 수밖에 없는 것이다. 전도부인들의 활동에 대한 통계들은 한 미혼 여성 선교사가 선교 리포트에 보고된 업적 이상으로 복음전도의 폭이 넓었는지를 우리가 알 수 있다. 예를 들면, 당시의 상황으로 387개의 마을을 방문했다는 것은 적어도 5천 명의 기독교 여성들과 3천 명 정도의 비기독교인들을 만났다는 이야기가 된다. 그러나 이 섹션에 있어서 논쟁의 증거가 되어주는 중요한 통계적 증거는 바로 5명의 전도부인들이 211개의 기도 모임과 5개의 성경반을 조직했다는 것일 것이다. 예를 들면, 이 섹션에서 관심하는 소규모 모임들이 바로 이러한 기도 모임이나 성경반인 것이다. 이것은 넓게 첫 번째 보고서에서 보이는 "시골교회에서 올라온 200명의 여성들이 가정학습을 위해 단축코스를 들으며 그들의 하나님 말씀에 대한 열정들을 불태우고 있습니다."라는 것과도 연관성이 있다. 틀림없이 한 리포트는 기도회와 성경반들만을 언급했다. 반면에 다른 리포트들은 이 모임들에 참석한 한국 여성들의 숫자들을 기록하였다. 이것은 여성 선교사와 전도부인의 역할과 모임 운영의 사이즈에 차별이 있었다는 것을 뜻한다고 볼 수 있다. 여성 선교사는 주로 사이즈가 큰 모임들을 소수 운영하고, 전도부인들은 순회 성경반이나 기도회를 통하여 소규모 모임들을 다수 운영하였던 것으로 분석된다. 이러한 과정을 거치면서 춘전 같은 시골마을들에서 소규모 모임들을 인도하는 전도부인의 사역이 더 확장되게 되었다. 위의 선교 리포트를 통해 우리는 여성 선교사들과 전도부인의 관계를 추측할 수 있다.

그렇다면 여기서 우리가 흥미롭게 볼 것이 있는데, 왜 지역이나 시기나 거의 동일한 선교 상황에 있어서 다른 선교 보고가 나타나는 것일까? 그것은 바로 남성과 여성 선교사의 관점, 그리고 선교사와 현지 리더의 활동 업적에 대한 인식에 대한 관점의 차이 때문이다. 첫 번째와 두 번째 보고는 서류 보고서나 간접적 정보를 근거로 한 보고서이고, 세 번째는 캠벨 부인이 직접 현지 리더들인 전도부인들의 활동과 보고서를 직면하고 이것을 근거로 한 보고서이기 때문이다.

그러므로 우리가 이러한 분석을 통해 결론을 얻을 수 있는 것은 복음전도의 좀 더 확장된 단계에 있어서 전도부인 리더십 역할을 함으로써 마을들에 존재하는 기독교 개종자들을 위한 기도회와 성경반을 조직하는 일들을 했음을 알 수 있고, 여성 선교사들은 이러한 사역에 있어 복음전도를 위해 훈련된 여성들을 선출하여 복음전도의 기초작업을 완성하게 하는 중요한 역할을 담당하였다는 것이다. 한국 중부지방에서의 '여성을 위한 여성의 사역'의 증거는 북쪽 지방에서 좀 더 일찍 실행되었으며, 특히 선교사들이 이미 방문하기 전에 전도부인에 의해 세워진 안동지역의 교회들의 예같이 여러 군데에서 나타나고 있음을 보게 된다.

B. 한국 교회의 자립에 공헌한 전도부인

영적 대부흥운동에 대해 연구를 해온 역사가들은 이 대부흥의 역사가 단지 한국 교회의 양적 성장을 가져온 것뿐 아니라 전적으로 한국인들 스스로의 힘으로 신생 교회들을 설립하는 능력을 가질 수 있게 만들었다고 한다. 이것은 존 네비우스 선교사가 주창한 '삼자원칙(三自原則)'인 '자립, 자치, 자전(自助, 自治, 自傳)'과 연관된다고도 말할 수 있다. 즉 선교사들의 네비우스 선교정책에 대한 관심과 더불어 영적 대부흥운동으로 인하여 한국 기독교인들의 회심과 한국 기독교인으로서의 정체성 확립의 분위기에서 한국인에 의하여 세워진 교회들이 현저하게 나타나게 되었다는 것이다. 이러한 현상의 배경에 있어 한국 여성들의 희생적인 헌신도 중요한 부분을 차지하는데, 이에 대해 평양에서 활동했던 북장로교 선교사 조지 맥퀸 목사(Rev. George S. McCune)가 그의 선교 보고서에서 잘 보여주고 있다.

> (철산지역 기독교인 모임에서 만난) 이 교회 설립자인 류 부인은 헌금시간에 헌금을 하였습니다. 그녀는 그녀가 무엇을 바치기 전에 그 밤에 결정한 것이 있었습니다. 매우 가난한 여성으로서 그녀는 아무것도 바칠 것이 없었습니다. 그러나 그녀가 팔려고 만들어놓은 몇몇 바느질한 작품들이 있었습니다. 제가 생각하기에는 그 헌금은 아마도 그 바느질을 팔아서 낸 것으로 18센트는 넘어 보이는 것 같았습니다. 그녀가 아름다운 은장도를 가슴에 품고 앉았기 때문에 그 장식품은 너무나도 사랑스러워보였습니다. 그리고 그녀는 항상 주일이나 특별한 경우에 그것을 달고 왔습니다. 현재 그녀가 기독교인이 되었기에, 이것은 그녀의 가슴에서 더욱 빛나 보이는 것 같았습니다. 그녀가 일어섰을 때, 저는 그녀의 허리로부터 그 은빛 장식품이 떨어져 나가 헌금바구니에 넣어지는 것을 목격하였습니다.[273]

전도부인이라고 소개되지 않았지만, 모든 전도부인의 역할과 활동의 기준에 부합하는 이 류 부인은 아마도 전도부인의 하나라고 확신할 수 있다. 그 이유는 그녀가 '이 교회의 설립자'라고 언급되어 있으며, 기록 당시 그녀가 교회 성도들 중에 윗사람인 것을 언급하고 있기 때문이다. 그녀의 역할이 전도부인으로서 초기 과정에 있었다 할지라도, 그녀는 '매우 가난한 여인'으로 묘사되고 있는 것을 볼 수 있다. 이것은 적어도 예외적인 것이 아니었으며 동시에 이

---

273) Rev. Dr. Geo. S. McCune, "Three Countries Set on Fire by a Widow", *Woman's Work*, Vol. ⅩⅩⅩ, March 1915, p. 64.

당시 많은 한국 여성의 상황과 비슷함을 보이고 있다. 이러한 상황에도 불구하고 전도부인들이 경제적인 이익을 위해 선교사들과 관계를 맺고자 노력하지 않았음도 이 보고서는 말해 주고 있다. 그들은 계속해서 지역주민들과 함께 가난 속에서 기독교인으로서의 정체성을 확립하여 가고 있었다. 이것은 류 부인이 가난 속에서도 자신의 가장 귀중한 것, 즉 주일이나 특별한 날에만 옷에 달 정도로 소중히 여겼던 은장식품을 교회 설립자금을 위해 기꺼이 내어놓았다는 것만 보아도 알 수 있다. 즉 이러한 귀중한 것을 헌금함으로 자신의 신앙과 주님의 집인 교회 설립에 공헌하는 기쁨으로 자신의 기독교인으로서의 정체성을 더욱 강화한 것이다. 이러한 헌신은 이 보고서의 작성자인 맥퀸 목사를 감동시켰다.

류 부인의 이야기는 전도부인의 또 다른 특징을 알게 해준다. 이미 언급했다시피, 전도부인이 선교사들과 가까운 관계에 있었음에도 불구하고, 거의 선교사들에게 재정적인 부분에 의존하지 않았다는 것이다. 자주 선교회들이 전도부인들에게 사역함에 있어서 돈을 제공하였지만, 이것은 전반적으로 특별한 사역이나 이벤트를 위한 것이었지, 생계를 위한 것은 아니었다. 전도부인은 그들이 일하는 가운데 같은 처지의 사람들 사이에서 살면서 복음전도자로서 그들 스스로 활동하였다. 이러한 점에서 전도하는 자와 전도 받는 자 사이에 어떠한 문화적이거나 경제적인 어려움이나 갈등은 없었다. 이것은 전도부인의 교회 성장과 영적 대부흥의 영향을 받아 교회가 자립하려는 목적을 이루는 데 있어서의 공헌에 대한 질적인 증거가 된다.

2) 교회 성장에 있어서의 주일학교의 역할

주일학교는 한국의 교회 성장의 역사에 있어 중요한 요소가 되었다. 첫 번째 주일학교는 노블 목사(Rev. W. M. Noble)의 부인(Mrs. Mattie Wilcox Noble)의 지도 아래, 1903년 평양에서 시작되었다. 첫 시작부터 교회 성장의 수단으로서 기획되었다. 175명의 학생들을 시작으로 노블 부인은 자신감 있게 1,000명의 학생 수까지 증가시키겠다고 예견하였다.[274] 그녀의 개척자적 사역은 선교사의 기독교 교육사업에 있어서 커다란 성장에 기초를 놓았을 뿐만 아니라 대부분 여성 중심 사역으로 그 입지를 다지게 되었다. 예를 들면, 1913년 '여성을 위한 사역(Women's Work)'에 9만 명의 주일학교 학생들이 있다는 보고를 하게 된 사실을 보면 그러하다.

25년 전만 해도 한국에는 단 한 명의 기독교 신도도 없었습니다. 현재 우리 소속의 교회들은 그 숫자가 어림잡아 3만 6천 명의 세례자와 9만 명의 주일학교 학생들이 있고, 선교사들이 조사한 바로는 30만 명 정도가 교회에 지속적으로 출석하고 있습니다.[275]

274) Mattie Willcox Noble, 'Children's Sunday School‒1903', *The Journals of Mattie Wilcox Noble 1892‒1934,* (Seoul: The Institute for Korean Church History, 1993), p. 111.

275) 'Korean General Assembly', *Woman's Work,* Vol. ⅩⅩⅧ, February 1913, p. 34. 이 통계는 장로교회의 주일학교 학생들의 출석을 포함한 것이다. 여기 속한 교회들의 교단은 남장로교(the Presbyterian Church South), 캐나다 장로교(the Canadian Presbyterian Churches) 그리고 호주 장로교단(the Australian Presbyterian Churches)을 뜻한다.

선교사들은 우리들이 수긍할 정도로 이 사역의 결과나 성취에 자부심을 가지고 있었다. 이 사역은 실지로 신생 기독교 공동체를 세우는 것과 동시에 이러한 기독교적 영향성이 비기독교인들에게 미치는 가장 효과적인 방법이었다. 주일학교들이 점차 기독교 지식을 습득하고 전하는 데 있어서 기초적인 역할을 하는 동시에, 한국인들의 바람 또한 문맹타파를 위한 기초적인 교육과 서구 학문과 기술에 대한 접근이었기에 이 사역의 결과는 마땅히 긍정적이며, 성공적일 수밖에 없었다. 한국역사 중에 이러한 점에 있어서 선교사들은 경쟁자 없는 손쉬운 사역을 해낼 수 있었으며 따라서 열린 활동영역에서 만족할 만한 성과들을 얻을 수 있었다.

원산 지역의 주일학교에 대한 다음의 보고가 우리에게 당시 상황에 대한 객관적인 인식을 가져다주면서 흥미로운 사실들을 제공할 것이다.

> 주일학교는 모든 교회마다 전 교인들이 참석하고, 활발히 운영되고 있습니다. 미숙한 선생들과 엉망이고 재정적으로 어려운 조직 구성, 우리의 이상과는 많이 동떨어진 상황이지만 하나님의 말씀을 알려고 오는 사람들을 기반으로 하여 성공을 이루고 있습니다. 학기들이 보통 주일 아침에 주일예배 설교 전에 있었지만, 기독교 아이들에 의해 찾아지고 데리고 오는 비기독교인 아이들을 위해 많은 교회들이 오후 주일학교를 열었습니다.[276]

---

276) 'North Korea – Wonsan, Evangelistic', *The 72nd ARFMC*, 1918, p. 115.

　이러한 리포트는 교회성도훈련 안에서 교육이 차지하는 위치가 얼마나 중요한지를 우리에게 보여주고 있다. 1918년에 원산에 있는 모든 교회가 교회 내 주일학교를 운영하고 있었으며, 모든 성도들은 주일예배를 하기 전에 주일학교 사역에 관련되어 있었다. 이것은 특히 성경 공부를 통해 기독교 신앙의 기초적인 교리를 교육하는 것을 교회성도들의 교회 기반 중심의 사역으로 하는 선교사역의 한 경우에 속하였다. 이러한 사역의 연장으로, 오후 주일학교반이 생겨났는데, 오후 주일학교반은 다른 면에서 본다면, 기독교 신앙을 가진 부모나 비기독교인인 부모의 아이들을 위한 교육사역으로 기획되었다고 할 수 있다. 즉 이러한 비기독교인 자녀들의 입학으로 인하여 문맹타파 교육과 동시에 성경 공부를 함께할 수 있는 기초 교육이 제공될 수 있었다. 이는 말할 것도 없이 문맹률이 높았던 한국 사회에 대한 기여일 뿐 아니라 기독교 복음전도에 있어서 가장 좋은 방법이었던 것이다.

　그러나 이러한 사역에 있어서 어려움이 따랐던 것은 사실인 것 같다. 이 리포트에서 "미숙한 선생들과 엉망이고 재정적으로 어려운 조직 구성, 우리의 이상과는 많이 동떨어진 상황……"이라며 미숙한 선생들이 사명감이나 학생들을 가르치는 데 기독교 신앙이 부족한 면을 지적하고 있다. 그러나 보통 대부분이 주일학교의 선생인 전도부인들의 기존의 부족한 교육이나 한국 기독교 여성들의 문맹에 대해 선교사들이 고려했다면 이 상황은 충분히 이해될 수 있었을 것이다. 여기서 다시 우리는 전도부인에 관한 무명성에 대해 관심을 가져야 하는데, 적어도 선교회에 소속되어 성서를 판매했던 부인권서들은 선교사들을 돕는 역할이 요구되었기 때문에 그나마 가르침의 역할에 있어서 그다지 미숙하지는 않았다. 하지만 이러한 부인권서들 가운데 대다수는 선교사들에 의해 능력 있는 학생들을 발굴되어 전도부인이 되기 위해 일반적인 학문과 성서지식들을 가르치고 훈련시켰다. 이런 훈련을 받은 전도부인들은 시골지방에서 선교사가 하는 사역의 범위까지도 확장하여 실행하기도 하였다. 이 리포트는 주장하길, "주일학교는 모든 교회마다 전 교인들이 참석하고, 활발히 운영되고 있습니다." 모든 교회가 주일학교를 만들고 운영하고 있다는 말이다. 이 점에 있어서 선교사들이 이 주일학교 교육에 있어서 지속적인 지원을 하지 않을 가능성도 있다는 점을 내포하고 있다. 우리가 전 섹션에서 보았듯이, 복음화의 과정들이 영적 대부흥 등을 통해 한국인 스스로의 힘으로 한국 교회가 세워지고 성장한 것처럼, 전도부인은 많은 지역에서 주일학교 교육에 책임을 지고 있었다는 점이 드러날 수밖에 없다. 많은 전도부인들은 그들 스스로 주일 학교를 조직하고 운영했으며, 여기서 여성 선교사들은 그 장을 마련하고 공식적인 지원을 제공했을 뿐일 수밖에 없음을 알 수 있다.

이 리포트는 우리로 하여금 또 하나의 사실을 알게 하여주는데, 그 것은 바로 주일학교에 대해 '엉망이고 재정적으로 어려운 조직 구성'이라고 한 언급이다. 이는 교회들과 주일학교들에서 함께 사역하는 어려움을 인식한 것이라기보다는 여성 선교사들과 전도부인들의 사역에 대한 평가라고 보는 것이 합리적일 것이다. 한국의 북쪽지방은 산악지방이 많아서 마을과 마을 사이의 소통이 어렵고 그리하여 여행 또한 어려운 상황이었다. 그러나 이 리포트는 계속해서 주일학교가 "(그러한 엉망인 조직운영에도 불구하고) 하나님의 말씀을 알려고 오는 사람들을 기반으로 하여 성공을 이루고 있습니다."라고 보고하고 있다.

선교사에게 훈련받은 김세지(Sadie Kim) 같은 전도부인들의 사역
에 대한 증거가 바로 이러한 리포트에서 잘 나타나고 있는 것이다.
이러한 사역을 뒷받침해 주던 모리스 선교사(C. D. Morris)는 한국
교회 안에서 기독교 교육의 기초를 놓은 선교사로 유명하다. 그리
하여 그의 선교 보고서에서도 주일학교 교육 분야에서 활동하는 전
도부인의 훈련과 업적에 대해 잘 나타나 있다.[277]

3) 교회의 기반인 여성의 모임, '여선교회와 여전도회' 1910 - 1938

이번 섹션에서는 교회의 세부 조직에서 전도부인의 사역을 근거로,
한국 교회 내에서 조직적인 여성의 모임들을 살펴볼 것이다. 이러한
점에서 다음의 질문들을 가지고 이번 주제를 다루어 보고자 한다.

1) 어떻게 한국 교회의 부인전도회나 여전도회들이 생겨나게 되
   었는가?
2) 부인전도회나 여전도회가 한국 교회 성장에 공헌하기 위해 어
   떤 종류의 역할을 하였는가?

---

277) 다음의 선교 보고들을 참조하시오. The Records of the Australian
Presbyterian Mission in Korea 1918 (pp. 24 - 26), Minute of the
Annual Meeting of Korea Mission in the Methodist Episcopal
Church 1912 (pp. 50 - 51) and The Annual Report of the Foreign
Mission Committee, 1912, 1918 and 1919.

3) 전도부인은 부인전도회나 여전도회와 어떤 관계를 가지고 있었는가?

4) 이러한 여성 조직들이 한국의 복음화를 위한 전도부인들의 활동영역에 어떠한 도움과 역할을 하였는가?

이 연구 질문들과 함께, 전도부인의 이야기를 좀 더 자세하고 구체적으로 나타낼 것이다.

A. 기독교 전파를 위한 교회들 안의 여선교회 및 여전도회

그렇다면 한국 교회는 무엇을 통해 성장하였는가? 부인전도회나 여전도회인가? 이 질문에 관하여 다음의 이야기는 한국 교회 안에서의 삶을 잘 묘사하고 있기에 답이 될 수 있을 것이다.

모든 여성은 그녀의 찬송가와 성경책을 가지고 있고, 그녀가 들어올 때, 그녀는 아이를 등에 업고 자주 기도하려고 앉는 마룻바닥에 머리를 조아립니다. 이 여성은 '회장님 또는 사모님(Madam President)'라고 불리는 작은 체구의 70세의 할머니이십니다. 그녀는 어린 학생들보다 조금 키가 클 뿐이지만, 그녀의 위엄은 어디서건 부족함이 없습니다. 그녀가 거기서 일어섰을 때, 그녀의 마른 얼굴은 왕이신 주의 예배를 이끌 만한 성스러운 지성, 정숙, 침착함, 능력으로 빛을 발하고 있었습니다. (중략) 당신보다 더 나은 행동을 할 수 없었습니다. 오! 회장님! 누구나가 다 당신 같을 수 없습니까! 거기에는 회계원과 비서들이 하는 일과 같은 사역들이 있었습니다. 그녀는 이 사역들의 리포트와 이야기들을 가지고 왔습니다. 한 교회에서 40명 이상의 새 신자들이 왔다는 기록을 받았습니다. 한 명의 기독교 여성이 없었던 시골지역에서 그녀의 사역의 이야기를 또한 들었습니다. 어떻게 그 일을 시작할 수 있었는지 그리고 마을 사이의 거리가 아주 멂에도 불구하고 새 신자들이 어떻게 그녀를 쫓아왔는지 참으로 궁금하지 않을 수 없습니다. 여기에서 답을 하자면, 참으로 익숙한 주제인 '(비기독교인에게 삶의 현실적 문제보다) 더 큰 흥미를 일깨워주는 방법'인 것입니다. 이를 위해 우리 한국인 자매들은 이 어려움을 넘어서서 지속적인 지원을 하여왔습니다.278)

이것은 루켓(Mrs. S. D. Belle S. Luckett) 부인의 시각으로 비춰진 한 교회의 여전도회의 여성 회장의 이야기이다. 어떻게 루켓 부인이 이 회장을 언급하는가를 보면서, 우리가 한 가지 깨달은 것은 교회의 여성이 하나의 변화를 교회 안에서 당시 경험하고 있었다는 사실이다. 한국 기독교 여성은 교회 내에서 제법 큰 조직인 부인전도회나 여전도회에 속하여 있었다. 보통 나이 든 여성은 이런 선교회나 전도회의 회장이 되었다. 예를 들면 위 리포트에 나오는 70세 기독교 여성이 'Madam President'로 지칭된 것으로만 보아도 그러하다. 이 회장의 역할은 다양한 분야와 의무의 범위를 가지고 있었다. 첫 번째로, 회장은 여성 모임 기도회나 성경 공부반 등 여러 교회 전반의 모임에 대해 책임을 맡고 있었다. 아이를 등에 업은 여성들이 모여 마룻바닥에 앉아 회장의 인도로, 교회 예배당에서 성경

---

278) Mrs. S. D. Belle S. Luckett, 'With the Missionaries' Children', *Woman's Work*, Vol. XXXIII, February 1916, pp. 29‒30.

책과 찬송가를 가지고 기도하고 모임을 갖는 모습을 상상해 보라. 서구 선교사들과 한국인 남성 목회자들이 소홀히 여겼던 부분이 바로 이러한 소규모이지만 가장 기초적인 모임들의 수와 모임 횟수가 많았다는 점이다. 또한 이러한 모임들은 대부분 여성 조직들이었다. 그러므로 이러한 모임들은 교회 설립에 있어서 각각의 교회 건물의 벽돌과 같은 역할을 함으로써 교회 설립과 성장에 있어서 가장 중요한 역할을 하게 된 것이다. 둘째로 부인전도회나 여전도회의 회장은 비기독교인들에게 기독교를 소개하고 복음 전도함에 있어서 적극적이고 또한 잘 사역하는 능력을 가졌음을 본문을 통해 확인할 수 있다. 본문에서 회장은 마을에서 사는 사람들의 존경을 받는 사람이었음을 알 수 있다. 이러한 존경과 명성을 기반으로 회장직을 맡은 여성들은 쉽게 비기독교인들에게 교회로 나오기를 권유하여도 커다란 방해나 장애물은 없었다. 교회로 인도된 비기독교인들은 회장들의 명성과 카리스마의 인도로 새 신자로서 기독교 교리 교육을 받게 되고, 한국에서는 신종교인 기독교에 기독교인으로 정착하게 되었다. 이는 부인전도회나 여전도회의 지도자들은 단지 한국 여성과 남성들에게 한국의 전통적인 관점에서 기독교를 설명하고 그 의미와 진가를 깨닫게 해주는 영적인 지도자일 뿐 아니라, 심지어 비기독교인들도 기꺼이 그 지도력에 따르는 사회 지도자였다는 것을 보여준다. 그러므로 부인전도회나 여전도회의 중요성 그리고 이 조직의 회장의 역할이 한국 교회사에서 높이 평가되어야 한다고 생각한다. 이를 위해 구체적인 여성조직 상황을 장로교 여성조직 기록을 통해, 증명해 보도록 하겠다.

 1898년부터, 한국 교회 안에서 소규모의 여성 모임이나 조직이 구성되었다. 널다리골(1898), 장연(1899), 강계(1904), 전주(1910), 의주(1910) 지역에 여성 모임이 구성되었다.[279] 특별히, 강계 여전도회의 실질적 지도자는 류익두라는 전도부인이 이끄는 여섯 명의 전도부인들이었다. 교회 내 여전도회 같은 조직들은 급속히 성장하였고, 1908년에 이르러서 '평양지방 부인회' 같은 지방연합 여성기구가 성립되었다. 이것을 기점으로 하여 1915년 이후부터 '여전도회 연합회' 같은 총연합기구가 형성되었다. 가장 유명한 예가 바로 '평북 여전도회 연합회'(1915)이다. 이 연합회는 55개의 지방 전도회들로 구성되어 있었고, 400명의 회원과 700달러(미국달러)의 재정도 보유하고 있었다.[280] 이 연합회는 매우 조직적이었기에 다른 지방교회나 교단들이 관심을 이 연합회에 가질 정도로 깊은 영향을 주었다. 장로교 여성의 역사를 집필한 주선애 박사는 다음과 같이 그 여성조직들의 정보를 소개하였다.

---

279) 주선애, pp. 82 - 91.
280) Harry A. Rhode, A. M. D.D.(ed), *History of the Korean Mission Presbyterian Church, U.S.A 1884 - 1934,* (Seoul: Chosen Mission Presbyterian Church, 1940), p. 210.

<표 7> 한국 기독교 교회의 여성 조직, 1908-1928[281]

연 도	지역 여전도회	지방 여전도회	여전도회 총연합회
1908	평양 부인전도회		
1909	순천 부인전도회		
1910	의주 부인전도회		
1911	원산 부인전도회		
1912	강계 부인전도회		
1913			
1914	칠산 부인전도회		
1915			평북 여전도회 연합회
1916		영광덕동교회부인 전도회	
1917		경기지방 욱천의 박원리 교회 부인전도회	평서 여전도회 연합회
1918		평양연화동교회부 인전도회	부산 여전도회 연합회
1919	대구 부인전도회		
1921			황남 여전도회 연합회
1922			황해 여전도회 연합회
1925		남광주송문교회 부인전도회 창주읍 교회 부인전도회 양양지역, 개울교회 부인전도회 나주 교회 부인전도회	경기 여전도회 연합회

---

281) 주선애, pp. 135-136. 필자가 책의 조사내용을 도표로 정리한 것이다.

연 도	지역 여전도회	지방 여전도회	여전도회 총연합회
1926			원산 여전도회 연합회 경북 여전도회 연합회
1927		남원읍 교회 부인전도회 김천북전동교회 부인전도회	
1928			전주 부인 조력회 총회 (The Assistant Assembly of Chŏnju Ladies)

이 도표는 한국 기독교 여성들에 의해 20여 년 동안 여성조직이 얼마나 꼼꼼히 조직되고 운영되었는지를 보여주고 있다. 이 자료는 또한 교회 내 여성의 조직 운영력만을 보여주는 것 이상으로 그 배경에 여전히 한국 전통의 여성 네트워크가 영향력을 가지고 있다는 것으로도 해석이 가능하다. 종교적으로나 사회적으로나 여성의 활동과 사역은 기독교 공동체 형성과 연결에 있어서 중요한 부분이었다. 따라서 전도부인은 이 부인전도회나 여전도회와 깊이 관련되었고, 이는 전도부인의 사역에 있어서 커다란 배경과 후원이 될 수밖에 없었다. 만일 그렇다면 전도부인은 이 잘 조직된 여선교회에서 어떤 일들을 해나가고 성취하였는가를 알아볼 필요가 있다.

B. 전도부인의 복음전도사역: 여전도회의 조직적인 지원과 후원

거의 모든 교회들은 전도부인이 이끄는 여전도회가 있었고, 또한 협의회와 총연합회에서 지원하는 여성 모임도 있었다. 예를 들면 1887년 언더우드가 세운 새문안 장로교회282)의 기록을 보면 쉽게 알 수 있다.

1910년대에 새문안교회의 전도부인들은 집사, 권사, 부인권서들로 이루어진 그룹으로 주로 주일마다 서울 근교의 마을로 다니면서 복음전도활동을 하던 여성들이었다. 그들은 비기독교인들에게 기독교 복음을 전하면서 설득하여 개종하는 것을 목적으로 하였다. 만일 어떤 사람이 기독교로 개종하기로 결심하면, 그들은 그 사람에게 기초적인 기독교 교리를 가르쳤다. 더욱이 그들은 교회 내 새 신자들을 매 주일 정착하는 사람들을 도왔다. 또한 그들은 새 신자들에게 서구 선교사들을 만날 기회를 마련해 주기도 하였다. 전도부인의 복음사역의 영역은 시흥과 고양 지방까지 이어졌고, 이 전도부인 그룹은 조직적으로 20명에서 40명씩 짝을 지어 함께 비기독교인들의 집을 방문하여 개종할 수 있도록 하고 새 신자들의 기독교 교육을 위해 있어야 하는 곳이라면 항상 가서 사역하였다. 그 당시 김진애, 이우영, 김전신, 심창독은 아주 활발한 활동을 한 전도부인이었다.283)

---

282) 새문안교회의 정보에 대해서는 새문안교회 홈페이지 http://www.saemoo-nan.org/를 참조하시오.

283) 윤경로, [새문안 교회 100년사], (서울: 새문안교회, 1995), pp. 140 - 142.

여기서 전주에서 활동하던 한 선교사의 보고서를 통해 전도부인의 복음전도활동이 구체적으로 어떠했는지 더 살펴보도록 하자.

1910년 6월 복음전도 캠페인과 함께 연이어서, 여성 사역자들의 인맥은 조직적으로 구성되었고, 신실하고 성공적인 사역을 이루어 내었습니다. 이 코닥 사진들은 우리의 사역이 막 시작되었을 당시에 교회의 한 면에서 같이 찍은 사진입니다. (중략) 다른 사람들은 동일한 목적을 위해 돈을 더 벌수 있음에도 불구하고 자기희생을 하였습니다. 이 복음은 구원자의 이야기에 흥미가 있는 사람들 누구에게라도 주어졌습니다. (중략) 이 클락 부인(Mrs. Clark) 왼쪽에 있는 노부인은 거의 7년 동안 불교에 심취해 있었던 사람입니다. 그녀는 많은 것을 행하였고 또한 유익을 얻기 위해 많은 희생을 치렀습니다. 사람들은 "십자가 달리신 그분을 보는 것에 생명이 있다"라는 말을 들었습니다. 그녀의 사위가 이러한 그녀의 신앙 때문에 아주 못마땅하게 여김에도 불구하고, 그녀는 매우 행복하였고, 그녀의 구원자이신 분을 다른 이들에게 열심히 말하였습니다.284)

이 리포트 또한 전주에 있는 한 교회 앞에서 40명의 전도부인과 4명의 선교사들이 단체로 찍혀 있는 사진이 첨부되어 있다(사진이 스캔이 힘들 정도로 낡았다). 상태가 나쁜 사진이지만 이 사진을 보면 대부분이 사진 찍힌 부인들과 선교사들의 표정이 얼마나 심각하고 열정적이었는지를 쉽게 알 수 있다. 이 그룹은 복음전도를 위해 기획되었고, 그 여성들을 전도부인이라고 불렀다. 그 호칭의 의미는

---

284) Mrs. Anabel Major Nisbet, 'Women Workers, Chunju, Korea', *The Missionary*, April 1911, pp. 183 – 184.

단순히 비기독교인들에게 복음을 전하는 여성들이라는 뜻이다. 또한
그 여성들의 사역에 대한 결과물들은 교회 성장에 있어서 후원 및
지지 요소였다. 이것은 남감리교 선교회의 자료에서도 볼 수가 있다.

> 전도부인은 10달 동안 1,527군데의 신자 가정을 방문하고, 1,733군
> 데의 비신자 가정을 방문하였습니다. 73명이 믿기로 설득당하였고
> 1,236번 모임들을 열었으며, 218군데 지방과 시골마을을 방문하였
> 고 3,311명이 기꺼이 복음을 들었습니다.[285]

1915년 이후부터 전도부인 사역에 대한 남감리교의 보고서를 통
해 우리는 전도부인인 복음전도사역의 맨 앞에 서 있다는 점을 알
수 있다. 전도부인들은 많은 가정을 방문하여 교회 예배에 참석하고
기독교인으로서 교회의 성도가 되라고 설득하였다. 따라서 지역교회
들의 성장에 있어서 전도부인의 복음전도사역이 가장 중요한 부분
이었음을 알 수 있게 된다. 전도부인 목록들을 보면, 박관순같이 복
음전도사역을 위해 기독교 여성들을 조직하고 또한 커다란 열매를
얻은 전도부인들의 예들이 많이 나타나 있다.

더욱이 전도부인은 그들의 복음전도사역을 한국 밖인 다른 나라
로 그 영역을 넓혀 나갔다. 1908년 평양 부인전도회는 이선광을 제
주도로 보냈고 1914년까지 그녀를 지원하였다. 이와 같이 많은 여
성들이 다른 나라로 복음전도를 목적으로 파송되었는데 많은 수의

---

285) 'Woman's Work', *The 69th ARMEC, South,* May 11 - 14 1915, p.
174.

전도부인 출신 선교사들이 공식적으로 비공식적으로 파송되었는데, 일련의 조사된 명단은 다음과 같다. 문도라(감리교인, 1903년에 한국인 전도를 위해 미국 하와이로 파송), 박견료(1928년 일본으로 파송), 박내온(감리교인, 1925년 시베리아로 파송), 오일권(1924년 평서부인 전도회에서 중국으로 파송), 최나오미(감리교, 1922년 6월에서 1926년 5월까지 시베리아에서 사역) 등이 있다.[286) 그들은 평양 여자성경학교(장로교)나 협성여자성경학교(감리교) 같은 지방 여성 성경학교에서 공부한 졸업생들로 전도부인으로 훈련받았던 여성들이었다. 그러므로 여전도회의 선교사역은 각 교단사역의 지원을 받으며 해외선교에 공헌하였다. 그 가장 대표적인 예가 최초 한국인 여성 선교사 김순호이다.

> 이 총회(한국장로교 총회)가 9월에 열렸고, 여기서 매우 흥미로운 사건이 있었다. 그것은 한 여성을 첫 번째 독신 한국인 여성 선교사로서 총회의 지도 아래 이전에 많은 한국인 선교사들이 파송되었던 중국의 상뚱 지방으로 파송시키기로 결의한 것이다. 김순호는 그 첫 번째 여성 선교사가 되었다. 그녀는 30세로 한국 사회의 관습에서는 찾아보기 힘든, 결혼하지 않은 미혼여성이다. 그녀는 성실하고 열심인 성경학교 학생이었고, 기도의 여성이었으며, 깊은 영성을 가진 여성이었다. (중략) 10월에 김순호는 의사부인과 그녀의 아이들, 그리고 한국인 목회자와 함께한 자리에서 상뚱으로 떠났다. 한국 기독교인들과 선교사 친구들이 함께 평양의 기차 플랫폼에 모여 배웅하였다. 이날 저녁 전에 평양 장로교 여성들 모임이 한 선교사의 집에

---

286) 주선애, pp. 138 - 139.

서 김순호 환송 기념 저녁식사로 준비되어 있었다. (중략) 손님들이
자리를 뜨기 전에 인사말로 "평화가 너와 함께하시길", "너의 가는
길에 평안하시길"이라는 말을 하자마자, 김순호는 그 모임을 주선한
부인에게 돌아서서 말하기를 "저는 제 머리카락이 희게 될 때까지
중국에 남아 있기를 소망합니다."라고 하였다.[287]

　　김순호는 1902년 5월 15일에 태어났다. 그녀는 '평양 여자성경학
교'를 1920년대 초에 졸업하고 난 뒤, 전도부인 또는 여전도사로서
함흥에 있는 재령의 동부 교회에서 사역하였다. 1931년, 그녀는 평
양 여전도회에 의해 중국 산둥에 파송되었다. 이 리포트는 1931년
9월 11일에 중국에 파송될 때 기록되었던 것이다. 선교에 대한 그
녀의 열정은 신앙을 기반으로 아주 확고하였다. 이것은 여전도회가
김선호를 자체적으로 선교사로 보낼 정도로 정치적으로나 경제적으
로 힘을 가지고 있었다는 것을 뜻한다. 전도부인은 그 당시 훈련이
잘된 전문가로서, 광범위한 지역에서 사역하는 일꾼으로서, 여성 사
역을 지원하는 지도자로서 한국 교회에서 아주 활발히 그리고 중요
한 위치에서 사역하고 있었다. 그러므로 교단 선교부에서는 이러한
그들의 공헌을 분명히 깨닫고 그 영역을 넓혀줄 수밖에 없었다.
　　전도부인은 한국 교회 내외적으로 기독교 전파자로서 복음화를
이루어 나갔다. 그들은 한국 교회 성장에 있어 중요한 지도자 역할
을 감당하게 되었고 이에 많은 교회들은 소규모의 훈련 과정뿐 아

---

287) Helen K. Bernheisel, 'Their First Missionary', *Women and Missionaries*,
　　　Vol. 8, 1932, p. 429.

니라 여자성경학교에서 교과과정을 밟은 좀 더 잘 훈련된 전도부인
들을 요구하게 되었다.

4) 지도력의 증가 이에 따른 장벽의 증가:
남성 중심의 한국교회에서의 전도부인의 훈련과 고용, 1905~1935

여기서 우리는 아주 상반된 상황에 놓였던 전도부인들의 기대와
한계에 관하여 살펴볼 것이다. 그 상반된 상황이란, 한국 교회가 좀
더 숙련되고 경력 있는 전도부인을 요구한 반면, 전도부인의 리더십
에 대한 교회의 제한과 하대(下待)의 현상을 말한다.

여기서 우리는 남녀가 함께 존재하는 한국 교회에 한국 여성 네
트워크를 기반으로 하면서 영향력을 발휘했던 전도부인의 주체적인
활동들을 보게 될 것이다. 이 활동을 보면서 우리는 몇 가지 연구
질문들을 가지는데, '전도부인이 교회 내에 어떠한 영역에서 지도적
역할을 하였는가? 그렇다면 그 역할을 수행하는 활동의 한계는 어
디였는가?'이다. 그리하여 연구기간은 영적 대부흥운동 기간 중인
1905년에서 일제강점기 중 종교박해기간의 정점인 1935년까지로
정하였다. 이 규정된 연구기간은 전도부인의 지도력이 1920년대 초
기한국 교회 성장의 정점을 기준으로 어떻게 발전되고 또한 하락세
를 가지게 되었는지를 그 당시 시대사건과 현상들을 통해 알게 될
것이다. 우선 활동영역의 확장과 지도력의 상승을 가지고 온 시기로
서 1905년부터 1923년까지를 알아보도록 하겠다.

A. 체계적인 지도자 훈련: 전도부인을 위한 훈련 과정들과
   성경학원들, 1905~1923

역사가인 로이드(Harry A. Rhode)는 다음과 같이 전도부인 교육
현상을 묘사하였다.

> 과부인 강 부인은 매우 훌륭한 전도부인이라고 다들 말하고 있습니
> 다. 1914년 말엽에 밀양에 있는 여자 성경반의 3학년에서 공부하
> 고 있는 125명의 학생 중의 한 명이 바로 이 강 부인이었습니다.
> 여성 사역자를 훈련시키기 위한 이 반들은 1912년 4월에 세워져
> 24명의 학생으로 출발하였습니다.[288]

'성경훈련반(사경회)'은 전도부인과 지도자 양성에 있어서 아주 전
형적인 방법 중의 하나였다.[289] 한국의 영적 대부흥운동의 정점에서
숙련된 여전도사들 즉, 전도부인들을 얻기 위해 많은 지방 성경학교들
이 열리게 되었다. 지방학교들은 다양한 파트타임 과정들로 여성들을
교육하였다. 예를 들면 2년을 기간으로 일 년에 6개월만 하는 과정이
라든지, 3년 또는 5년 기간으로 해마다 2달을 하는 과정을 만들어 놓
았던 것이다. 서울의 여자성경학교에서 사역하던 차부인의 보고서에

---

288) Harry A. Rhode, A. M. D.D.(ed), p. 132.
289) 이에 대한 예들이 종종 선교 자료에서 나타나는데, 다음의 자료를 참
    조하라. 'The Suikol Bible Class', *Woman's Work*, Vol. ⅩⅩⅫ,
    February 1917, p. 127 And 'Bible Women Training Course',
    Woman's Work, Vol. ⅩⅩⅧ, May 1913, p. 109.

따르면 이 학교는 두 개의 과정, 준비반(preparatory course)과 정규반 (regular course)으로 나누어 놓았는데, 준비반은 성경 공부 전에 헌신 적인 신앙은 있지만 전혀 교육받지 못한 여성들을 위한 코스이고, 정 규반은 모든 성경과 교회사, 기독교 윤리, 음악, 체육, 그리고 가정경 제 등에 대해 3년 동안 교육받는 과정을 말한다.[290] 더욱이 선교회들 에 의해 운영되는 과정들도 1910년에 아주 잘 조직되어 있음도 선교 자료들 속에서 발견되고 있다.

여자성경학교

우리는 전에는 가능성이 없어 보였던 도시와 시골 사역을 해내는 부인 사역자들과 전도부인들 둘 다에 의한 복음화 사역의 필요가 현재 절실하다는 것을 깨닫고 있습니다. 그래서 원산과 송도에 여 자성경학교들을 일 년에 세 달만을 운영하고자 설립하였습니다. 여 자성경학교의 과정은 다음과 같습니다.

준비반—죠학언문, 쟝자르인론, 어린아히문답, 마가복음, 쟝원량유
　　　　상론
1학년—마태복음, 감리회쇼년문답, 챵셰긔, 위싱, 야고보편지, 션죵
　　　　비류요지, 신구경요지문답(전반부), 구세론
2학년—누가복음, 요한복음, 산술, 지리, 신구경요지문답(후반부),
　　　　줄애굽긔, 성경책들에 대한 연구, 빌립보서
3학년—사도힝젼, 감리회문답, 사무엘상하 및 열왕긔상하, 로마서,
　　　　요한일서, 요한 이서, 요한 삼서, 게일박사의 교회사
(사인) 메리 코스(MARY K. KOSS),

---

290) 차부인, '부인성서학원 내용', [신학세계], Vol.3, No.4, 1918, p. 145.

아레나 캐롤(ARRENA CARROLL),
케이트 쿠퍼(KATE COOPER).
A. 왓슨(A.W.WASSON),
R. 히치(REUBILE LILLY HITCH),
R. 하디(R.A. HARDIE)[291]

남감리교 선교사들은 원산과 송도에 있는 이 여자성경학교를 운
영하였다. 이 3년 과정의 교육은 언문습득, 동양철학, 기본적 기독
교 교리 및 지식을 배우는 내용으로 구성되어 매우 실제적이었다.
첫해 과정은 동양적 지식을 바탕으로 하는 논리적 사고와 읽기 같
은 기초적 교육으로 구성되어 있고, 마가복음이 교과 과정에 있을
만큼 기초적인 성경 공부도 함께 들어 있음을 보게 된다. 둘째 해
부터는 신학적 훈련과 좀 더 성서적인 지식을 배우기 시작하는데
이는 전도부인 교육 커리큘럼이 매우 조직적으로 잘 구성되어 있고,
여성 리더로서 충분히 실제 활동 현장에서 책임을 질 만한 능력 있
는 교육을 받고 있음을 보여준다고 할 수 있다. 좀 더 자세하게 교
육적 체계에서 실제적 상황을 설명함에 있어, 1917년에 호주 선교
사 N. R. 스콜스 선교사의 보고서를 인용하고자 한다.

우리 성경반 사역의 가장 상위에는 여성들이 공부하고 훈련받는 특
별한 코스를 받을 수 있는 성경학원이 위치해 있습니다. 제가 부산

---

291) 'Woman's Bible Schools', *The 64th ARMEC, South,* 1910, p. 50.
본 선교 보고서는 영어로 쓰여 있으며, 군데군데, 코스 과목에 대한
언문타이틀이 달려 있다.

진에 있는 성경학원에 대해 정확한 지식을 알고 있는 사람 중의
한 사람으로서 말하고자 합니다. 전임코스(full course)는 일 년에
두 달씩 하는 5년 과정이 있습니다. 과목들은 구약, 복음서, 또 서
신서들로 구성되어 있습니다. 여기서도 역시 교육학을 매주 일정한
시간 동안 가르치고 있고 많은 여성들이 가능한 한 자신들의 동급
생들 앞에서 수업을 가르치고 있을 정도 있습니다. 일반 반보다 가
르치기 좀 더 어려운 반들이 있기는 하지만 몇몇 좀 더 자신감 있
는 학생들이 이 반 학생들을 도와주고 있고 자신감이 아주 넘치는
학생들에게 이러한 실수를 하는 학생들을 보여주는 좋은 기회를 보
여주고 있습니다. 이는 그들로 하여금 수업을 준비하는 데 있어서
좀 더 깊이 생각하게끔 하려는 것입니다.[292]

이 과정의 내용들은 매우 전도부인들에게는 유용한 것들이었다.
몇몇 교단 선교 보고서에 따르면, 비슷한 훈련 학교들과 학원들은
거의 매 선교지에 있었다는 것을 알 수 있다. 감리교 선교는 단지
원산 알리스 코브 여자성경학교(the Alice Cobb Woman's Bible
School in Wonsan)를 1906년에 세웠을 뿐 아니라 개성(1909), 평
양(1915), 춘천(1918), 심지어 만주(1937)에 여성을 위한 성경학교
들을 건립하였다.[293] 많은 학교들이 발전함에도 불구하고 한국 교
회들은 더욱더 고등교육을 받은 전도부인들을 요구하였다. 1920년
대에서 1930년대까지 좀 더 많은 성경학교들이 세워졌고 또 높은

) N. R. Scholes, 'Developing Women Leaders', *KMF*, July 1916, pp.
    187‒188.
293) 이성삼, [감리교와 신학대학사](서울: 한국 기독교문사, 1977), pp. 135‒
    136.

수준의 교육을 받은 여성들이 배출되었다.294)

첫 번째로, 원산의 마타 윌슨 기념 성경학원(The Martha Wilson Bible Institution in Wonsan)은 1915년에 세워졌다. 캐나다 선교사인 맥클레이(Rev. MacRae) 목사에 의해 시작되었으며, 그곳의 훈련 과정은 5년으로 한 해당 세 학기로 이루어졌다. 1930년에 졸업생 수는 210명에 이르렀고, 1931년 9월에는 이 학원이 대학교(college)로 승격되어 고등교육으로 신입생들을 받게 되었다.

둘째로 협성 성경학원(The Hyŏpsŏng Woman's Bible Institution)은 1905년에 서울에서 감리교단에 의해 설립되었다. 설립으로 끝난 것이 아니라 야심차게 1917년 서울에 있는 서대문에 여성 기숙사를 건립할 정도였다. 좀 더 나은 고등교육은 여성 지도자들의 안정적인 역할과 위치를 굳히는 데 도움이 되었다. 1921년 이 기관은 감리교 여전도회(the Methodist Women's Society)와 한국 감리교단에 의해 지원을 받았다. 1930년에 이러한 긍정적인 지원뿐 아니라 미국 북감리교와 남감리교의 연합 지원으로 인해 감리교 신학교(the Methodist Theological Seminary)로 승격되었다. 남학생과 여학생이 함께 1931년에 공부하게 되었고, 이 학교의 목적은 신앙심 깊은 학생들이 고등교육을 받게 하여 목사로서 또는 전도사로서 한국 교단의 교회 지도자로서의 역할을 감당할 수 있게끔 하려는 것이었다.295)

---

294) 'The Martha Wilson Memorial Bible Institution', *ARFMC*, 1915, p. 115. And 주선애, pp. 127 - 128.

295) 장병욱, pp. 200 - 201.

　여기서 이러한 형태의 전도부인을 위한 교육기관이 성경학교에서 신학교로 발전되어 가는 모습을 매우 잘 보여주고 있다. 또한 교회 복음화 사업에 있어서의 여성 지도자들이 졸업 이후 실제적 교회 상황에서 탁월한 성과를 얻어내고 있다는 것을 알게 해준다. 그러므로 전도부인의 사역의 활동의 장은 졸업 후 한국 교회였다. 이 주제에 대해 다음 부분에서 더 알아보도록 하자.

B. 교회 성장에 있어서의 실제적인 역할:
　한국 교회에서의 전도부인에 대한 적극적인 고용상황, 1907 - 1919

　다수의 기관적 교육은 분명하게 전도부인에 대한 필요성에 긴밀히 연결되어 있다. 이러한 점에서 우리는 졸업 후에 전도부인에게 지워졌던 의무들에 대해 몇 가지 질문을 가질 수 있다. 어떻게 그들은 고용이 되었으며, 고용되었다면 교회의 어떤 분야에서 활동하였고 책임을 맡았는가? 또는 그들을 고용한 한국 교회는 특별히 복음화 프로그램에서 무엇을 그들에게 요구하였는가? 만일 거기에 복음사역과 교회에서의 역할에 있어서 교회들의 요구와 전도부인의 기대 사이에서 다른 점이 있다면, 어떻게 전도부인들은 지역교회들과 복음전도 상황에서 이 문제를 해결하였는가?

　전도부인 훈련과 교회 사역의 관계를 다음의 두 도표를 통해 우리는 비교해 보고 알 수 있을 것이다.

<표 8> 한국 장로교 총회에서의 발표한 전도부인 수296)

	1907	1908	1909	1910	1911	1912	1913	1914	1915	1916	1917	1918	1919
전도부인	39	48	50	44	71	70	70	163	73	92	128	113	114

<표 9> 1910년 여성을 위한 사역297)

	서울	원산	송도	춘천	통계	작년	증가율
훈련 중인 전도부인	16	15	8	2	41	27	14
전도부인에 의해방문 받은 지역교회 및 마을	50	47	111		208	0	208

전도부인 사역지역	서울					송도				원산			
	총교교회	차골교회	워터게이트교회	워터마커브리지교회	칠경지역	북쪽지역	남쪽지역	동쪽지역	이천지역	원산지역	총리지역	춘천	통계
	8	2	7	2	3	7	4	2	2	3	2	2	44

296) 양미강, ‘초기 전도부인의 신앙과 역할에 관한 연구’, [평화의 만드는 여성], No. 11, March 1992, 서울, 기독교 여성 평화 연구소, p. 104.

297) ‘Statistic of Woman’s Work’, *The 64th ARMEC, South*, 1910, p. 57.

이 두 도표들은 교단 교육기관보다는 지역교육학교에서 훈련받은 전도부인들의 수이다. 이 도표에 나온 전도부인들 모두가 월급을 기본적으로 받고 있었다. 전도부인의 교육에 대한 성공이 바로 졸업한 전도부인들의 증가하는 수치로 나타나고 있었음을 알 수 있다. 더욱이 전도부인들은 졸업하자마자 지역교회에서 일할 수 있었다는 것도 도표를 통해 알 수 있다. 두 번째 도표는 1910년 교회 사역에서 성공적인 업적을 이루고 있는 전도부인들을 보여주고 있다. 41명의 전도부인들이 일 년 동안 208개의 마을과 지역교회들을 방문하였고 예배를 신자뿐아니라 비기독교인을 대상으로도 인도하였으며 좀 더 깊게는 기독교 신앙으로 인도하는 사역도 하였음을 우리는 알 수 있다. 이 지역교회들은 정기적으로 각 교회 사역에 있어서 다수의 전도부인들을 고용하였다. 이 전도부인들은 거의 아무것도 없다시피 한 교회 사역에 있어서 기초를 세우고, 평신도들을 훈련시켰으며, 이러한 과정을 통해 전도부인들은 더 안정적이고 파워풀한 지도력을 소유하게 되었다.

도표 8에서 나타나는 것처럼 장로교회들은 지속해서 전도부인들을 고용하였고, 그 숫자는 1914년부터 전도부인의 수가 감소하기 시작하였다. 그러나 100으로 떨어질 때까지 천천히 안정적으로 감소하였다. 만일 도표 8에 있는 두 해, 1907년과 1914년을 비교해 보면, 그 증가는 경이적이었다. 이러한 증가의 원인은 영적 대부흥운동의 영향과 1898년부터 있었던 여성을 위한 성경반과 성경학교들의 성장 때문이라고 판단된다. 이 두 도표를 통해 분명한 것은 한국 교회에서의 전도부인의 고용은 전도부인의 교육의 질과 열정

에 신뢰를 한국 교회가 가지고 있었기 때문이라고 할 수 있다. 그
렇다면 이러한 한국 교회는 전도부인들을 어떻게 대우하고 그 위치
를 인정했는가를 알아보도록 하자.

C. 여자라는 이유로: 한국교회의 유리천장(grass – ceiling), 1920 – 1935

봉급에 의해 반영되는 성차별의 이슈는 1890년대 말부터 선교회
들에 의해 고용되었던 부인권서로부터 시작된다고 말할 수 있다.
1910년에 부인권서의 봉급은 평균 7원으로 1929년에는 5원에서 10
원 사이로 받았고, 1935년에는 상황은 좀 더 나아져서 150원을 받
았다.[298] 그들의 봉급은 그 당시 전도부인들보다는 낮았다. 1930년
이전에는 지방 성경반보다 상위 교육기관인 성경학교를 졸업하고
나서도, 여전도사들이라고도 불렸던 전도부인들은 평균 20원을 받
았다. 동시대에 사역했던 남성 목회자들의 봉급과 비교하면 전도부
인들의 봉급이 얼마나 적었을까?

> 남자 목사라야 한달 급료가 칠팔십원으로 빅(백)원선지이고 면도사는
> 더욱 박하야 여자 면도ㅅ들로 말하면 남녀균등을 찻는 이 쎄에 급료
> 가 만흔 사람이 약 이십원 가량이며 디방으로 십오원씩 쥬는 곳도
> 잇스ᄆ 이것이 결코 작금에 비로쇼 싱긴인 것이 안이오 몟해 견부터
> 급료가 부족하다ᄂ 부르지즘이 잇섯더니 이번이 이것이 아쵸엇지 ᄒ

---

298) Louise B. Hayes, 'The Korean Bible Woman and her work', *KMF*,
   July 1935, p. 151.

수업시 붙어터진 모양은 표면에 낫셔는 것으로는 아직 알슈업스나
이런 사실이 업기가 만무하다"고 말하더라.299)

1922년에 쓰인 이 신문기사는 남성 목회자와 전도부인 사이의 봉
급차이가 현저하게 나는 사실을 나타내고 있다. 이 봉급의 차이는
사실상 불합리하다. 왜냐하면, 신학교 과정에서는 거의 비슷하거나
동일하게 신학과정을 배우게 되어 있기 때문이다(그 가장 좋은 예
는 평양성경학교이다). 그럼에도 불구하고, 전도부인에 대한 부당한
봉급처리나 지도적 위치에 대한 부분이 교회의 성장기와 제도화 시
기인 1930년대까지 공식적인 측면에서 저급화되거나 소외적인 면으
로 다루어졌다. 이에 대한 가장 좋은 예가 기독교신보 1930년 1월
에 실린 한 전도부인의 항의 기사이다.

어렷슬 때부터 신앙의 생활을 하게 되어 이십년동안 여전도인(女
專道人)의 책임을 하엿습니다. 여전도인의 별명이 하나 잇습니다.
[걸네]라구요. (중략) 알는 집에서 긔도하고 초상나면은 렴장이 노
릇하고 순산하는 분에는 조산부산파되고 경성을 포위하여 삼사십
리(三四十里)식 나가서 촌교회가서 가정학이란 과정, 아해 끼르는
것, 성경, 국문 등을 가르치고 호닌집 장사집 락심한 집 두로단이
는 책임이 걸네와 갓습니다. 그런니 걸네업는 집안은 ㅅ개 ㅅ긋지
못합니다.300)

---

299) [매일신보], 1922년 9월 17일, p. 17.
300) 경성의 정마리아, '여전도인의 승리까지', [기독공보], 1930년 1월 1
일 기사.

이 기사에서 정마리아는 20년 넘는 동안에 전도부인으로서 겪었던 의무, 사역, 어려움 등을 나타내었다. 일반 사람들에게 천하게 여기지면서 전도부인들은 부지런히 일하면서 복음에 대한 열정을 불태웠다. 그들이 '걸레'라며 가치 없는 존재처럼 불려도, 그들은 자신의 정체성을 구축하며 교회에서 값으로 매길 수 없을 만큼 가치 있는 존재라고 주장하였다. 전도부인들이 가치 없는 일과 합리적인 주장을 함에도 불구하고 그들의 삶과 처우는 형편이 없었다.

> 一. '예수끠서 자유와 평등을 말씀하섯다'고들 하면서 오늘의 긔독교내에는 너무나 계급과 차별이 만은 것 갓습니다. (중략)
> 二. 교회를 위하야 힘쓰고 애씀에 무슨 차별이 잇겟슴니가만은 남전도인은 주택이 잇서도 여전도인은 업스니 전도부인 방 어드러 다니지 안토록 하여주세요.[301]

최경자가 전도부인으로서 살았던 삶에 대한 짧은 글은 우리로 하여금 그 전도부인이 성차별과 교회조직행정 구조 안에서 피해와 서러움을 당하고 있었는지를 알게 해준다. 낮은 임금에 집도 제공되지 않는 것, 이것은 당시 한국 교회는 가부장적인 시스템 속에서 경제적 이익이나 권리도 다 남성 목회자들에게 집중되어 있었다는 것을 보여준다. 이러한 상황에서 교회들은 합당한 권익도 보장해 주지 않으면서 전도부인들이 여성들을 더 가르쳐서 진정한 기독교 여성성을 가지게 하기를 바랐다.[302]

---

301) 춘천의 최경자, '네 가지 차별', [기독신보], 1930년 1월 1일자

이러한 부당한 처우와 비합리적 요구 속에서 아이러니컬하게도 전도부인들은 자신의 영역을 구축하면서 대중의 관심과 사랑을 받기 시작하였다. 이러한 밑으로부터의 관심과 존경은 소수이지만 공식적인 면에서도 전도부인을 인정하는 상황을 낳게 된다.

> (전도부인 제도)는 한국 교회의 초기 선교과정에서 남녀의 협력에 의한 결과입니다. 특히 (전도부인)의 역할은 중요합니다. 왜냐하면 한국 전통이 매우 중요하게 남녀구별을 강요하기 때문입니다. 이러한 전통이 현재에 이르러서 바뀌고 있을지라도 여성은 남성보다 비기독교 여성들을 복음 전도하는 데 더 나은 능력을 가지고 있습니다. (중략) 최근에 남성과 다를 바 없이 교육을 받은 전도부인들이 활동하고 있습니다. (중략) 따라서 올해 총회에서 저는 복음전도사역을 하는 데 아무런 문제가 없도록 전도부인을 위한 법제가 통과되기를 바라는 바입니다.303)

위와 같이 언급한 감리교 총리사는 40년 동안의 한국 교회의 상황 속에서 전도부인의 특징과 특수한 역할을 다른 전도사역자들과 비교하였다. 동시에 그는 기독교인들이나 교회들에 전도부인에 대한 태도와 생각을 바꾸어야 할 것을 촉구하였다. 마지막으로 그는 교회법이 전도부인들을 위해 제정되어야 할 것을 주장하며, 마침내 연설

---

302) 문선호, '여전도사이론', [신학세계], Vol. 23, No. 2 1938년 5월, pp. 38 - 39.

303) '총리사의 연설' [강리화보], 1934년 10월, pp. 15 - 16 (한글 현대어 번역).

에서 전도부인들의 주장을 들어주었다. 그러나 이는 한국 교회 상황에서 쉽지 않은 변화였다.

이러한 투쟁 속에서 전도부인은 성실히 교회조직 안에서 어떠한 실망함 없이 신실한 신앙을 가지고 복음사역을 해내었다. 이러한 꾸준한 사역 속에서 종교적 위기가 1930년대 들어오면서 생겨났는데, 여기서 이 위기를 극복하기 위해 전도부인들은 일제하의 신사참배의 박해 아래서 두 가지 입장을 취하게 된다.

5) 두려움 없는 여전사들인가? 아니면 현실적인 협상가들인가?
일제 신사참배의 종교탄압 안에서의 전도부인, 1937~1945

1930년대, 한국 기독교는 신도(神道, shintoism)를 정치적 권력으로 사용하는 일제로부터 어려움을 겪었다. 이러한 가운데, 전도부인들은 유일신 신앙 속에서 한국 교회의 컨텍스트를 기반으로 '순교자'가 될 것인가, 아니면 '배교자'가 될 것인가에 대해 고민하지 않을 수 없었다. 그렇다면 이 박해가 전도부인의 삶에 어떠한 영향을 주었을까? 이 질문에 대해 우리 한번 차분히 생각해 보도록 하자.

지금까지도 이 신사참배의 문제가 여전히 한국 교회 안에 회자되고 있다. '교회 안에서 신사참배를 찬성했던 사람들이 과연 기독교인이냐? 아니냐?' 이 점에 대해서 최민지는 순수한 기독교 신앙을 유지하기 위한 노력을 한 한국 기독교의 보수적인 관점으로 이 이슈를 다루고 있는데 그녀는 그 당시 신사참배 했던 다수의 여성 기독교인들을 비난하고 있다.304) 이와 달리 몇몇 역사가들은 반면에 신사참배에 참석했던 기독교 여성들을 상황적 이슈에서 평가해야 한다고 말하고 있다. 정석기는 배교자들은 단지 일제의 강제력의 위협 속에서 그저 기독교의 존립을 위해 협조했을 뿐이라고 이야기하며, 이 기독교 여성들은 이 종교적 재난을 지혜롭게 극복하기 위해 교회의 새로운 영역을 구축하고 존립을 위해 애썼다는 것이다.305)

이 신사참배와 종교박해 이슈를 현실적으로 접근해 보면, 전도부인들은 두 가지 상반된 방식을 각각 취했음을 알 수 있다. 배타적 입장으로 순교를 택하는 부류와 수용적 입장으로 끝까지 살아남아 교회를 존립시키려는 부류였다. 어떠한 입장을 취하든 간에 필자는 이 두 입장이 전부 한국 개신교의 발전에 공헌했다고 평가한다. 이러한 전 이해를 가지고 종교적 혼란과 박해 속에서 전도부인들은 어떻게 생활하고 결단했는지를 함께 보도록 하자. 특히 주의 깊게 볼 기간은 1937년부터 1945년인데, 1937년은 신사참배를 일제가 한국 교회에 강요하기 시작한 해이며, 1945년은 이 강요가 끝나는 시점으로 태평양전쟁에서 일본이 연합군에게 패함으로써 일제식민지 시기가 끝나고 한국의 해방이 있었던 시기이다.

---

304) 최민지, '민족의 고난과 기독교 여성 운동', [여성! 깰지어다, 일어날지어다, 노래할지어다], (서울: 대한기독교출판사, 1984).

305) 정석기, [한국 기독교 인물사], (서울: 쿰란, 1995), pp. 145 – 159와 pp. 265 – 282.

A. 일제의 신사참배로 인한 종교적 박해: 한국 교회에 대한 일본 정부의 정책

a. 기독교 통제를 위한 정치력: 한국 내에서의 일본의 신도(神道)

태평양전쟁에서 승리하기 위하여 일본 정부는 일본 국민들과 식민지하에 있는 타 국민들을 종교적인 매개를 이용하여 연합시키고자 하였다. 이를 위해 일본은 조직적으로 한국의 지배를 주장하면서 1930년대 중반부터 기독교를 박해하기 시작하였다. 이는 외국 선교단체에 의해 어느 정도 한국 국민들이 일제 식민지 지배 하에서 보호를 받았기 때문이다. 그러나 이러한 미묘한 국제정치관계 속에서 외국 선교단체의 정치력이 이 시기에 크게 충돌이 있게 되고 30여 년 동안의 긴장 속에서 유지되어 왔던 종교적 자유가 균열이 생기기 시작하였다.

1936년 당시 미나미지로[南次郞]는 조선총독으로서 조선 총독부에 임명이 되었다. 그는 임명 후, 칙령들을 발표하는데, 1938년에는 교육령을 개정, '국체명징(國體明徵)·인고단련(忍苦鍛鍊)·내선일체(內鮮一體)'의 3대강령을 내세워 황국신민화(皇國臣民化)를 도모하였다. 이러한 칙령을 통해 1938년에는 지원병제도로 강제출병, 조선어교육 폐지 및 일본어 상용(常用), 1940년에는 창씨개명(創氏改名)을 강요하고, 또한 어용학자들을 동원하여 내선동조동근론(內鮮同祖同根論)을 주장하여 그들의 조상이라는 아마테라스오미카미의 신위를 가정마다 모셔야 한다는 양상으로 근원적인 한민족말살정책을 폈다. [동아일보], [조선일보] 등 양대(兩大) 일간지를 비롯한 언론 탄압 끝에 조선어로 된 출판물은 전면 강제 폐간시켰다. 한편 대륙 침공의 전초 기지로서 한반도에 군수산업을 이식하여, 군수물자 생산과 자원개발에 조선인을 징용하여 공장과 광산으로 보냈다. 1940 년까지만 해도 국내 동원 260여 만 명, 일본 및 점령지역에 72만 명에 이르렀다. 이 무렵 일제는 이른바 대동아공영권(大東亞共榮圈)이라는 대(對)아시아 침략전쟁을 합리화하기 위한 슬로건을 내걸었으며, 마침내 1941년 12월에는 진주만을 기습하여 태평양전쟁을 발발시켰다. 이런 상황 속에 1942년 5월 한반도 징병제, 1943년 8월 해군특별지원병제, 10월 학도병제 실시로 젊은이들을 대량 동원시키었다.306)

이러한 상황 속에서 일본은 신사참배가 일본의 식민지로서 한국을 지배하는 중요한 도구가 되었다. 신사참배를 통해, 일본 정부는 한국의 문화와 종교를 조직적으로 말살하고, 일본 종교를 한국인들과 한국 사회에 주입시킴으로써, 쉽게 한국 사회를 통제하고, 많은 한국의 자원들을 유린하고, 그 속에서 일제의 태평양전쟁을 물질적으로, 인력적으로, 지원 동원하는 결과를 가지고 오게 되었다. 이러한 정치적 억압 속에서, 한국 교회들은 종교적으로 침략당하고, 종교적 선택을 강요당하게 될 수밖에 없었다.

---

306) 최원규, [일제말기 파시즘과 한국 사회], (서울: 청아신서, 1990), pp. 250 -252.

b. 신도(神道) 아래서의 한국 교회의 투쟁과 생존

한국 교회는 신사참배 초창기에 정치적 억압과 폭력에 대해 종교적 자유를 지키기 위해 극도로 투쟁적이었다. 어느 정도의 폭력적 상황이었는지를 알려면 미나미지로의 이야기를 보면 단적으로 알 수가 있다. 일본 국회의원들에게 그가 한국에서의 사역을 보고할 때, 한 국회의원이 그에게 다음과 같이 질문했다고 한다. '조선 통치는 원활하게 되고 있습니까?', 이에 미나미지로는 다음과 같이 대답했다고 한다. '조선에는 죽음을 두려워하지 않는 400만의 군대가 있습니다. 그들은 예수교인들입니다.' 이것은 한국 교회에 대한 일본총독인 미나미지로의 견해와 한국 교회 박해의 동기라고 볼 수 있겠다.307)

그러나 한국 교회는 마침내 일제의 빈틈없는 전략들과 완고한 정책적 입장 때문에 1938년 일본의 신사참배 정책에 무릎을 꿇고 만다. 장로교의 경우에 200여 교회들이 문을 닫았고, 2000명 이상이 감옥에 투옥되었으며, 여기서 500명 정도가 감옥에서 죽음을 맞았다.308) 장로교회와 감리교회는 이러한 박해 속에서 교회를 지키기로 결정, 신사참배에 찬성하고 적극적으로 참여하기로 하였다. 이것은 주로 한국 교회 안에서 활동하며 정치적인 압력을 이기지 못한 친일적 성향을 띤 목회자들에 의해서 이루어진 것이다.309) 한국 기

---

307) 박영창, [정의가 우리를 부를 때], (서울: 두란노, 1998), pp. 307 - 308.
308) 장로회총회 종교교육부, [한국 기독교 해방 10년사], (서울: 기독교문사, 1971), p. 43.
309) 전택부, pp. 252 - 253.

독교장로교회는 1938년 9월 9일 평양 서문밖교회에서 총회를 열고, 신사참배에 동의하기로 결정하였다. 이 결정은 일제의 극심한 종교적 박해를 피하기 위한 것이었으나 사실상 내부의 문제만을 악화시키게 되었다. 평북노회가 신사참배 결정을 첫 번째로 1938년 2월 9일에 단행하였을 때 당시 신학교 교수들과 학생들이 강하게 그 결정을 반대하고 교회들에서 데모를 일으켰다. 이 평북노회 소속 교수들과 학생들이 첫 번째 교단의 신사참배 찬성 결정에 반대한 그룹이다. 결국, 이 신학교는 9월 20일에 일본 경찰들에 의해 문을 닫게 되었다. 또한 감리교는 총리사 양주삼에 의해 이미 장로교보다 먼저 1938년 9월 3일 신사참배 요구에 굴복하여 신사참배를 인정하고 적극 참여하게 되었다.

이러한 종교적 비극 아래, 몇몇 기독교인들은 지역교회들 중심으로 또는 개인적으로 신사참배에 반대하는 운동을 벌이기 시작했다. 이 운동은 주기철 목사가 평양 산정현교회에서 신사참배를 반대하는 운동을 선언했을 당시인 1939년부터 시작되었다.[310] 이 운동을 '교회재건운동'이라고 불렀으며, 신사참배에 반대하는 기독교인들이 주 참여자들이었다. 이 운동은 일본 정부를 긴장시켰으며 이에 정부는 1940년 6월 주기철 목사를 투옥시키는 것을 시작으로 이 운동에 참여하는 기독교인을 체포하기 시작하였다. 이로 인해 많은 수가 죽음을 당하기도 하였으나 반면에 또 많은 수가 협상을 통해 변절하기도 하였다.

---

310) 김양선, [한국 기독교사 연구], (서울: 기독교문사, 1980), p. 110.

이러한 한국 교회의 어려운 시기 동안, 전도부인은 신사참배에 반대하여 어떤 일들을 감당했을까? 필자는 확신하기를 그들은 이러한 박해에 대해 개인적인 결정을 내렸을 것이 분명하다. 왜냐하면 그들은 교회에서 성도들을 이끌고 있었던 실질적 지도자들이었으며, 이러한 전도부인을 따르는 신앙심 깊은 많은 여성들이 있었을 것이기 때문이다. 따라서 이러한 종교적인 어려운 상황, 즉 이미 교단이 일본 정부에 항복하고 신사참배를 따르기로 결정한 상황에서 전도부인의 교회 리더십의 형태가 어떠한 모습으로 나타났는지가 참으로 중요하다고 본다. 여기에서 일련의 전도부인들은 죽는 그 순간까지 온전한 신앙을 지키기 위해 신사참배에 대항하여 싸우기로 결정했다. 또한 반면에 교단의 결정에 따라 신사참배에 동의하여 교회와 성도들을 지키고 이 어려운 상황이 지나가기를 기다리기로 결정했다. 그렇다면 이들이 어떤 과정과 해결점을 가지고 이러한 결정들을 각각 내리게 되었는가에 대해 우리는 관심 갖지 않을 수 없다. 이들의 동기와 결정들을 살펴보기로 하자.

B. 둘 다 신앙심 깊은 전도부인들: 교회를 위한 상반된 선택들

a. 미래를 위해 교회를 보호하기로 결정한 현실적 협상가들

장로교와 감리교가 신사참배에 참여하기로 결정한 이후에, 지역교회들과 소규모의 교회들은 일본 정부의 강압에 따르기 시작하였다. 1938년 4월 25일, 강주희, 김명현, 장종심 같은 여성 기독교 지도자들이 서대문경찰서에 함께 찾아가 일본 정부를 지원하면서 적극적으로 신사참배에 참여할 것을 약속하는 공식서문을 제출하였다. 이것 뿐 아니라 이 당시에 몇 가지 사건들이 나타나는데, 가장 대표적인 예가 지역교회들이 일본 군대를 지원하는 헌금을 하기 시작하였다는 것이다. 수원에 있는 지역교회들(15원 14전)과 평양에 있는 지역 교회들(836원 56전)이다.[311]

이러한 과정에서 교회 내의 여전도회들은 깊숙이 일본 정부 정책 지원에 관여하게 된다. 그 후 감리교 '여선교회'에서 '부인회'로 명칭이 바뀌었다. '여선교회'라는 의미는 기독교 선교사역을 주로 한다는 의미이지만 '부인회'라는 것은 그저 사회적으로 어떠한 지원을 목적으로 하는 부인들의 모임이라는 의미를 가진 것이기에 명칭 변화는 문제점을 안고 있다. 즉 교회 안의 여신도의 모임이나 그 사역의 목적을 일본 정부의 지원이라는 정치 사회적 목적으로 그 모임이 변질된 것이다. 이러한 현상은 특히 감리교 안에서 잘 보이는데 1941년 감리교 부인회는 국방헌금사업에 앞장을 서고, 가정주부들에게 일본어를 가르치는 사업을 펼치기 시작하였다

> 급기야 교회에서까지 여자야학부를 실시하고 일어교육을 시키었다.
> 30만의 조선애국부인회와 5만의 조선국방부인회는 공동주최로 가정부인들을 위한 일어보급 운동을 대대로 벌였으니, 즉 16~60까지는 누구나 강습을 받게 하였다. 강제제인 일어보급 밑에서 여선교회인들 가만있을 수는 없었다. 예를 들면 만주에서는 전도부장

---

311) 이우정, p. 207.

이베세 씨의 보고에 따라 만주조선 기독교 여전도대회 창립기념으
로 규칙 통과를 진행하고 감리교 여선교부 주최로 일어보급을 위한
부인야학을 결의했다고 보고한 바 있다.312)

장로교 여성들도 이러한 상황은 마찬가지였다. 장로교 여전도회는
50원을 모아 1938년 제10회 총회에서 일본 군대에 헌납하였다.
1939년에 있었던 11회 총회에서 여전도회는 더 많은 돈을 일본 군
대에 보내기로 결정하였다. 이뿐만 아니라 1941년에는 여전도회가
많은 교회 여성들을 적극적으로 앞장서서 '국민 총력 장로회 연맹'
에 입단시킨다. 여기서 그치지 않고 교회 안에서 기독교 여성들을
일본의 승리를 위해 기도 모임을 구성하게도 하였다. 또한 일본의
공휴일, '4월 29일 황제의 날'에 여전도회는 일본 황제의 생일을 기
념하여 행사를 벌이기도 하였다. 일본이 태평양전쟁을 위해 군사동
원을 증폭시킬 시기인 1942년에 여전도회는 적극적으로 일본의 승
리를 위해 운동을 벌이고, 재정적으로 50원을 헌납하였다.313)

여기서 주도적인 역할을 한 전도부인들인 여성 지도자들은 대부분
기독교 교육을 받은 성경학교 출신이거나 미션스쿨 출신들이었다. 예
를 들면 김활란(1899－1970) 같은 경우가 아주 좋은 예이다. 김활란
은 이화학당 출신으로 1920년대에 평양과 신의주를 중심으로 이화학
당 학생들과 함께 열정적으로 복음활동을 펼쳤을 뿐 아니라 학적으

312) 장병욱, [한국감리교 여성사], pp. 505－506.
313) 이현숙, [한국 기독교 장로회 여신도회 60년사], (서울: 한국 기독교
　　　장로회 여신도회 전국연합회, 1989), p. 163.

로도 모범이 되어 박사학위를 수여했을 뿐 아니라, 기독교 사회공동체를 위해 1922년 5월에 류곽경, 김필려와 함께 YWCA를 설립하였다. 이를 근거로 조선을 사랑하는 기독인들의 모임인 '근우회'의 형성에도 깊이 관련된 인물이었다. 이 모임은 애국단체의 성격을 띠며 일제 식민지 통치에 반대하는 모임으로 김활란은 독립운동에 깊이 관련하여 이화학당 선생 시절 2년간 피신하는 기간을 갖기도 하였다.314) 그러나 1930년대 중반에 들어오면서 그녀는 입장을 달리하여 친일행동을 일삼았다. 그녀는 많은 친일 집단에 깊숙이 관여했다. 예를 들면 '조선부인연구회', '조선언론부국회' 같은 조직을 이끌었을 뿐 아니라 1938년 6년 20일에 심지어 '애국자녀단'을 조직하여 400여 명의 이화학당 학생들이 전쟁터에 있는 일본 군사들을 지원하도록 하였다. 이 과정에서 그녀는 이름을 야마키 카스란(天城活蘭)으로 창씨개명하였다. 이러한 만행을 일삼은 그녀와 같은 기독교 여성 지도력을 가진 전도부인은 다수에 속하였다.315) 그러나 그녀의 조카 김정옥에 따르면, 평생 그녀의 이모님 김활란은 이러한 행태에 대해 슬퍼하고 커다란 짐으로 여겼다고 한다.316) 왜 전도부인이면서 신사참배와 일제의 식민지정책에 찬동했던 김활란은 평생 슬퍼했을까? 다만 김활란만 그리했을까? 이에 필자는 그 당시 어린 여학생이거나

---

314) 김활란, [그 빛 속의 작은 생명], (서울: 이화여자대학교출판부, 1999), pp. 100 - 101.

315) 반민족문제연구소, [친일파99인(2)], (서울: 돌베개, 1994), pp. 275 - 283.

316) 김정옥, [이모님 김활란], (서울: 정우사, 1977), p. 70.

젊은 여성 전도사로서 사역했던 은퇴한 여성 전도사들을 만나 인터
뷰를 했던 사실을 가지고 이에 대한 답을 하고 싶다. 연구자는 그들
에게 당시 신사참배를 찬성했던 지도자 위치의 전도부인들에 대한
질문에 한 은퇴한 여목회자는 다음과 같이 간접적으로 답을 하였다.

> 1930년대 대부분의 교회에서 전도부인들은 신사참배를 했지. 나는
> 당시 어려서 깊이 관련도 안 됐고, 잘 몰랐어. 하지만 이건 어쩔
> 수 없었어. 왜냐, 한국 사람이라면 그 당시 다 그렇게 해야 되었거
> 든. 이건 정말로 자연스러운 일이었어. 아직도 나는 '황국신민의 서
> 사(皇國臣民 誓詞)'를 외운다고(실지로 그녀는 일본어로 일부를 말
> 하였음.). **우리가 그때 그러지 않았으면, 교회에서 예배를 드릴 수
> 없었을 거야.**[317]

이것은 한국 교회의 당시 상황을 잘 나타내준다고 하였다. 전도
부인은 교단 활동과 교회의 결정에 따를 수밖에 없는 상황이었고,
또한 그들은 이러한 만족스럽지는 못한 상황에서 약한 신앙으로 돌
봄을 받아야 하는 성도들을 목회하는 책임을 가지고 있었다. 이는
신사참배를 찬성했던 그들의 행동과 태도가 교리적으로 맞는다고는
할 수 없지만 그들은 현실적이었다고는 말할 수 있겠다. 대부분의
전도부인들은 신사참배에 참석했고, 군대지원활동을 하였다. 그러나

---

317) '최신우'라는 이 여목회자는 1916년 출생으로 평양지역에서 목회하던
 아버지로 인해 모태신앙으로서 가족이 기독교집안이라는 환경을 가
 지었다. 영락교회에서 20년 동안 사역하고 은퇴함. 2003년 4월 30일
 14:00~15:00 경기도 양평군 용문면 여교역자 안식관에서 인터뷰.

그녀들은 동시에 희생적인 면에서 기독교 신앙을 지키고 공동체를 유지해야 하는 의무도 감당해야 했다. 그러므로 교회 존립의 위기의 어려움 속에서 이러한 현실적 입장을 취했던 많은 전도부인의 심적 괴로움은 평생 그들의 삶 속에 남아 있었을 것이다.

그렇다면 현실을 택하지 않고 종교적 양심을 따른 전도부인들은 어떠했을까?

b. 유일신 하나님 신앙을 지킨 두려움 없는 여전사들

1930년대 중반부터 서구 선교사들은 일제의 정치적 압력과 정세 불안으로 인한 모라토리움으로 인하여 점차 한국을 떠나가게 되었고, 이로 인해 한국 교회 내의 신사참배는 더욱 극심하여졌다. 이러한 상황은 점차 한국 기독교인들의 종교생활을 위협하게 되고, 결국 상황은 점차 악화되었다.[318] 즉 신사참배 반대운동에 있어서 서구 선교사들의 국제정치적 보호는 한국 교회가 받기 불가능해지는 상황에 이르렀다.

이러한 상황 속에서도 장로교 여성들은 지속적으로 신사참배 반대운동을 실행하였다. 전도부인 최덕지가 바로 그 대표적인 예이다. 그녀는 1935년 평양 여자성경학교를 졸업한 뒤 마산에 있는 83개의 교회를 목회하였으며, 또한 1936년 경남지역에 있는 전도부인과 기독교 여성 지도자를 양성하는 활동을 하였다. 그녀의 사역 동안 이 신사참배에 대한 일제의 종교적 박해의 상황이 일어났고, 이에

---

318) 이현숙, [한국 기독교 장로회 여신도회 60년사], p. 166.

그녀는 그녀의 신앙을 지키고 하나님의 정의를 세우기 위해 마산의
한 교회의 목사인 한상동과 함께 이 신사참배 반대운동을 주도하였
다.319) 1940년 5월 5일, 그녀는 부산한성교회에서 경남부인 전도회
의 회장직을 맡게 되고, 그 순간으로부터 그녀는 신사참배의 종교적
행위를 하지 말고 기독교 신앙으로 돌아서라는 설득을 기독교 여성
들에게 하게 된다. 이에 교회 내 여성들은 그녀의 활동으로 인해
친일(pro - Japanese)과 반일(anti - Japanese)로 나뉘게 되었다. 그녀
의 두려움 없는 활동과 확장된 영역과 지원으로 인하여 일제 식민
지 기간 중에 4번이나 체포되어 고문과 수감을 당하였다.

　평양에서도 이와 같이 신사참배에 반대하는 운동이 일어났다. 장
로교 여신도회는 평양 서문밖교회에서 1941년 갖은 위험에도 불구
하고, 자체 모임을 가졌다. 일본 경찰이 이미 이 모임 전에 신사참
배를 그들에게 강요한 상황이었다. 그러나 이 모임에서 뜨거운 논쟁
후에 이 모임의 지도자들은 일본 경찰의 협박에도 흔들리지 않기로
결정하였다. 그런 다음, 전도부인인 부회장 김마리아는 이 모임을
연기하기로 결정하였고, 집사인 한영신에게 기도로 이 모임을 끝내
기를 요청하였다. 이에 한영신은 "참으로 의로우신 하나님 아버지!
우리를 범죄하게 하고 우리의 신앙을 저버리게 하려는 일본 경찰들
을 벌하옵소서! 그리고 그들로 하여금 그들 스스로가 그들의 잘못

---

319) 여성사연구회, [한국 교회 전도부인 자료집], p. 331. 최덕지는 1901년
　　 6월 25일 경남출생으로 마산의신여고를 1919년에 졸업하고 같은 해에
　　 '통영 애국부인회'에서 독립운동에 깊이 관여한다. 1925년 통영지역에
　　 영아와 아이들을 위한 '통영 기독교 유치원'을 설립하기도 한다.

과 죄를 회개하게 하소서!"라고 기도하였다.320) 그녀의 믿음의 기도를 통해 교회 내 모든 여성들은 그들의 비통함을 토해 내기 시작하였다. 이러한 갑작스러운 예상치 못한 참석자들의 반응은 다시 모임을 감시하던 경찰들을 당황스럽게 만들었다. 마침내 경찰들은 모임을 중단시키고 부회장인 김마리아를 체포하였다.321)

또한 장로교뿐 아니라 교회연합적인 신사참배 반대운동이 일어났는데, 이것이 바로 1941년 '만국부인기도회사건(만국부인기도회사건)'이다. 이 기도 모임은 장로교, 감리교, 침례교를 포함한 에큐메니컬 여성 모임이었고, 1940년 10월부터 열린 이 기도 모임은 결국 1941년 2월 28일에 마감하게 된다. 무어 선교사(Mrs. J. Z. Moore)와 전국에서 몰려든 한국 여성 지도자들은 이 기도 모임에 참가하였다. 대부분의 선교사가 떠난 시기에 무어 선교사는 홀로 남아 이 모임을 준비하였다. 당시 평양지방여자사업부장 박현숙은 이 기도 모임에 대한 행사 전단지를 인쇄하여 한국 교회 내의 여성 네트워크를 이용, 곳곳에 행사를 알렸다.322)

순서지의 배포가 거의 완료됨과 함께 2월 15일 선교사 무어 부인과 버츠, 감리회 대표 박현숙과 윤숙현, 장로회 대표 김미염과 한선

---

320) 양선삼, [대한예수교 장로회 여전도회 창립 40주년 기념회보], (서울: 대한예수교 장로회 여전도회, 1976), p. 40.

321) 이현숙, [한국 기독교 장로회 여신도회 60년사], p.166. 이연옥, [대한예수교 장로회 여전도회 100년사], (서울: 예장 여전도회 전국연합회, 1998), p. 97.

322) 윤정란, [한국 기독교 여성의 역사], (서울: 국학자료원, 2003), pp. 210 -215.

호 등 6인이 무어의 사택에 모여서 만국부인기도회 실시를 위한 준비모임을 가졌다. 이러한 준비과정을 거쳐 만국부인기도회를 실시하였다. 이후 모임에 대한 기사가 당시 유일한 언론매체로서 조선총독부의 기관지 역할을 수행하였던 [매일신보]는 "英美宣敎師中心 反戰謀略事件發覺, 今朝 平壤中心 十五名을 檢擧"라는 표제로 경무국 보안과의 발표를 보도하였다. 일제는 기도회의 내용 중 특히 "국제 간의 분쟁을 일으키고, 자국의 이익을 도모하여 다른 나라를 괴롭히고 도와주지 않은 것을 자복할 것" 운운한 것은 전쟁의 기운을 꺾고 반전적인 분위기를 초래하여 인심을 자극하고 혼란시킴으로써 일본의 현 정책에 악영향을 끼칠 수 있는 반국가적 책동으로 판단하였던 것이다.[323]

일제는 3월 26일을 기해 기도회에 연루된 선교사 및 한국교인들을 검거하기 시작하였다. 기도회 순서지의 배포와 기도회 개최를 지시한 선교사, 기도회를 개최한 교회의 사회자 및 다시 그 순서지를 다른 교회에 배포하여 기도회의 개최를 지시한 자들을 검거하였다. 일제는 이들 중에서 특히 죄상이 현저한 선교사와 한국인 27명을 육군형법 제99조, 해군형법 제100조, 그리고 조선불온문서임시취체령 제2조 위반혐의로 기소하였다. 여기서 체포된 27명의 한국인 중 10명이 여성이었는데, 그중 3명은 전도부인이고 4명은 여신도회 및 여전도회의 지도자들이었으며, 1명은 산파였고, 2명은 그 직업이 밝혀지지 않았다. 체포된 이후 그들은 심문을 당하였는데, 그 내용을

---

323) 조선혜, '1941년 '만국부인기도회사건'(萬國婦人祈禱會事件)연구', [한국 기독교 교회와 역사], 5권, 1996년 9월, pp. 117-130.

살펴보도록 하자. 다음은 재령 고산리교회의 전도부인 김형신(48세)의 심문내용이다.

> 문: 이 전쟁(지나사변)이 너의 마음에 맞는가?
> 답: 나는 평화를 좋아하는 신을 믿고 또한 국민으로서 자국의 방책에 따르는 것입니다.
> 문: 그렇다면 평화의 신도 믿고 또한 나라로서는 전쟁을 하지 않으면 안 되는데 신도로서 어떻게 하면 되는가?
> 답: 정신으로는 기독을 믿고 육체는 나라에 있으므로 나라에 따라야만 되겠습니다.
> 문: 그렇게 어려운 일이 되겠는가?
> 답: 실제에 있어서 못 할 것이 있으면 일방으로 중지하여야 되겠습니다.[324]

여기서 김형신 전도부인의 지혜로운 답신이 인상 깊다. 그녀는 기독교 신앙을 전혀 변절시키지 않으면서 일본 경찰의 질문에 답하고 있음을 볼 수 있다. 특히, "나는 평화를 좋아하는 신을 믿고 또한 국민으로서 자국의 방책에 따르는 것입니다."는 언급은 마태복음 22:21의 말씀, "그러면 황제(로마황제 시저)의 것은 황제에게 돌려주고, 하나님의 것은 하나님께 돌려드려라"라는 예수의 말을 연상시킨다. 위 대화내용을 보면 심문과정에서 전도부인이 일본 경찰의 위협하는 질문들에 항복하는 듯이 보이나 우리는 이 전도부인이 일제의 정치적이고도 육체적인 폭력 아래서 순수한 신앙을 지키려고 하

---

324) Ibid., p. 40.

는 지혜로운 현실적 대응을 한 것을 볼 수가 있다.

　요약하자면, 신사참배에 대한 상반된 입장을 가진 전도부인들이 신사참배라는 복잡한 정치 종교적 박해 아래서 한국 교회를 위해 투쟁하고 어려움을 극복해 나갔다. 서로 상반된 상황과 위치에 있었을지라도 전도부인들은 결코 교회 안의 지도력을 포기하지 않았으며, 그에 해당한 책임을 감당하였다. 다시 말하자면 그들은 어려움을 극복하고, 한국 교회를 매순간 어떠한 상황 속에서도 유지하고 발전시켰다는 점이다. 이러한 점에서 우리는 한국 복음화를 위하고 한국 교회의 발전을 위해 사역한 한 전도부인의 이야기를 보지 않을 수 없다.

6) 하나님의 메신저이자 여성 지도자, 김세지(Sadie Kim, 金世智)

　세지—하나님의 영이 가득하고 그녀의 세상 친구들을 예수께로 이끌며, 기독교 여성들을 가르칠 뿐 아니라 한 해 동안 1,481명을 방문하고 239권의 성경책을 판매한 여인.[325]

　김세지는 1865년 10월 17일, 평안북도 영유읍에서 출생하였다. 그녀는 두 번 결혼하였는데, 첫 번째 남편과 1881년 16살의 나이로 정씨 성을 가진 남자와 결혼하였으나, 남편은 2년 만에 자식 없이 사망하여 혼자되었고, 그 후 평양에 사는 두 아이가 있는 아전출신

---

[325] Mrs. W. A. Noble(Mattie W. Noble), 'Bible Woman Sadie Kim', *KMF*, Vol. 3, No. 6, June 1906, p. 88.

김종겸과 재혼하였다. 1893년 감리교 선교사 홀(W.J. Hall)이 평양에 정착하면서, 선교사의 전도로 믿게 된 노름꾼 친척 아우가 김종겸을 전도하였지만 거절당하고, 그 부인인 김 씨만 믿게 되었는데, 당시 외도에 빠져 있던 남편의 박해가 아주 심했다. 그럴수록 김세지는 당시 조선 여인들의 보편적 목적이었던 남편과 가정을 위한 기도를 드리기 시작했다. 이러던 와중에 1894년 평양은 청일전쟁으로 양국 군대의 격전장이 되었는데, 전쟁 와중에도 자신을 돌보지 않고, 조선인 부상자와 사망자를 돌보다 병사한 선교사 홀은 교회와 선교사에 대한 부정적 선입견을 청산하는 계기가 되었으며, 주민들은 깊은 감명을 받았다. 이 이유에서였든지 몰라도, 김종겸의 태도에도 변화가 일어나 부인과 함께 교회에 나가기 시작하였으며, 이를 통해 김세지의 교회생활은 훨씬 더 수월하고 신앙에 깊이 빠져 들게 되었다.[326] 이러한 환경 속에서 김세지는 본격적으로 신앙생활 활동을 할 수 있는 계기가 마련되었는데, 그것은 바로 1896년 노블(M. W. Noble) 부인이 평양에 오면서부터 시작되었다.

주님의 말씀을 좀 더 알고자, 글자를 모르던 김세지는 노블 부인이 조직한 여성기도회 모임인 '오일회'에 나가 한글을 깨우치고, 성경과 교리를 공부하여 자신의 잠재능력을 계발하였다. 이러한 그녀의 열정적인 태도는 1896년 10월에 노블 목사에게 세례를 받는 결과를 낳게 되었고 또한 복음전도자로서 성경전문교육기관에서 전문적인 훈련을 받게 되었으며, 결국엔 1908년 '평양여자성경학교'를

---

326) Mrs. W. A. Noble, 'Mrs. Sadie Kim', *Victorious Lives of Early Christians in Korea*, pp. 128 – 130.

졸업하게 된다. 1899년 미국 감리회 여선교회에서 월급을 받는 전
도부인(Bible woman)이 되었다. 그녀는 주로 김 다비다와 이 이사
벨과 함께 평양 근방의 9개 마을을 순회 전도하러 다녔다. 이 기간
중에 그녀는 성경책과 교리서적을 판매하고, 결혼식에 참석하며, 장
례식에 가서 가족들을 위로하고, 가정들을 방문하여 가정 일을 도와
주기도 하였다. 더욱이 그녀의 복음전도의 대상들은 과부나, 기생,
무당과 같은 한국 사회에서 소외된 계층의 여성들이었다.327) 이러
한 그녀의 사역은 구체석으로 어떠하였는지 도표를 통해 알아보도
록 하겠다.

<표 10> 감리교회 소속 전도부인 김세지의 공헌, 1903~1924328)

	1903	1904	1907	1910	1911	1913	1924
가정방문(가구 수)	905		1,481	1,587	2,770	3,057	
성서 판매(권수)	100	63 (9개월 동안)	239		83		
새신자들 (명)			31	43			800
신자들 (명)			1,500				
기 타		성경 읽기반		2명의 배교자를 기독교에 돌아오게 함	평양지역 기혼여성을 위한 주일모임	82명 기도 모임 인도	무당 복음화를 위한 22명의 성경반 인도

---

327) Mattie W. Noble, 'The Report of Mrs. W. A. Noble', *The 19th ARKWC(ME. C)*, 1907, p. 75.

328) *ARMEC,* 1903, 1904, 1907, 1910, 1911, 1913, and 1914를 종합한 결과.

감리교 한국 선교 보고서들에 따르면, 그녀는 평균 1,500에서 3,000가정을 방문했으며, 매해 30명의 새 신자들을 얻었다. 더욱이 그녀는 노블 부인과 함께 평양지역에서 주일학교를 성공적으로 사역하였다. 그녀는 평양의 남산현 교회에서 1911년부터 1915년까지 5년 동안 주일학교를 이끌었다.329)

또한 김세지는 자신의 능력을 확장하여 여성조직들을 형성하게 된다. 민족의 위기 시절인 1919년에 나타난 '대한애국부인회'였다. 3·1운동이 일어나자 이 조직의 결성에 적극적으로 가담하여, 감리교회 여성들의 모금을 책임지며, 1920년 일경에 조직이 탄로나 회원 106명이 검거되기까지 1년간 독립운동 자금을 만주에 보냈다. 1921년 석방된 후, 일경의 감사와 방해를 극복하면서 '보호여회'를 재건하고, 지방을 순회하며 전도했고, 1923년 그때까지 모아놓은 기금으로 교회를 개척하였다.330) 1922년 5월 15일, 평양 교인들은 김세지가 보여준 헌신적인 활동을 치하하는 의미에서, 김세지 전도부인 성역 25주년 기념식을 남산현교회에서 성대히 베풀어주었다. 1933년, 감리교 종교교육대회에서 종교교육 공로자 표창을 받고, 고문 후유증으로 건강이 나빠져, 60세에 전도부인직을 은퇴하였고, 해방 후 별세하였다.331)

김세지는 평범하지만 존경받는 전도부인으로 한국 교회에서 아주 중요한 지도자 역할을 했던 인물이다. 그녀는 복음전도자였고, 여성

---

329) 김승태, 양미강, [한국 교회 전도부인 자료집], p. 166.
330) 이덕주, '평민전도인 김세지', [한국 교회 처음 여성들)], pp. 40 – 41.
331) 김승태, 양미강, [한국 교회 전도부인 자료집], pp. 165 – 166.

리더였으며 심지어 한국 민족 지도자였다. 그녀의 지도적 역할은 한국 교회의 주목할 만한 성장에 공헌을 하였다. 김세지 같은 전도부인 없이 여성을 포함한 평신도들은 아마도 복잡하고 불안정한 조선 상황에서 기독교 신앙을 얻는 것이 불가능했을 것이다. 그러기에 우리는 김세지와 같은 많은 전도부인들이 한국 교회의 설립과 발전에 커다란 공헌을 하였다는 점을 인정할 수밖에 없다.

7) 결론: 한국 교회 토착 성장에 있어서의 중요한 역할자이며 지도자, 전도부인

전도부인은 한국 교회가 1903년에서 1910년까지 영적 대각성 운동을 통해 스스로의 길을 모색하고 기독교를 해석하는 시기에 한국 개신교의 발전에 공헌한 교회 지도자들이다. 그들의 공헌은 한국 사회의 한국 여성들의 전통적 네트워크에 근거하여 형성된 여성 리더십을 근거로 한 것이었다.

영적 대각성 사건을 통해 전도부인들은 한국 교회 성장 가운데에서 주요한 역할들을 깨닫기 시작하였으며, 바이블 우먼, 즉 부인권서일 뿐 아니라 전도부인인 그들은 이 중요한 시기에 자신들을 재정의 내리게 되었다. 그들은 교회 성장의 질을 높였을 뿐 아니라 주체적이고 창의적인 지도자로서 부인권서의 역할보다 더 발전적인 면에서 복음전도 활동에 중점을 두면서 그들의 활동영역을 확장해 나갔다. 사실상, 한국 전통에 뿌리를 둔 그들이 소유한 능력에 한국 교회 성장과 여성을 위한 선교사역들이 많이 의존하여 전도부인들이 활발히 사역한 것이다. 교회를 설립하고 기도 모임을 이끌고, 성경반을 가르치며, 신도들과 새 신자들을 목회하는 것, 주일학교들을 운영하는 것들은 주로 전도부인의 일이었으며, 이것은 한국 교회 성장에 있어서 가장 중요한 요소들이었다. 전도부인은 이러한 사역에 깊이 관여되어 있었으며 또한 많은 훌륭한 결과들을 얻어낼 수 있었다. 더욱이 전도부인들은 여성 모임들이나 여전도회 및 여신도회를 구성하였으며, 이 조직들은 교회 전반의 일들, 행정, 재정, 예배 등을 지원하였다.

기독교 여성 조직들 또한 전도부인의 전도사역을 지원하는 데 커다란 역할을 하였다. 심지어 선교사들을 파송하고 지원하는 교회 사역 중 커다란 부분도 감당하였다. 이 여선교회나 여전도회, 또는 여신도회라고 불렸던 기독교 여성조직들은 더욱더 체계화되고 강력해져서 전도부인들은 좀 더 공식적인 위치와 정기적인 지원을 얻을 수 있게 되었다. 이는 교회 내의 공식적인 리더십을 전도부인들이 소유하게 되었다는 것과 한국뿐 아니라 다른 나라나 지역으로 그들의 활동영역을 넓힐 수 있게 되었다는 것을 뜻한다.

이러한 과정 속에서 훈련학교들이나 성경학교들은 전문적인 경력으로서 전도부인의 사역들을 지원하였다. 교육적인 증명 또는 자격증은 전도부인으로 하여금 여성뿐 아니라 남성 또는 아이들에게 설교하거나 가르칠 수 있게 하였다. 그들의 교육과 기술은 매우 기독교인들이나 선교사들 심지어 남성 목회자들의 인정을 받을 정도였다. 다시 말하자면, 전도부인들은 교회의 복음전도 분야에서 전문적 능력을 가진 지도자로서 인정되었다는 것이다. 그러나 성차별은 여전히 존재하였다. 가부장적 교회들은 한국 정치 기관적(institutional) 계급을 형성하고, 여성들이 도저히 극복할 수 없는 '유리 천장(glass ceilings)'을 만들어놓았다. 즉 한국 교회는 전도부인의 역할이 필수적이라고 말하지만 종국에는 교회 목회의 권력부분을 전도부인들에게 내어주지 않았다. 이러한 상황 하에서 전도부인들은 남성 목회자들과 비교하여 턱없이 낮은 임금과 열악한 사역조건에도 불구하고 그들은 그들의 일에 열중하고 교회의 발전에 공헌하며 교회의 위기에서 커다란 역할을 함으로써 그 위기를 극복하였다.

1930년대의 종교적 박해와 신사참배의 식민지 상황에서 두 종류의 전도부인이 있었다. 하나는 신사참배를 찬성하는 입장과 다른 하나는 신사참배를 반대하는 입장이었다. 한국 교회가 1938년 강력한 일제의 종교탄압에 항복했을 때, 전도부인들은 교회 지도자로서 어떤 입장을 취할 것인지 결정해야만 했다. 일련의 전도부인들은 교회의 법대로 일본 정부의 정책에 복종함으로써 현실적인 대안을 가지고 어려운 시기를 견디어 내었으며, 또 반면 일련의 전도부인들은 두려움 없이 신사참배를 반대하는 운동을 벌이며 종교적 탄압 속에서 고통을 받거나 순교하였다. 이러한 역사적 사실 속에서 기독교 윤리적인 측면에서 많은 논쟁이 있겠지만 필자에게 있어서는 그 당시 전도부인들이 신사참배에 찬성했건, 반대했건 간에 그들은 자신들의 상황 속에서 지도자로서 최선을 다했고, 그들이 내린 결정은 바로 한국 교회와 한국 기독교 평신도들을 위한 것이었다고 평가한다.

요약하자면, 전도부인은 한국 교회 성장과 위기 가운데에서 지도적 역할을 하였다. 그럼에도 불구하고 그들의 공헌은 한국 교회에서 숨겨지거나 잊혀왔다. 따라서 그들의 살아 있는 이야기들은 반드시 기존의 역사에 존재해 있는 불완전한 역사적 빈 공간에 들어가 채워져야 한다. 그러므로 주장하기를, 전도부인의 역사는 반드시 한국 교회사나 선교사에 있어서 주변이나 보조가 아닌 중심으로 자리 잡아야 하며, 이러한 점을 간과할 때 한국 교회의 정체성에 대해 의문을 가질 수밖에 없을 것이다.

결 론

한국 교회의 잊혔던 전도부인을 통해 역사 방법론적 갱신과
기독교 실재에 대한 고찰

하나의 패러다임으로서 전도부인의 역사를 사용하면서, 이 연구는 한국 개신교의 역사를 읽는 데 있어서 새로운 궤도를 제시했다. 여기서 왜 전도부인 이야기가 지금까지 한국 교회사에서 소홀히 여겨지거나 무시되어 왔는지 그 이유에 대해 분석하고자 했고, 또한 역사와 현재까지 이러한 경향성이 어떠한 의미를 가지는지도 연구하였다. 전도부인은 첫째로, 여성 기독교인들이었으며, 둘째로, 선교, 교회 설립, 교회조직 구성에 있어서 선구자적인 역할을 한 실질적 지도자들이었다. 셋째로, 그들은 사회적으로 일부의 엘리트 계층을 제외하고서는 대다수가 낮은 계층의 사람들이었다. 따라서 전도부인에 대한 이야기를 역사적으로 기술함에 있어서 그동안의 한국의 선교역사나 교회사에서는 한국 기독교인들의 대부분이 낮은 계층임에도 불구하고 이 부분을 소홀히 다루었다. 이것은 한국 교회사에서뿐 아니라 유럽의 교회에서도 많은 경우 여성의 이야기들을 제외시키거나 보조적인 역사적 증거로서 제시할 뿐이었다. 이에 '소외된 그룹(the marginalised)'이야말로 역사적 주체며 다수라는 것을 전도부인의 역사를 고찰함에 있어서 충분히 증명하였으며, '대중의 이야기를 말하는 것'이야말로, 거시사(major history)보다는 미시사(micro history)의 중요성에 대한 강조가 역사의 객관성을 지지해 줄 수 있다고 주장하는 바이다. 이러한 역사 방법론적 태도는 전도부인의 현존이 기존의 역사적 기술에서 제거되었으나 실지로 한국 기독교의 정착, 성장, 발전의 중심에 있었던 일반 기독교 여성 지도자들을 부상시킴으로써 독자들에게 역사적 시각을 열어주고 좀 더 심도 깊은 역사적 사건과 현실의 평가로 이끌게 해줄 수 있다고 생각된다.

　이러한 점에 있어서 좀 더 깊이 선교학과 교회사에 연관되어 있는 연구자들에게 '전도부인의 리더십' 이슈를 제안하고자 한다. 이 리더십은 선교 상황의 현실적(practical) 리더십이고, 선교역사기술의 중심이 될 수 있다. 또한 여성연구 분야에 있어 여성 리더십은 교회사에 있어서 요즘 극렬한 토론의 이슈가 되고 있다. 여성신학의 유명한 학자인 로즈마리 류터(Rosemary Ruether) 박사가 편집한 [여성들의 영(Women of Spirit)]이라는 책에서 영적인 파워는 소유하고 있으나 교회조직 안에서 소외된 위치에 있는 여성들이 신화(mystics)의 추종자들로 그리고 성결(holiness)의 선생들로서의 영역에서 사역하였음과 동시에 종말론적 갱신을 위해 예언자적 권위와 카리스마적 지도력을 세웠음을 역사적으로 증명하고 있다. 이는 여성의 리더십이 평신도 리더십이 강조되는 어느 곳에서나 나타나고 있음을 나타내 준다.[332] 다시 말하자면, 역사상으로 보면 밑으로부

---

332) Rosemary Ruether and Eleanor Mclaughlin(eds), *Women of Spirit: Female Leadership in the Jewish and Christian Traditions,* (New York: Simon and Schuster, 1979), pp. 17 - 22.

터의 리더십이 실질적인 영향력을 나타내는 힘을 소유하고 있다는
것이다.

여성 연구에 있어서 대부분의 페미니스트 학자들의 지속적인 관
심은 교회 안의 여성 안수의 문제와 여성 성직자의 지위문제에 집
중한다. 전통적으로 여성 지도자들은 신약성서의 바울의 언급 때문
에 그 지도력을 발휘하는 데 어려움을 겪어왔다는 것은 사실이다.
그 전형적인 성경본문은 "여자들은 교회에서 잠잠하십시오. 여자에
게는 말하는 것이 허락되어 있지 않습니다. 율법에서도 말한 대로
여자들은 복종하십시오."(고린도전서 14:34)이다. 남성 중심적 관점
을 가진 학자들과 페미니스트 사이의 논쟁에서 이 본문은 기독교
내, 특히 교회 안에서의 '리더십' 이슈에 있어서 가장 커다란 논쟁
의 본문이었다. 정경으로서의 성경본문의 권위와 학술적이든 대중적
이든 간에 제자도에 대한 토론, 그리고 교회권위 및 예배 그리고
선교사역 등에 있어서 이러한 전통적인 해석 때문에 기독교 공동체
는 남성 중심으로 흘러올 수밖에 없었다. 물론 몇몇 페미니스트들이
본문에 대한 해석을 가지고 투쟁을 하려고 시도도 하고 이에 대한
반대되는 본문을 찾기도 하는 노력을 한 것이 나타나기도 한다. 그
러나 이에 대한 가장 효과적인 방어와 개정, 그리고 토론은 역사
속에 숨겨져 왔거나 소홀히 다루어져 왔던 여성 리더십을 발견해
내는 것일 것이다. 왜냐하면 남성 중심적 문화 속에서 많은 여성들
의 공헌들이 묻혔기 때문이며, 이러한 점은 기존의 학자들이 공통적
으로 인정하는 바이기 때문이다.

따라서 필자의 입장은 교회 및 기독교 안의 여성의 리더십은 현

실적이고 실제적인 그것 자체로, 탈기관적일 뿐 아니라 탈엘리트적 특질 그 자체로 가치가 있다고 본다. 상하관계성 리더십에 대한 개념을 떠나 개인적이고 현실적인 리더십에 더 가치를 두면서 후자의 리더십에 집중했던 전도부인의 역량은 그 자체로도 교회 성장과 성공적 선교를 이루는 데 충분한 공헌을 했다고 본다.

좀 더 확장해서 말한다면, 다수의 한국 여성들이 한국 전통종교들의 생존과 유지 그리고 기독교의 정착과 발전에 커다란 공헌을 했다고 본다. 여기서 우리가 주의를 기울일 것은 보통 여성들의 이야기가 높은 지위의 여성들의 이야기와 동일하게 기독교 선교의 성공과 교회발전에서 다루어져야 한다는 것이다. 이를 다룰 때, 우리는 꼭 서구 제국주의적 관점 대 제3세계 관점, 남성 대 여성의 관점, 기득권자 대 소외된 자의 관점이라는 세 틀에서 역사를 관통해 보아야 한다는 것이다. 이런 방법론을 가지고 필자가 결론 내린 역사적 연구의 틀은 '한국 대중적 여성의 관점'으로 말할 수 있다.

그렇다면 선교학적 연구에서 우리는 어떤 결과를 이 연구를 통해 얻을 수 있는가? 첫째 이 연구는 선교학에 있어 새로운 탈서구적, 탈남성주의적, 탈엘리트적 관점을 제시함으로써 새로운 방향의 역사 연구 방법과 관점을 제시했다고 볼 수 있다. 둘째로 한국 개신교 선교사에서 기존의 역사적 관점인 민족적 시각, 선교사적 시각, 민중적 시각에 대해 좀 더 보완 발전시킬 수 있는 역사적 방법론을, 즉 '한국 대중적 여성의 관점'을 제시했다. 셋째로 실제로 현 교회에서 평균적으로 2/3 이상의 성도들을 차지하는 여성들에 대한 연구에 부족하여 교회 성장의 정체에 대해 고민하고 있는 한국의 지역교회들과 교단들에 대해 다시 한번 한국 기독교 여성에 대한 전과 다른 이해와 목회의 접근 방법을 제시, 자극하는 요소가 될 수 있다. 이러한 점에서 이 연구가 값지게 쓰이기를 바라며, 잊혀진 이야기들을 발굴하여, 현재와 미래를 조명해 보는 많은 연구에 좋은 제시점이 되기를 바란다.

참고도서

〈국문 자료〉

1. 잡지 및 신문

'논설', [독립신문] 1896년 4월 21일
'평양에 있는 병원', [대한기독교회보] Vol. 2 No. 32, 1899년 8월 11일.
[매일신보], 1922년 9월 17일
'총리사의 연설', [감리회보] 1934년 10월
경성의 정마리아, '여전도인의 승리까지', [기독공보] 1930년 1월 1일,
문선호, '여전도사이론', [신학세계], Vol. 23, No. 2 1938년 5월
이원화, '김화 디경터 손화서 부흥회', [그리스도 신보], 1906년 3월 15일
차부인, '부인성서학원 내용', [신학세계], Vol. 3, No. 4, 1918
춘천의 최경자, '네가지 차별', [기독신보] 1930년 1월 1일자

2. 1차 자료 서적

[이화 팔십년사] 서울, 이화여자대학교 출판사, 1987.
길선주, '말세학', [영계. 길선주 목사 유고전집], 1권, 서울, 한국 기독
　　　교 문서 선교회, 1968.

김승태, 박혜진, [내한 선교사자료집, 1884~1984], 서울, 한국기독교역
    사연구소, 1994.

김인수, [한국 순교자와 그의 설교집], 부산, 신앙생활사, 1962.

김정옥, [이모님 김활란], 서울, 정우사, 1977.

김활란, [그 빛 속의 작은 생명], 서울, 이화여자대학교출판부, 1999.

유길준, [서유견문], 서울, 경인문화사, 1969.

이규태, [개화백경], 2권, 서울, 신태양, 1971.

이덕주, [한국의 초기 여성들; 그리스도와 조국을 사랑한 28명의 여성
    들의 이야기], 서울, 기독교서회, 1990.

여성사연구회, [한국교회 전도부인 자료집], 서울, 한국기독교역사연구
    소, 1999.

3. 학술 논문

김두종, '근세 조선의 의녀제도에 관한 연구', [아시아 여성 연구] 제 1
    권, 서울, 숙명여자대학교 연구소, 1962.

김영희, '한국 개화기 기독교 여성 운동에 관한 연구' 교회사 석사학위
    논문, 한신대학교, 1986.

김은종, '한국교회에서 나타난 여성 지도력 고찰', 교회사 석사논문, 고
    신대학교, 2000.

양미강, '초기 전도부인의 신앙과 역할에 관한 연구', [평화의 만드는
    여성], no. 11, March 1992, 서울, 기독교 여성 평화 연구소.

정청랑, '개화기 한국여성의 근대의식 형성', [논총], 28권, 서울, 이화
    여대 한국 문화연구소, 1976.

조선혜, '1941년 '만국부인기도회사건'(萬國婦人祈禱會事件)연구', [한
    국 기독교 교회와 역사], 5권, 1996년 9월.

4. 학술 서적

"신흥종교", [한국민속대관], 3권, 서울, 고려대학교 한국문화연구소, 1984.

감리교 여선교회 편, [기독교 감리교회 여성 교육 60년사], 서울, 감리
        교 여선교회, 1966.

김광수, [한국 민족 기독교 백년사], 서울, 한국교회사연구소, 1978.

김민영, [한국 초대 기독교사], 서울, 쿰란, 1998.

김양선, [한국 기독교사 연구], 서울, 기독교문사, 1980.

문상연, '한국의 샤머니즘', [종교란 무엇인가?], 서울, 분도 출판사, 1975.

문일평, [호남사 논선], 서울, 탐구당, 1978.

민경배, [한국 기독교 교회사], 서울, 연세대학교 출판부, 1993.

민경배, [한국기독교회사], 서울, 한국기독교출판사, 1991.

박 주, [조선시대의 효와 여성], 서울, 국학연구, 2000.

박영창, [정의가 우리를 부를 때], 서울, 두란노, 1998.

반민족문제연구소, [친일파99인(2)], 서울, 돌베개, 1994.

백동인, [한국의 전통혼례 연구(민족문화연구소 16)], 서울, 고려대학교
        민족문화연구소, 1988.

백락준, [한국개신교교회사 1832~1910], 서울, 연세대학교 출판사, 1993.

백영욱, [한국 근대여성사], 서울, 정음사, 1984.

손인수, [한국 개화교육 연구], 서울, 일지사, 1980.

손직수, [조선시대 여성 교육 연구], 서울, 성균관대 출판사, 1982.

안동대학교 안동문화연구소, [안동역사문화기행], 서울, 푸른역사, 2002.

양선삼, [대한예수교 장로회 여전도회 창립 40주년 기념회보], 서울, 대
        한예수교 장로회 여전도회, 1976.

윤경로, [새문안 교회 100년사], 서울, 새문안교회, 1995.

윤정란, [한국 기독교 여성의 역사], 서울, 국학자료원, 2003.

이덕주, [감리교 여선교회 60년사], 서울, 기독교 대한 감리회 여선교
　　회, 1991.

이덕주, [한국토착교회 형성사], 서울, 한국기독교역사연구소, 2000.

이만열, [한국기독교와 민족의식], 서울, 지식산업사, 2000.

이성삼, [감리교와 신학대학사], 서울, 한국 기독교문사, 1977.

이연옥, [대한예수교 장로회 여전도회 100년사], 서울, 예장 여전도회
　　전국연합회, 1998.

이영자, [불교와 여성], 서울, 민속사, 2002.

이우정, [한국 기독교 여성 백년사의 발자취], 서울, 민중사, 1985.

이우정, 이현숙, [한국 기독교 장로회 여신도회 60년사], 서울, 한국기
　　독교 장로회여신도회 전국 연합회, 1989.

이장식, [대한기독교서회백년사], 서울, 대한기독교서회, 1987.

이현숙, [한국 기독교 장로회 여신도회 60년사], 서울, 한국 기독교장로
　　회 여신도회 전국연합회, 1989.

이현희, [한국근대여성개화사], 서울, 이우 출판사, 1978.

임동권, [한국의 민속], 서울, 세종대왕기념사업회, 1975.

장로회총회 종교교육부, [한국기독교 해방 10년사], 서울, 기독교문사, 1971.

장병욱, [한국감리교 여성사], 서울, 성광 문화사, 1979.

전택부, [한국교회발전사], 서울, 기독교문서선교회, 1987.

정석기, [한국기독교 인물사], 서울, 쿰란, 1995.

주선애, [장로교 여성사], 서울, 예수교장로회 여전도회전국연합회, 1981.

최민지, '민족의 고난과 기독교 여성 운동', [여성! 깰지어다, 일어날지
　　어다, 노래할지어다], 서울, 대한기독교출판사, 1984.

최석경 편, [한국여성사], 3권, 서울, 한국여성사 편찬위원회, 1972.

최숙경, [한국 여성사, 고대-조선시대], 서울, 이화여자대학교 출판부,
　　2001.

최원규, [일제말기 파시즘과 한국사회], 서울, 청아신서, 1990.

편무영, [한국불교 민속론], 서울, 민속원, 1998.

한국철학사상연구회, [논쟁으로 본 한국철학], 서울, 예문서원, 1995.

한국철학사연구회 편, [한국철학사상사], 서울, 한울아카데미, 1997.

5. 웹자료

'다시읽는 여인열전, 정남정', http://atoz.netian.com/rx25.htm

배용기, [신인간], 615호

　　　　http://chondogyo.or.KRP/Shiningan/n2001/n10/n1032.htm

배용기, '동학여성 교육화 활동',

　　　　http://www.chondogyo.or.kr/shiningan/n2001/n11/n1128

새문안교회 홈페이지 http://www.saemoonan.org/

차용열, '천도교 여성운동의 선구자들',

　　　　http://www.chondogyo.or.kr/shiningan/n2002/n01/n0125

천도교, http://www.chondogyo.or.kr/intro/intro41.htm

6. 인터뷰 자료

'최신우' 2003년 4월 30일 14:00~15:00 경기도 양평군 용문면 여교역
　　　　자 안식관에서 인터뷰.

〈영문 자료〉

1. 선교 기록 및 보고서

(1) The Korean Repository

L. C. Rothweiler, 'What shall we teach in our girls' schools?', *KRP*, Vol.I, March 1892

L. H. Underwood, 'Woman's Work in Korea', KRP, Vol. 3., February 1896

Alexander Kenmure and C.C. Vinton, "The Literary Need of Korea", *KRP*, Vol. 4, February 1897

M. F. Scranton, 'Missionary Work among Women', *KRP*, Vol. 5, September 1898

Mrs. Scranton, 'Missionary Work Among Women', *KRP*, Vol. 5. September 1898

'An English Concession', *The Korean Repository* (After KRP), Vol. 5, December 1898

G. H. Jones, 'The Status of Woman in Korea', third paper, *KRP*, Vol. 2. February 1902

(2) Korea Mission Field

Mrs. A. M. Sharrocks, 'Work Among Korean Women', *KMF*, Vol. II No. 2, December 1905

M. L. Guthapfel, 'Bearing Fruit in Old Age', *KMF*, Vol. II No. 3, January 1906

Josephine O. Paine. Paine, 'Back at Ehwa Hakdang', *KMF*, Vol. 2

No. 10, August 1906

Miss M. R. Hillman, 'A Wonderful Week', *KMF*, Vol. II No. 10, August 1906

Miss M. J. Edmunds, 'Training Native Nurses', *KMF*, Vol. II. No. 8, 1906

M. L. Guthapfel, 'Bearing Fruit in Old Age', *KMF*, Vol. II No. 3, January 1906

Rev. J. R. Moores, 'A Great Awakening', *KMF*, Vol. II No. 3, January 1906

S. F. Moore, 'The Revival in Seoul', *KMF*, Vol. II, No. 5, April 1906

Mrs. W. A. Noble (Mattie W. Noble), 'Bible Woman Sadie Kim', *KMF*, Vol. 3. No.6, June 1906

Rev. C. E. Kearns, 'More and Yet More', *KMF*, Vol. II, No. 9, July 1906

Rev. J. Z. Moore, 'A Record of Self-Support', *KMF*, Vol. II NO. 10, August 1906

Miss. M. R. Hillman, 'A Wonderful Week', *KMF*, Vol.II No.10 August 1906

'The Holy Spirit in Korea', *KMF*, Vol. III No. 2, February 1907

G. Lee, 'How the Spirit came to Pyeng Yang', *KMF*, Vol. III. No3, March 1907

Rev. G. H. Johns, 'The Capping the Nurses', *KMF*, Vol. III, No. 4, 1907

Mrs. W. A. Noble, "Bible Woman Sadie Kim", KMF, Vol. III No.

6, June 1907

Miss L.H.Mc Cully, 'Fruit of the Revival', *KMF*, Vol.III, No.6, June 1907

Mrs. J. W. Hodge, 'A Glimpse of the Wounded in the Severance Hospital', *KMF*, Vol. III, No. 8, 1907

'A Symposium: The Greatest Need of Korea's Women', *KMF*, Vol. 12, December 1907

'Copy of the Sketch of Woman's Medical Missionary Work Placed in the Corner Stone of the New Hospital, Pyongyang, May 20, 1908', *KMF*, No. 7, 1908

Katherine Wambold, 'Thirty-Three Days of Country Classes', *KMF*, Vol.IV, No.12, December 1908

Mrs. R. S. Hall and Mrs. Esther Park, 'Woman's Medical Work, Pyongyang', *KMF*, Vol. V. No. 7, 1909

Miss Ernsberger, 'Baldwin Dispensary Report, 1909', *KMF*, 1910

Mr. Clark, 'Women's Work', *KMF*, Vol. VI No. 9, 1910

'Native bible woman', *KMF*, May 1910

'Foreign Woman's Evangelistic Work in City and Country', KMF, Vol. VI No. 10, October 1910

Mr. Hugh Miller, 'Scripture Distribution', *KMF*, Vol. VII. October. NO. 10, 1911

N. R. Scholes, 'Developing Women Leaders', *KMF*, July 1916

'Fifty years of Bible Translation and Revision', *KMF*, 1935

Louise B. Hayes, 'The Korean Bible Woman and her work', *KMF*, July 1935

(3) The *Annual Report of the Korean Women Conference of the Methodist Episcopal Church*

"Emma makes the fourth Ehwa girl who is at present employed by the society as a day school teacher." Josephine O. Paine, 'Ewa Hakdang-Seoul', *The 16th ARKWC(ME.C)*, 1904

'Po Ku Nyo Koan', *The 18th ARKWC (ME.C)*, Seoul, 8 to 14 June 1906

'Medical-Evangelistic Work for Women and Children, Pyong Yang', *The 18th ARKWC (ME.C)*, Seoul, 8 to 14 June 1906

M. F. Scranton, 'Mead Memorial Church and Kyung Keui Do', *The 18th ARKWC (ME. C)*, June 1906

Mattie Wilcox Noble "Report of Evangelistic Work, Bible Institutes, and Three Day Schools, Pyeng Yang", *The 18th ARKWC (ME. C)*, 1906

Henrietta P. Robbins, "School and Evangelistic Work, Pyeng Yang", *The 19th ARKWC (ME. C)* , Seoul, Methodist Publishing House, 1907

Mattie W. Noble, 'The Report of Mrs. W. A. Noble', *The 19th ARKWC (ME. C)*, 1907

L. E. Frey, 'Evangelistic Work in Chong Dong Church', *The 20th ARKWC (ME. C)*, 1910

Lulu E. Frey and Jessie B. Marker, 'Ehwa Hakdang', *The 20th ARKWC (ME. C)*, 1910

(4) The Annual Report of Methodist Episcopal Church, South
'Woman's Bible Schools', *The 64th ARMEC, South,* 1910,
(Nashille, Tenn, Publishing House of the M.E.Church, South,)
'Statistic of Woman's Work', *The 64th ARMEC, South,* 1910
Evangelistic', *The 69th ARMEC, South,* May 11-14 1915
'Woman's Work', *The 69th ARMEC, South,* May 11-14 1915
'Wonsan West District-Rev. C. T. Collyer, Superintendent', *The 70th ARMEC, South,* May 2-5 1916
Mrs. J. P. Campbell, 'Evangelistic Work, Seoul District', *The 70th ARMEC, South,* May 2-5 1916
'North Korea-Wonsan, Evangelistic', *The 72nd ARFMC,* 1918

(5) Woman's Work for Woman of the Woman's Presbyterian Board of Mission
Mrs. Samuel Dodd, 'China-Hangchow', *Woman's Work,* Vol. V, No. 6, 1875
Mrs. J. D. Carrothers, 'Japan', *Woman's Work,* No. 4. Vol. VII. 1877
'Korean General Assembly', *Woman's Work,* Vol. XXVIII February 1913
'Bible Women Training Course', *Woman's Work,* Vol. XXVIII May 1913
Mrs. A.G. Sadie Welbon, 'Two Weeks on the Road', *Woman's Work,* Vol. XXX February 1915
Rev. Dr. Geo. S. McCune, "Three Countries Set on Fire by a

Widow", *Woman's Work*, Vol. XXX March 1915

Mrs. S. D. Belle S. Luckett, 'With the Missionaries' Children', *Woman's Work*, Vol. Vol. XXXIII February 1916

'The Suikol Bible Class', *Woman's Work*, Vol. XXXII, February 1917

(6) The Report of British and Foreign Bible Society

Bible Women in the East, *the 86th BFBS AR*, (London: British and Foreign Bible Society, 1890)

'Korea', *The 88th BFBS AR*, 1892

'Bible Women in the East', *The 91st BFBS AR*, 1895

'Korea-with the colporteurs', *The 92nd BFBS AR*, 1896

'Biblewomen's Reports, October, 1895-September, 1896', Bible Women in the East, *The 93rd BFBS AR*, 1897

'Biblewomen at Fusan', *The 94th the BFBS AR*, 1898

'Korea-Translation and Printing', *The 94th BFBS AR*, 1898

Bible Women in the East, *the 95th BFBS AR*, 1899

'Korea', *The 101st BFBS AR*, 1905

'Korea-Biblewomen', *The 106th BFBS AR*, 1910

'The Growth of the Korean Church', *The 106th BFBS AR*, 1910,

'Korea-Foreign Transactions', *The 106th BFBS AR*, 1910

'Korea-Biblewomen', *The 109th BFBS AR*, 1913

'Biblewomen', *The 110th BFBS AR*, 1914

'Biblewomen', *The 112th BFBS AR*, 1916

(7) The Women's Missionary magazine of the United Free Church of Scotland

WMM, Vol. 1. No. 5 1901

WMM, Vol. 1 No.10 October 1901

E. M. Estey, 'Korean Biblewomen', *WMM*, Vol. XII, No. 134, February 1902

WMM, Vol. 2. No. 15. March 1902

WMM, Vol. 2. No. 17 May 1902

WMM, Vol. 3. No. 35 November 1903

(8)Women's Work for Women

'The Women who Labor with me in the Gospel', *WWFW*, Vol. VII, 1892

Eliza M. Nowell, *WWFW*, Vol. XVI, 1901

'Faithful Korean Women', *WWFW*, Vol. XVI, No. 11, 1901

'Korea', *WWFW*, Vol. XVI, September 1901

'Experience of a Korean sorceress told by herself', *WWFW*, Vol. XVII, November 1902

'Some Shunammites in Korea', *WWFW*, Vol. XXVII, February 1912

(9) The Church at Home and Abroad

'Work For Women', *The Church at Home and Abroad*, Vol. 3, Jan-June, 1888

The Church at Home and Abroad, August 1898

(10) The Missionary

Rev. Reynolds, 'Bible Translation in Korea', *The Missionary*, October 1898

Mrs. Mattie Ingold Tate,'The Women's Class at Chunju, Korea', *The Missionary*, June, 1911

Mrs. Anabel Major Nisbet, 'Women Workers, Chunju, Korea', *The Missionary*, April 1911

(11) The Annual Report of the Foreign Mission Committee

ARFMC, 1907, 1908, 1912, 1918, 1919.

'The Martha Wilson Memorial Bible Institution', *ARFMC*, 1915

(12) 기타

"Foreign Operation-China", *The Annual Report of National Bible Society of Scotland*, (Edinburgh: National Bible Society of Scotland, 1865)

Rev. J. Ross, 'Corean New Testament', *The Chinese Recorder and Missionary Journal*, Vol. XIV, Shanghai, November-December, 1883

Quarterly Record of the National Bible Society of Scotland, Oct. 1884, 'A visit to Corea'

The Christian Dawn in Korea

'An Open Door in Corea', *Bible Society Monthly Reporter*, July 1884, (London: the British and Foreign Bible Society)

Bible women and nurses; A Record of the Work of the London Bible and Domestic Female mission, Dec. 1889, (London, British and Foreign Bible Society)

Editorial Correspondence of the British Foreign Bible Society-Inward, Vol. 17

ECI-BFBS, Vol. 17

ECI-BFBS, Vol. 20

'Korea', *Women's Work for Women and Our Mission Field*, Vol. IV, April 1889, (New York, Woman's Foreign Missionary Societies of the Presbyterian Church)

'Our Biblewomen in Korea-Mr. A. Kenmure's Report for 1900', *The Bible Society Reporter*, April 1901

'the Status of Women in Korea' in the *Korean Review* (December 1901 to April 1902).

'Bible Women', *The Annual Report of the Foreign Mission Committee*, 1902

Minute of the Annual Meeting of Korea Mission in the Methodist Episcopal Church 1912

The Records of the Australian Presbyterian Mission in Korea 1918

Helen K. Bernheisel, 'Their First Missionary', *Women and Missionaries*, Vol. 8, 1932.

2. 1차 자료 서적

A few words to Bible Mission-Women, London, Wertheim, Macintosh, and Hunt, 1861.

Harrington, F. H. *God, Mammon, and the Japanese, Dr. H. N. Allen and Korea-American Relations 1884-1905*, Madison, the University of Wisconsin, 1944.

The History Committee of the General Assembly of the Presbyterian Church of Korea, *A History of the Presbyterian Church of Korea, 1912-1923*, Seoul, The Church Historical Society of Korea, 1968.

Clark, C. A. *The Korean Church and the Nevius Methods*, New York, Fleming H. Revell, 1930.

Gerdine, J. L. 'More Pioneers of Korea', Charles A. Sauer (ed.), *Within the Gate*, Seoul, YMCA Press, 1934.

Halington, F. H. *The Relationship between America and Korea*, Seoul, Ilzokak, 1982.

Hall, Rosetta S. *The Life of Rev. William J. Hall, M.D.: Medical Missionary to the Slums of New York, Pioneer Missionary to Pyongyang, Korea*, Seoul, The Research Institute of Korean Christian History, 1984.

Hall, Sherwood *With Stethoscope in Asia: Korea*, Virginia, MCL Associates, 1984.

Homer B. *The passing of Korea*, Seoul, Yonsei University Press, 1969.

Hulbert, Peter H. Lee, *Poems from Korea*, Honolulu, 1974.

Makenzie, Frederic Arthur *Korea's Fight from Freedom*, N.Y, Fleming H. Revell Company, 1920.

Montgomery, H. B. *Western Women In Eastern Lands*, New York, Macmillan, 1910.

Nisbet, Anabel Major*Day in and Day out in Korea : being some account of the mission work that has been carried on in Korea since 1892 by the Presbyterian Church in the United States*, Richmond, Presbyterian Committee of Publication, 1919.

Noble, Mattie Willcox 'Children's Sunday School-1903', *The Journals of Mattie Wilcox Noble 1892-1934*, Seoul, The Institute for Korean Church History, 1993.

Noble, Mrs. W. A. *Victorious Lives of Early Christians in Korea*, Seoul, The Christian Literature Society, 1927.

Rhode, Harry A. A. M. D.D. (ed), *History of the Korean Mission Presbyterian Church, U.S.A 1884-1934*, Seoul, Chosen Mission Presbyterian Church, 1940.

Stanton, Elizabeth Cady *The Woman's Bible: The Original Feminist Attack of the Bible*, New York, Polygon Book, 1898.

Underwood, L. H. *Fifteen years Among the Top-knots*, Seoul, Kyung-In Publicating Co., 1977.

_____. *Underwood of Korea*, New York, Fleming H. Revell, 1918.

Williams, F. E. C. *The Korea Mission Year Book*, Seoul, The Christian Literature Society of Korea, 1928.

3. 학술 논문

Hanh, Myong-hee (Anna) 'The Role of Women in Korean Indigenous Religion and Buddhism', Ph. D dissertation, the

Faculty of the California Institute of Integral Studies, San Francisco, June, 1994.

Nam, Tong-su 'Toward a Theology of Han', *the Commission on Theological Concerns of the Christian Conference of Asia*, Maryknoll, Orbis Press , 1983.

Ruether, Rosemary and Mclaughlin, Eleanor (eds), *Women of Spirit: Female Leadership in the Jewish and Christian Traditions*, New York, Simon and Schuster, 1979.

Ch'oe, Hye-wŏl 'Women's literacy and New Womanhood in late Choson Korea', *Asian Journal of Women's Studies*, Vol. 6 No.1 Seoul, Ehwa Women's University Press, 2000.

Choi, Sung-il '*John Ross (1842-1915) and the Korean Protestant Church: the first Korean bible and its relation to the Protestant origins in Korea*', Ph. D. Thesis, University of Edinburgh, 1992.

Rhie, Deok-joo 'An Understanding of Early Korean Christian Women's History', Yi Kyong-suk(ed), *Ehwa Journal of Feminist Theology*, Vol. 2, Seoul, Ehwa Institute for Women's Theological Studies, 1997.

4. 학술 서적

Blair, William Newton *The Korean Pentecost and the Sufferings which Followed*, Edinburgh, Banner of Truth Trust, 1977.

Bowie, Fiona Kirkwood, Deborah and Ardener, Shirley *Women and Mission: Past and Present; Anthropological and Historical*

Perceptions, Oxford, Berg, 1993.

Brouwer, Ruth Compton Modern Women, Modernizing me; The Changing Mission of Three Professional Women in Asia and Africa, 1902-69, Toronto, UBC Press, 2002.

Ch'oe Hyŏng-yun, *Shamanism in Korea*, Seoul, Seoul National University, 2002.

Ch'oe Hyŭp and Song Hyo-sŏp, *Korean Women and Shamanism*, Kwangju, Chonnam National University, 1988.

Deuchler, Martina Deuchler, *The Confucian Transformation of Korea :A Study of Society and Ideology*, Cambridge, Harvard University Press, 1992.

Encyclopaedia Britannica, Chicago, The University of Chicago, 1963.

Evans, Sara M. *Born for Liberty: A History of Women in America*, New York, Free Press Paperbacks, 1997.

Findly, Ellison Bank *Women's Buddhism, Buddhism's Women*, Boston, Wisdom Publications, 2000.

Halifax, Joan *Shamanic Voice; the Shaman as seer, poet and healer*, Middlesex: Penguin Books, 1979.

Hardesty, Nancy A. *Your Daughters Shall Prophesy: Revivalism and Feminism in the Age of Finney*, New York, Carlson, 1991.

Hawley, John Stratton ed., *Fundamentalism and Gender*, New York, Oxford University Press, 1994.

Hill, Patricia R. *The World Their Household: the American Woman's Foreign Mission Movement and Cultural Transformation, 1870-1920*, Ann Arbor, University of Michigan Press, 1985.

Huhm, Halla Pai *Kut Korean Shamanism*, New Jersey, Nollym International Corp., 1980

Hwain Chang Lee, *Confucius, Christ and Co-partnership: Competing Liturgies for the Soul of Korean American Women*, Lanham MD, University Press of America, 1994.

Haboush, Ja Hyun Kim and Deuler, Martina (ed), Culture *and the State in Late Choson Korea*, Cambridge, Harvard University Press, 1999.

Kendall, Laurel *Shamans, Housewives, and Other Restless Spirits; Women in Korean Ritual Life*, Honolulu, University of Hawaii Press, 1985.

Kim, Yŏng-chŏng *Women of Korea; A History from Ancient Time to 1945*, Seoul, Ehwa University Press, 1977.

MacHaffie, Barbara J. *Her Story: Women in Christian Tradition*, Philadelphia, Fortress, 1986.

McLoughlin, William G. *Revivals, Awakenings, and Reform: an Essay on Religion and Social Change in America, 1607-1977*, Chicago and London, The University of Chicago Press, 1978.

Mercadante, Linda A. *From Hierarchy to Equality: A Comparison of Past and Present Interpretations of 1 Cor 11: 2-16 in Relation to the Changing Status of Women in Society*, Vancouver, G-M-H Books, 1978.

Orr, J. *Evangelical Awakenings in Eastern Asia,* Bethany Fellowship, Minneapolis, 1975.

Pak, Hi-ah and Findly, Ellison Bank *Women's Buddhism Women*

Palmer, Spencer J. A. (ed) "Despatch from A Heard to the Secretary of State, 4, April, 1893", *Korean-American Relations*, Vol. II, No. 381, Berkeley, The University of California Press, 1963.

_____, *Korean and Christianity: the Problem of Identification with Tradition*, Seoul, Hollym Corp., 1967.

Robert, Dana Lee *American Women*

_____, *Gospel Bearers Gender*

Rogers, Wyatt M. JR, *Christianity and Womanhood; Evolving Roles and Responsibilities*, London, Praeger, 2002.

Scott, William *Canadians in Korea*, 1975.

5. 웹자료

The Culmination of the East Asian Confucian-Buddhist Debate in Korea: Jŏng To-Jŏn's Array of Critiques Against Buddhism (Pulssi jappyŏn) vs. Kihwa's Exposition of the Correct (Hyŏnjŏng non) http://www.hm.tyg.jp/~acmuller/jeong-gihwa/index.html

Confucianism's Influence On Marriage In The Chosŏn Dynasty Of Korea http://www2.soc.hawaii.edu/css/dept/owr/Haejin.html

The Buddhist Review, http://www.budreview.com/html/3/3-special-minsunghyo-5.htm

· 저자 ·

장성진(張聖珍) Christine Sungjin Chang

•약 력•

아세아 연합신학대학과 한신대대학원에서 신학을 공부하고, 한신교회에서 전임사역으로 구역목
회 사역을 하였다. 이후, 영국 스코틀랜드로 떠나 에딘버러 대학에서 석박사과정을 통해, 종교문
화와 선교학을 공부하였다. 귀국하여 별세목회연구원 연구실장을 거쳐, 현재 서울대 비교문화연
구소 연구원으로 활동하면서 서울신대, 서울장신, 협성대, 한신대, 나사렛대 출강 중이다. 또한,
NGO 단체인 외국인 노동자의 집/중국동포의 집 공동체 담당과 한국기독교장로회 외국인/재외동
포 교회의 부목사로서 이주민 문화와 인권사역에 관심하고 있다.

● 한국 교회의 잊혀진 이야기

· 초판 인쇄	2008년 7월 20일
· 초판 발행	2008년 7월 20일
· 지 은 이	장성진
· 펴 낸 이	채종준
· 펴 낸 곳	한국학술정보㈜
	경기도 파주시 교하읍 문발리 513-5
	파주출판문화정보산업단지
	전화 031) 908-3181(대표) · 팩스 031) 908-3189
	홈페이지 http://www.kstudy.com
	e-mail(출판사업부) publish@kstudy.com
· 등 록	제일산-115호(2000. 6. 19)
· 가 격	32,000원

ISBN 978-89-534-9716-0 93230 (Paper Book)
        978-89-534-9717-7 98230 (e-Book)